中央财经大学中央高校基本科研业务费专项资金资助
国家自然科学基金项目（72202251、72402114）
中南民族大学中央高校基本科研业务费专项资金项目

研究阐释青年丛书

# 数据管理
# 与数据资产化

张光利 薛慧丽 简晓彤 ◎ 著

中国财经出版传媒集团
经济科学出版社
Economic Science Press
·北 京·

图书在版编目（CIP）数据

数据管理与数据资产化／张光利，薛慧丽，简晓彤
著. -- 北京 ：经济科学出版社，2025. 6. --（研究阐
释青年丛书）. -- ISBN 978-7-5218-6606-3

Ⅰ. TP274

中国国家版本馆 CIP 数据核字第 2024NF2540 号

责任编辑：王　娟　李艳红
责任校对：蒋子明
责任印制：张佳裕

**数据管理与数据资产化**
SHUJU GUANLI YU SHUJU ZICHANHUA

张光利　薛慧丽　简晓彤　著
经济科学出版社出版、发行　新华书店经销
社址：北京市海淀区阜成路甲 28 号　邮编：100142
总编部电话：010 - 88191217　发行部电话：010 - 88191522
网址：www. esp. com. cn
电子邮箱：esp@ esp. com. cn
天猫网店：经济科学出版社旗舰店
网址：http://jjkxcbs. tmall. com
北京季蜂印刷有限公司印装
710×1000　16 开　18. 25 印张　310000 字
2025 年 6 月第 1 版　2025 年 6 月第 1 次印刷
ISBN 978 - 7 - 5218 - 6606 - 3　定价：72. 00 元
（图书出现印装问题，本社负责调换。电话：010 - 88191545）
（版权所有　侵权必究　打击盗版　举报热线：010 - 88191661
QQ：2242791300　营销中心电话：010 - 88191537
电子邮箱：dbts@ esp. com. cn）

# 序　言

数据，原本是信息的一种抽象表达，在数字经济时代背景下，数据已经成为一种重要的生产要素。纵观世界各个国家，数据要素已经成为国家层面的战略资源，2013 年美国政府颁布了开放数据政策—信息资产管理 "Open Data Policy-Managing Information as an Asset"，该政策明确信息是一种联邦政府、合作伙伴和公众的战略资产，2019 年的 "Federal Data Strategy & 2020 Action Plan" 从数据需求识别、存储数据资产、识别数据资产价值等方面提出了美国政府应该如何提升数据资源的长期价值。中国政府也非常重视数据对国家经济发展的推动作用，2015 年 10 月，党的十八届五中全会正式将 "实施国家大数据战略" 写入公报。2017 年，党的十九大报告提出加快建设创新型国家，建设数字中国；同年 12 月，习近平总书记在中共中央政治局主持 "实施国家大数据战略的第二次集体学习" 时强调 "要构建以数据为关键要素的数字经济"[①]。2019 年，党的十九届四中全会通过的《中共中央关于坚持和完善中国特色社会主义制度推进国家治理体系和治理能力现代化若干重大问题的决定》明确提出，将 "数据" 作为生产要素，健全各种生产要素由市场评价贡献、按贡献决定报酬的机制。2020 年，中共中央、国务院印发《关于构建更加完善的要素市场化配置体制机制的意见》，进一步强调数据要素的重要地位，将数据与土地、资本、技术、劳动并列为五大生产要素，明确提出了数据要素市场制度建设的方向和重点改革任务。2021 年，国务院印发《"十四五" 数字经济发展规划》，提出在 2025 年初步建立数据要素市场体系，充分发挥数据要素作用。2022 年，中共中央、国务院

---

[①]　习近平主持中共中央政治局第二次集体学习并讲话［EB/OL］.（2017 - 12 - 09）. https：//www. gov. cn/xinwen/2017 - 12/09/content_5245520. htm.

对外发布了《关于构建数据基础制度更好发挥数据要素作用的意见》（简称"数据二十条"），初步形成我国数据的基础制度。可以看出，中央政府推动数据要素发挥其经济价值的政策趋向是非常明确的。

为了使数据要素政策落地实施，各个部委、行业协会也紧锣密鼓地出台具体政策促进数据要素的流通、交易与使用。2023年8月21日，财政部发布《企业数据资源相关会计处理暂行规定》并于2024年1月1起施行，提出关于数据资产"入表"的管理规定，这促进了数据要素货币价值的实现。同年9月，在财政部指导下，中国资产评估协会发布了《数据资产评估指导意见》，为数据资产的评估实务提供了指引。10月，国家发展和改革委员会成立了国家数据局，负责协调推进数据基础制度建设，统筹数据资源整合共享和开发利用，统筹推进数字中国、数字经济、数字社会规划和建设。12月31日，国家数据局等17个部门联合印发了《"数据要素×"三年行动计划（2024—2026年）》。旨在推动数据要素高水平应用，强化场景需求为牵引，带动数据要素高质量供给、合规高效流通，加快多元数据融合，发挥数据要素乘数效应。2024年1月11日，财政部资产管理司印发了《关于加强数据资产管理的指导意见》，该意见要求通过规范组织的数据资产管理和运营活动，助力公共和企业数据资产的高质量供给，推进数字经济高质量发展。2024年，财政部、国家税务总局发布了《关于节能节水、环境保护、安全生产专用设备数字化智能化改造企业所得税政策的公告》，明确了企业数字化改造的税收优惠，促进企业提升数据管理能力和数字化转型程度，进一步发挥数据在微观企业管理中的作用。

在国家宏观政策的推动下，地方政府和企业部门都积极开展数据资产化的相关活动。各个地方政府积极制定数据资产化的相关政策文件，以江苏、浙江、广东等地区的政府最为活跃，这些地方政府在数据资产化方面的实践推动了数据资产化在全国的试点工作，同时也为国家层面数据政策的制定与推行奠定了基础。另外，地方政府也积极探索公共数据资源或者政务数据资源的使用，超过80%的省级政府开放了公共数据资源，将近70%的地级市也建立了地方政府公共数据平台。政府通过公共数据资源的共享推动社会数据要素的共享与流通。除此之外，各个地方政府也积极探索公共数据的授权运营模式，已有20多个省市陆续成立了数据集团公司或者数据科技公司作为公共数据授权运营建设的主体，并积极探讨统一授权、分场景授权、分级授权等不同授权运营方式，提升公共数据资源的使用效率。企业层面，不同行业的企业积极探索数据资产登记、数据资产入表、数据资产融资，数据交易所在企业数据资产化中起到了重要的平台作用，为数据资产化提供了多元的服务，帮助企业打通数据资产化中的障碍。上市公司从2024年开始在年报中增设了"数据资源"的会计科目，数据资产入表成为上市企业的必答题。

然而，数据资产化的道路并不好走，2024年被视为"数据资源"入表元年，企业数据资源入表在谨慎中前行，从上市企业2024年第一季度财报来看，仅有18家公司在一季报中披露了数据资源，金额合计1.03亿元，作为中国通信行业的领头羊，中国联通和中国移动数据资源也仅仅入表了8476.39万元和7000万元，这说明中国企业在数据资产化中存在"不敢入""不能入"的问题。"不敢入"主要是由于在数据资源入表中存在确权困难、收益分配不明确、数据安全与隐私保护等问题；"不能入"则主要是企业数据治理能力较差，导致企业不具备价值较高的数据资源。

为了促进数据资产化进程，需要政府和市场主体不断地进行探索与创新，这主要表现在两个方面：一是要进行制度的探索与创新，数据资产化中存在很多障碍，这些障碍部分源自既往的制度约束，部分来自数据资产化中本身具有的风险和问题，如数据资产的确权、估值和收益分配等方面，这些因素的存在导致数据要素拥有者不愿流通其掌握的数据资源。这要求政府监管部门不断进行制度上的创新，为数据要素市场的培育提供基础性制度保障。二是要进行技术运用的探索与创新，推动数据要素的流通、交易与定价，需要尝试采用新的技术对数据要素进行治理、监督以及提供安全保障，这些技术包括区块链技术、人工智能、机器学习等。通过制度与技术的不断创新，提升数据要素供给端数据产品的质量，促进数据要素的交易与流通，强化数据要素在整个经济中的价值。

从数据资产化来看，数据资源入表似乎是临门一脚的事情，但是数据资源入表的前提是企业要将有价值的数据资源入表。数据资产化包括数据资源盘点、数据治理、数据确权与合规管理、数据安全管理、入表数据资源的成本计量、列示和披露以及数据资源动态管理等步骤。因此，数据管理是数据资源入表的前提条件，企业只有具备了较强的数据治理能力，才能形成有价值的数据资产。

随着数据资产化在实践方面的推进，数据资产化管理人才正面临短缺的局面。鉴于读者的现实需求，我们基于理论分析、政策研究和实践讨论三个维度，从政策趋向、数据管理、数据资产化三部分呈现了数据管理与数据资产化的相关问题。全书共分为13章，分别为数字经济与数据资产概论，数据管理，数据管理成熟度评价，企业数字化转型、数据管理与数据资产化，数据战略，数据确权，数据资产评估，数据资产入表，数据资产的流通与交易，数据安全治理，个人信息数据资产化管理，公共数据的管理与资产化，金融机构与数据资产化。本书涵盖了数据管理与数据资产化的主要内容，可以作为高等院校的参考教材，也可以作为相关从业者的参考书目，期待本书能够对从事数据资产化相关业务的读者有所启发。

在撰写本书过程中，张光利承担了全书的整体框架设计与统稿工作，并负责第4、11、12、13章的内容撰写，薛慧丽负责第1、2、3、5、10章，简晓彤完成第6、7、8、9章，在本书的写作过程中，中央财经大学的秦丽华、兰明慧、漆芬、王建忠、林祎泽、杜润泽协助完成了书稿校对工作。本书得到中央财经大学中央高校基本科研业务费专项资金（JYXZ2404）、国家自然科学基金（72202251、72402114）、中南民族大学中央高校基本科研业务费专项资金项目（CSQ24033）的资助，在此一并感谢。

# 目　　录

# 第 1 章

# 数字经济与数据资产概论

数据资产化是数字经济时代背景下的必然产物，中国政府在数字经济领域出台了众多不同层级的政策推动了数字经济的发展。本章主要围绕数字经济、数据以及数据资产的概念展开，总结中国数字经济和数据资产化的特点以及发展现状，梳理数字经济与数据资产化的相关政策。

## 1.1　中国数字经济发展概述

### 1.1.1　数字经济

数字经济是继农业经济和工业经济之后的新社会经济形态。20 世纪 90 年代，信息技术商业化进程不断推进，数字经济概念逐渐成形。1996 年，唐·泰普斯科特（Don Tapscott）在其著作《数字经济时代》中，分析了美国信息高速公路普及后的新经济体制，首次宣告数字经济时代的到来，并指出数字经济是一系列基于信息数字化和知识的经济活动。1998 年和 1999 年，美国商务部先后发布了《浮现的数字经济》和《新兴的数字经济 II》。到 2000 年，美国商务部的年度数字经济报告直接命名为《数字经济 2000》，将数字经济定义为通过互联网或其他基于网络系统进行交易的电子商务以及信息技术产业（IT 产业）。由此可见，这一阶段的数字经济基本等同于信息经济，强调信息技术驱动的信息数字化所带来的经济转型。

近年来，随着数字技术的迅速进步，数字经济的范围已超越传统的信息产业。2022 年 1 月，国务院发布的《"十四五"数字经济发展规划》中将数字经济定义为继农业经济、工业经济之后的主要经济形态，是以数据资源为关键要素，以现代信息网络为主要载体，信息通信技术融合应用、全要素数字化转型为重要推动力，促进公平与效率更加统一的新经济形态。2024 年 1 月，中国信息通信研究院发布的《全球数字经济白皮书（2023）》中将数字经济定义为以数字化的知识和信息作为关键生产要素，以数字技术为核心驱动力量，以现代信息网络为重要载体，通过数字技术与实体经济深度融合，不断提升经济社会的数字化、网络化、智能化水平，加速重构经济发展与治理模式的新型经济形态。白皮书指出，数字经济具体包括四大部分：一是数字产业化，即信息通信产业，涵盖电子信息制造业、电信业、软件和信息技术服务业、互联网行业等；二是产业数字化，即传统产业应用数字技术所带来的产出增加和效率提升部分，涵盖但不限于工业互联网、两化融合、智能制造、车联网、平台经济等融合型新产业新模式新业态；三是数字化治理，包括但不限于多元治理，以"数字技术＋治理"为典型特征的技管结合，以及数字化公共服务等；四是数据价值化，涉及但不限于数据采集、数据标准、数据确权、数据标注、数据定价、数据交易、数据流转、数据保护等。

## 1.1.2　数字经济的特征

### 1.1.2.1　智能互联是数字经济最显著的特征

智能的发展方向主要集中在产品和服务的智能化、装备的智能化以及过程的智能化等方面。互联的发展方向则是构建一个无界网络，即实现人、企业、政府机构、物品之间的智能互联，形成一个自适应、生态化的网络系统，从而能够使人与人、人与机器、机器与机器、服务与服务之间形成一个高度集成的互联体系，实现横向、纵向和端到端的全面集成。通过连接数量的增加、市场规模的扩展以及应用场景的拓展，市场主体运用技术和数据形成了新的经济形态，如平台经济、共享经济、算法经济、零工经济和数字服务等。在智能互联的推动下，产业结构将呈现出以电子商务为核心的消费互联网和以无界制造为核心的产业互联网二元结构，并逐步实现融合。

### 1.1.2.2　数据成为数字经济的关键生产要素

数字经济首先是数据经济，数据是数字经济的第一要素。数字经济的发展始终围绕数据这一核心生产要素，重构企业和经济发展的强大驱动力。数字平台对传统流通、消费、生产体系的淘汰、升级、融合、重组和优化，其背后的经济逻辑都基于对数据的判断、预测和精准匹配。例如，Airbnb 的租房和 Uber 的打车等共享经济模式，其本质在于挖掘数据的价值，建立新的合作和信任体系，实现智能化的供需匹配，从而提高资源配置效率。在数据、算法和算力的驱动下，实现线上线下全网全域全渠道、端到端的全链条、全流程、全场景的连接，打造人机无缝衔接的丰富应用场景，使数据能够自动流动和循环利用，推动技术创新、组织变革和动能转换。

### 1.1.2.3　基于数字技术和数字平台不断催生全新的商业形态

随着数字经济的迅猛发展，技术和数据成为推动产业数字化的核心驱动力，新的经济形态不断创造着全新的价值，这种新价值的生成进一步推动经济的增长，并形成了正向反馈的闭环。智能技术群作为数字经济创新发展的基础动力，通过多种技术的集成和融合创新，产生了乘数效应。例如，数字孪生系统整合了实体、数据和技术三大核心要素，构建了物理实体、虚拟实体、孪生数据、连接与服务等五个维度的体系架构，有望孕育出多种创新的商业形态。另外，车联网在车载信息服务、车路协同、智慧交通等领域的发展，预示着汽车将成为一个高度智能化的移动空间，涵盖办公、消费和生活娱乐等多重功能。依托数字技术和数字平台，三次产业的边界变得更加模糊，围绕生产、生活和工作等方面不断创新出丰富多样的新产品和服务，数字平台也在创造新的价值体系。

## 1.1.3　中国数字经济发展的特点

随着新一轮科技革命和产业变革的深入推进，以网络化、数字化、智能化为代表的数字经济不断创造新的生产供给，激发新的消费需求，拓展发展的新空间，为经济增长注入新的活力。党的十八大以来，我国持续推进数字经济的创新发展，促进数字技术与实体经济的深度融合，健全数据基础制度，积极推动数据开发、开放和流通使用。当前我国数字经济快速增长，数字经济发展活力持续释放，总体规模连续多年位居世界第二，对经济社会发展的引领支撑作用日益凸显。2023 年底数字经济规模高达 56.1 万亿元，创历年来新高。数字经济占 GDP 比重进一步提升，占比达到 41.5%[①]，这一比重相当于第二产业占国民经济的比重（2023 年我国第二产业占 GDP 比重为 38.3%[②]），数字经济作为国民经济的重要支柱地位更加凸显。自 2012 年以来，我国数字经济增速已连续 12 年显著高于 GDP 增速，数字经济持续发挥经济"稳定器""加速器"作用。在快速发展的过程中，我国数字经济呈现出以下四个方面的特点。

### 1.1.3.1 数字基础设施支撑更加有力

我国已建成全球规模最大、技术领先、性能优越的数字基础设施，整体水平实现了跨越式提升。5G 网络规模全球第一，技术领先。截至 2023 年底，我国 5G 基站数量达到 337.7 万个，5G 移动电话用户数达到 8.05 亿，占移动电话用户总数的 46.6%。2023 年度新增 97 个千兆城市，高速率互联网宽带接入用户比例持续扩大。截至 2023 年底，我国固定宽带接入用户总数达到 6.36 亿，其中 1000Mbps 及以上接入速率的用户数达到 1.63 亿，占固定宽带接入用户的 25.7%。移动物联网能力不断增强，初步建立了多网协同格局。截至 2023 年底，我国移动网络终端连接总数达到 40.59 亿，其中蜂窝物联网终端用户数达到 23.32 亿，占移动终端连接数的 57.5%。我国 IP 骨干网、城域网、接入网和终端的 IPv6 改造全面完成，新一代 IP 互联网络的演进升级和架构优化成效显著。截至 2023 年底，我国 IPv6 活跃用户数已达 7.76 亿，全国网络基础设施已经全面支持 IPv6。算力发展迅猛，存储规模不断扩大。截至 2023 年 6 月，我国算力总规模达到 197EFLOPS，其中智能算力规模占整体算力规模的比例超过 1/4。[③]

---

① 加快数字业务发展　释放数字生产力 [EB/OL].（2024 - 04 - 12）. https：//www. dzswgf. mofcom. gov. cn/news/43/2024/4/1712901089130. html.

② 国家统计局. 中华人民共和国 2023 年国民经济和社会发展公报 [EB/OL].（2024 - 02 - 29）. https：//www. stats. gov. cn/sj/zxfb/202402/t20240228 - 1947915. html.

③ 中国信通院. 数字基础设施评估体系研究报告 [EB/OL].（2024 - 04 - 30）. http：//www. caict. ac. cn/english/research/whitepapers/202404/P020240430629700007503. pdf.

### 1.1.3.2　数据要素活力更加迸发

近年来，我国数据生产量和存储量快速增长，数据资源开发能力持续增强，为智慧城市建设运行、工业互联网利用等数智化应用提供了丰富的"原料"。2023 年，全国数据生产总量达 32.85ZB，同比增长 22.44%。截至 2023 年底，全国数据存储总量为 1.73ZB。数据交易市场中场外数据交易处于主导地位，场内数据交易规模呈现快速增长态势。金融、互联网、通信和制造业等领域数据需求较大且交易量增长较快。数据流量规模持续增长，2023 年移动互联网接入总流量为 0.27ZB，同比增长 15.2%；月户均移动互联网接入流量达 16.85GB/户·月，同比增长 10.9%。数据跨境流动基础设施不断升级，2023 年我国通向其他国家的国际互联网带宽达到 93.1Tbps，比 2022 年增长 19%，位居全球第 7。其中，我国与美国间的国际互联网带宽最大，达到 19075.7Gbps，其次为越南、新加坡、日本、菲律宾等。数据要素市场化改革步伐加快，各地区各部门积极开展公共数据授权运营、数据资源登记、企业数据资产入表等探索实践，加快推动数据要素价值化过程。截至 2023 年底，全国已有数十个省市上线公共数据运营平台，有 20 多个省市成立了专门的数据交易机构。广东、山东、江苏、浙江的数据交易机构数量位居全国前列。上海数据交易所上线数据产品登记大厅，开展数据产品登记试运行工作。福建大数据交易所交易平台初步实现了与省公共数据开发服务平台互联互通，同步公共数据目录 400 多个，数据项 1 万多个，孵化公共数据产品 50 余款。[①]

### 1.1.3.3　产业数字化和数字产业化发展更加深入

智能制造和工业互联网加快发展，5G、千兆光网已融入 71 个国民经济大类中，应用案例的数量超 9.4 万个，建设 5G 工厂 300 家；制造业重点领域数字化水平加快提升，关键工序数控化率、数字化研发设计工具普及率分别达到 62.2% 和 79.6%；截至 2023 年底，具备行业、区域影响力的工业互联网平台超过 340 个，工业设备连接数超过 9600 万台（套），有力推动制造业降本增效，为新型

---

① 国家数据局. 数字中国发展报告［EB/OL］.（2024 - 06 - 30）. https：//www. digitalchina. gov. cn/2024/xwzx/szkx/202406/P020240630600725771219. pdf.

工业化发展奠定坚实基础。2022年，产业数字化占数字经济比重在82%左右波动。2022年，我国数字产业化规模达到9.2万亿元，同比名义增长10.3%，占GDP比重为7.6%，占数字经济比重为18.3%，数字产业化向强基础、重创新、筑优势方向转变。同时，互联网、大数据、人工智能等数字技术更加突出赋能作用，促进数字经济与实体经济深度融合，产业数字化探索更加丰富多样，产业数字化对数字经济增长的主引擎作用更加凸显。2022年，产业数字化规模为41万亿元，同比名义增长10.3%，占GDP比重为33.9%，占数字经济比重为81.7%。①

### 1.1.3.4　网络安全保障和数字经济治理水平持续提升

近年来，我国不断加快健全法律法规体系，强化网络安全机制、体制、能力建设，完善数字经济治理体系，提升网络风险防范能力，推动数字经济健康发展。一是法律和政策制度体系逐步健全。相继颁布实施《中华人民共和国网络安全法》《中华人民共和国电子商务法》《中华人民共和国数据安全法》《中华人民共和国个人信息保护法》，修改《中华人民共和国反垄断法》，制定新就业形态劳动者权益保障政策。中央全面深化改革委员会第二十六次会议审议通过了《关于构建数据基础制度　更好发挥数据要素作用的意见》，初步构建了数据基础制度体系的"四梁八柱"。二是网络安全防护能力持续增强。建立网络安全监测预警和信息通报工作机制，持续加强网络安全态势感知、监测预警和应急处置能力。完善关键信息基础设施安全保护、数据安全保护和网络安全审查等制度，健全国家网络安全标准体系，完善数据安全和个人信息保护认证体系，确保国家网络安全、数据和个人隐私安全。基本建成国家、省、企业三级联动的工业互联网安全技术监测服务体系。三是数字经济治理能力持续提升。利用数字经济发展部际联席会议等跨部门协调机制，强化部门间协同监管。提升税收征管、银行保险业监管、通关监管、国资监管、数字经济监测和知识产权保护、反垄断、反不正当竞争、网络交易监管等领域的信息化水平，推动"智慧监管"。有序推进金融科技创新监管工具试点、资本市场金融科技创新试点、网络市场监管与服务示范

---

① 国家数据局. 数字中国发展报告［EB/OL］. （2023-06-30）. https：//www.digitalchina.gov.cn/2024/xwzx/szkx/202406/P020240630600725771219.pdf.

区等工作，探索新型监管机制。

## 1.2 数据的相关概念

### 1.2.1 数据

"数据"一词最早出现在拉丁语中，其最初的含义为"给予的事物"。数据一直伴随着人类的发展而变迁。在古代，数据呈现出规则化汇聚的特征。例如，我国古代的黄册（全国户口名册）、天文观测记录均以特定规则进行登记造册，它们对人类社会和物理世界的性质、状态与相互关系进行记录和计算，都是宝贵的古代数据遗产。计算机发明后，数据与计算机编码产生重要联系。凡可被编码为一系列 0 和 1 组成的二进制记录，都是计算机可处理的数据。早期计算机的采集、存储、计算技术尚不成熟，只能有效处理行列结构明确的数据表，此时数据更多指代这类结构化数据。近十几年来，数据存储、传输和计算的性能不断突破，数据管理、数据处理技术快速迭代，网页、声音、图像等半结构化、非结构化数据也逐渐得到有效处理和利用。大数据时代，数据是基于二进制编码的、按预先设置的规则汇聚的现象记录。在此阶段，数据不仅是对客观现象的被动记录，越来越多的复杂现象由人们主动发掘并记录成为数据。例如，埋点收集的行为数据、基于关系网络挖掘的图数据、精细布放传感器捕获的物联网数据等。这种从被动到主动的转变昭示着一种新的观念，即物理空间中的一切事物都可以被预先设置的认知角度、记录规则和技术框架映射到数据空间，数据的创造融入了数据观察者或收集者的认知视角。在广泛意义上，数据就是对事实、活动等现象的记录。按照《中华人民共和国数据安全法》中给出的定义，数据是指任何以电子或者其他方式对信息的记录。由此可见，数据本身可以有丰富的表现形式。表 1-1 列示了典型机构、学者在不同时期对数据的定义。

表 1 – 1　　　　　　　　　　　　　　　　　数据的定义

| 年份 | 机构 | 定义 |
|------|------|------|
| 2000 | 联合国统计委员会、联合国欧洲经济委员会 | 数据是信息的物理表现形式，这一表现形式适用于人工或自动化手段交流、理解或处理 |
| 2012 | 国际空间数据系统咨询委员会 | 数据是以适合于交流、解释或加工的形式化方式进行的可重新解释的信息表示，如序列、数值表、页面中的字符、录音等都是数据 |
| 2017 | 国际数据管理协会 | 数据是以文本、数字、图形、图像、声音和视频等格式对事实进行表现的形式，是信息的原始材料 |
| 2019 | 美国《开放的、公开的、电子化的及必要的政府数据法案》 | 数据是以任何形式或介质记录下来的信息，开放政府数据时特别指明数据需要满足机器可读的条件 |
| 2021 | 《中华人民共和国数据安全法》《深圳经济特区数据条例》《上海市数据条例》等 | 数据是指任何以电子或者其他方式对信息的记录 |

## 1.2.2　数据的类型

数据分类的维度和方法多种多样，反映出数据在存储、加工、应用等过程和场景中的复杂性。

按照数据资源存储的维度，可分为基础层数据、中间层数据、应用层数据等，不同层次对数据的集成性、灵活性等要求不同。基础层数据是最原始、未经处理或处理较少的数据；中间层数据是对基础层数据进行初步处理、清洗和集成后形成的数据；应用层数据是经过进一步处理和分析后，专门为特定应用和业务需求提供的数据。

按照对数据资源加工程度的维度，可分为原始数据、衍生数据、数据产品等，数据加工者在其中的劳动和贡献存在差异。原始数据是未经任何加工、处理或修改的数据，直接从数据生成源获取，保持了数据的原始状态和完整性。衍生数据是从原始数据中通过一定的加工、清洗、转换、汇总、分析等处理生成的数据，这些数据通常用于更高层次的分析和决策。数据产品是基于原始数据和衍生数据，通过高级分析、建模、可视化、报告等进一步加工而成的，直接用于支持业务应用和决策的产品。

按照数据内容，可分为主数据、交易数据、元数据，不同数据内容存在较大差异。主数据是核心业务实体的数据，通常包括客户、产品、供应商等信息；交易数据是记录日常业务操作的数据，通常涉及交易和活动；元数据是描述其他数据的信息，用于定义、解释和管理数据。

按照数据安全的维度，可分为一般数据、重要数据、核心数据等，通过数据分类分级降低数据安全风险。一般数据是指在数据泄露或丢失的情况下，对企业运营、业务发展、个人隐私和国家安全不会产生重大影响的常规数据；重要数据是指在数据泄露或丢失的情况下，可能对企业运营、业务发展、个人隐私和国家安全产生较大影响，需要重点保护的数据；核心数据是指在数据泄露或丢失的情况下，会对企业生存、个人隐私和国家安全造成重大影响的极高敏感度数据，需要最严格的保护措施。

## 1.3　数据资产的相关概念

### 1.3.1　数据资产

#### 1.3.1.1　数据资产的定义

"数据资产"源于"资产"这一概念的演化。根据目前的《企业会计准则——基本准则》，资产是指企业过去的交易或者事项形成的、由企业拥有或者控制的、预期会给企业带来经济利益的资源。从资产确认的条件看，任何资产首先必须是符合上述定义的某种资源，但该种资源能否在资产负债表上确认为资产，还需要同时满足以下两个条件：（1）与该资源有关的经济利益很可能流入企业；（2）该资源的成本或者价值能够可靠地计量。

随着电子信息技术的发展，数据资产的概念逐渐被认知扩展，2019 年，中国资产评估协会发布的《资产评估专家指引第 9 号——数据资产评估》，2021

年，国家市场监督管理总局、国家标准化管理委员会发布的《信息技术服务数据资产管理要求》（GB/T 40685－2021），将数据资产定义为被合法拥有或控制的，能进行计量的，为组织带来经济和社会价值的数据资源。

### 1.3.1.2　数据资产的特点

（1）非实体性和可复制性。数据资产无实物形态，虽然需要依托实物载体，即数据不能单独存在，数据的存储、使用和流通等都需要借助介质才能完成，非实体性隐含依托性。介质的种类多种多样，如纸、磁盘、磁带、光盘和硬盘等，甚至可以是化学介质或者生物介质。同一数据可以以不同形式同时存在于多种介质中。但决定数据资产价值的是数据本身以及数据所包含的各种信息。数据的非实体性导致了数据的无消耗性，即数据不会因为使用频率的增加而磨损、消耗，可以无限制地循环使用，也可以通过备份等方式无限次传递数据。

（2）非竞争性和弱排他性。竞争性与边际成本有关，数据资产的可复制性和极低的复制成本使其具有非竞争性，数据具有的非排他性使其可以被不同的人在同一时间使用，企业可以通过加密数据等技术手段使数据资产的使用具有一定的排他性，但这种排他性通常较弱，因为通常只有少部分重要的、隐私的数据需要加密，数据的弱排他性保护了用户隐私和数据安全，但这也是导致数据垄断的主要原因之一。

（3）多样性。数据资产的表现形式多种多样，数据资产的多样性一方面表现在数据资产可以是数字、表格、图像、文字、声音或视频等任何包含信息的形式，另一方面还表现在数据与多种数据处理技术的融合。例如，区块链技术、数字新媒体技术与人工智能技术等融合产生的数据资产。数据资产的多样性还体现在不同数据类型可以采用不同的处理技术和用于不同的应用场景，同一数据资产也可以用于多种不同的应用场景中，采用不同的处理技术和应用场景会导致数据资产的价值变化产生较大的差异。

（4）可加工性。数据资产是可以不断产生的，数据在利用过程中也会生成新的数据，相较于其他资产，只要经济社会在运转，数据就在不断产生和更新，各类数据可以通过各种算法和模型继续生产加工得到更多和更深层次的数据资源。

（5）时效性与价值易变性。数据资产因其影响价值的因素较多，而且这些因素影响本身也会随着时间的变化产生变化。对于许多具有时效性的数据资产，由于其价值主要由其所包含的信息所决定，这些具有时效性的数据资产有可能随时间的流逝而失去价值，对于某些数据，其价值在过去或现在都可能没有得到应有的体现，但随着社会的发展，应用技术的进步和应用场景的丰富，可能会产生更大的价值，有些数据在不同的应用场景和应用方式下可能会产生相当不一样的价值。

## 1.3.2 数据资产化

### 1.3.2.1 数据资产化的定义

数据资产化是实现数据价值转化的核心途径，是企业将过去交易或经合法授权、自主生产等事项形成、获得的数据通过采集、加工、治理、开发等环节转化为可计量、可交易的数据资产，并拓展金融衍生服务，推进数据资产创新应用，通过多元化方式为企业带来经济利益，实现数据价值最大化的过程。

### 1.3.2.2 数据资产化的过程

数据资产化的一般过程包括业务数据化、数据资源化、数据产品化、数据资本化，见图1-1。通过这四个阶段，使企业合法拥有或控制的数据完成"原始数据——数据资源——数据资产"的形态演变，实现数据资产创新应用和数据资产增值，为企业创造直接的或间接的经济利益。数据价值的实现反过来可以促进企业进一步推动业务数据化，提高数据治理能力，提升整体数据质量，实现数据价值的释放。

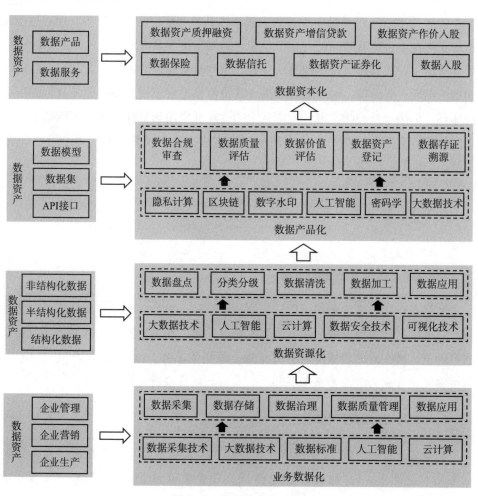

图 1-1　数据资产化过程

# 第2章

# 数据管理

数据资产化的前提是数据持有组织对数据实施高质量的管理活动，使原始数据成为数据资源。因此，数据管理是数据资产化过程中的核心环节和关键步骤。本章以数据管理定义为出发点，围绕数据管理框架，从定义、管理过程、主要框架、关键技术等多角度重点讲述数据治理、数据架构管理、数据质量管理和元数据管理等数据管理的重要组成部分。

## 2.1 数据管理

### 2.1.1 数据管理的定义

数据是以数据编码等特定的规则对现实观察、事实等客观事物的记录，代表了客观事物未经加工处理的原始资料。数据是信息的表现形式与载体，而信息是数据所包含的内涵，是依附在数据之上的内容。数据管理是伴随着科研信息化的发展逐渐形成的，科学数据共享需求和大规模科学计算需求催生了数据管理。2003年，美国国家科学基金会在研究报告《通过信息基础设施促进科学和工程的革命》中首次提到了"数据管理"一词，标志着数据管理的诞生。国际数据管理协会（Data Management Association，DAMA）将数据管理定义为数据开发、执行和监督的综合过程，包括数据的计划、政策、方案、项目、流程、方法和程序等，其目标是在整个数据生命周期内交付、控制、保护和输出数据，从而最大限度地发挥数据的价值，降低数据处理的成本和风险，并确保数据在组织内外的合法和合规使用。数据管理还有诸多称谓，如信息管理、企业信息管理、信息资源管理、信息资产管理、企业数据管理、数据资源管理等。

## 2.1.2　数据管理的功能

数据管理包含一系列相互依存的功能，每项功能都有其特定的目标、活动和职责。DAMA 数据管理框架定义了数据管理的知识领域，将数据治理置于数据管理活动的核心位置，因为治理对实现功能内部一致性和功能之间的平衡至关重要。其他知识领域（如数据体系结构、数据建模等）围绕车轮平衡并保持整体的一致性，成为成熟数据管理功能的必要组成部分。DAMA 数据管理框架如图 2-1 所示。

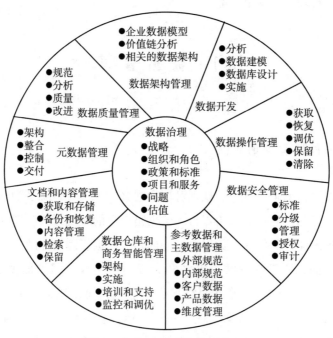

图 2-1　DAMA 数据管理框架

### 2.1.2.1 数据治理

数据治理强调建立和维护管理组织内数据资产的策略、标准和程序，包括定义角色和职责、确保数据质量和完整性以及促进数据管理。一个数据治理的实例是设立数据治理委员会，该委员会负责制定有关数据政策和标准的决策。

### 2.1.2.2 数据架构管理

数据架构定义了组织内数据资产在整个生命周期中的逻辑和物理结构，以及数据管理流程的框架，包括设计组织内部的数据存储、数据集成和数据流的总体架构，确保数据资产的组织化、标准化并且符合业务需求。

### 2.1.2.3 数据开发

数据开发涉及数据的分析、设计、实施、测试、部署、维护等工作，包括从多个来源获取数据、清理和处理数据，并将其组织成适合分析和决策支持的形式。这一过程能够确保数据质量和一致性，从而为组织提供有价值的信息和洞察力。

### 2.1.2.4 数据操作管理

数据操作管理是指在日常运营中对数据的管理和维护过程，旨在确保数据系统的可用性、性能、可靠性和安全性，包括数据备份和恢复、数据库管理、数据存储管理、性能监控和优化等任务，有助于数据在各业务应用中的高效、连续和安全运行。

### 2.1.2.5 数据安全管理

数据安全管理注重确保数据的正确访问和使用，同时维护其隐私和机密性，内容包括实施访问控制、身份验证、加密和数据屏蔽等安全措施，以防止未经授权的访问或破坏敏感数据。通过数据安全管理，能够保护数据资产免受威胁，确保符合数据隐私法规。

### 2.1.2.6 参考数据和主数据管理

参考数据和主数据管理的重点在于管理数据的黄金版本和副本，其任务包括管理客户、产品和位置等主数据实体。这种管理方式能够确保不同系统和应用程序中使用一致且准确的数据，减少冗余并提升数据质量。

### 2.1.2.7  数据仓库和商业智能管理

数据仓库和商业智能涉及对决策支持数据的流程进行规划、实施和控制，其内容包括设计和执行数据仓库、数据集市以及商业智能解决方案。通过数据仓库和商业智能，组织能够整合、分析和报告数据，从而支持决策并深入了解业务绩效。

### 2.1.2.8  文档和内容管理

文档和内容管理的核心在于处理存储于管理数据库之外的非结构化数据，如文档、文件及多媒体内容中的数据，包括控制版本、管理元数据、组织内容及管理内容生命周期等。通过高效的文档和内容管理，能够确保非结构化数据被妥善组织、便于访问并且安全无虞。

### 2.1.2.9  元数据管理

元数据管理指的是管理组织内有关数据的信息，涵盖元数据的捕获、整合和控制。元数据管理能够促进数据发现、理解数据来源，并支持数据集成和治理活动。

### 2.1.2.10  数据质量管理

数据质量管理是指旨在确保组织内的数据在整个生命周期中保持准确性、完整性、一致性和时效性的各类流程。数据质量活动包括数据分析、数据清理、数据验证及实施数据质量监控等流程。通过这些活动，数据质量管理确保决策和运营中能依赖可靠且高质量的数据。

## 2.2  数 据 治 理

### 2.2.1  数 据 治 理 治 什 么

数据治理是数据管理的核心内容。数据治理的发展历史悠久，随着大数据技术的进步和数字经济的日益壮大，政府和企业所掌握的数据资产规模不断扩大，数据治理逐渐受到越来越多的重视，被赋予了更多的使命和内涵。

GB/T 35295 – 2017《信息技术　大数据　术语》将数据治理定义为数据处置、格式化和规范化过程，该标准认为数据治理是数据及数据系统管理的基础元素，涵盖了数据在整个生命周期中的管理，无论数据是静态、动态、未完成状态还是交易状态。

GB/T 34960.5 – 2018《信息技术服务　治理　第 5 部分：数据治理规范》将数据治理定义为涉及数据资源及其应用过程中的一系列相关管控活动、绩效评估和风险管理的集合。

根据国际数据治理研究所（DGI）的数据治理框架，数据治理是指行使与数据相关事务的决策权和管理权。具体而言，数据治理是一个系统，通过一系列与信息相关的过程来实现决策权和职责分工。这些过程遵循一个共识模型，该模型描述了谁（who）在什么时间（when）和情况下（where）基于什么信息，使用什么方法（how），采取什么行动（what）。

国际数据管理协会（DAMA）认为，数据治理是建立在数据管理基础上的高级管理活动。数据治理是各种数据管理活动的核心，指导所有其他数据管理功能的执行。在 DMBOK2.0 中，数据治理被定义为对数据资产管理行使权力、控制和共享决策（包括规划、监测和执行）的一系列活动。

## 2.2.2　数据治理框架

### 2.2.2.1　ISO 数据治理框架

国际标准化组织 ISO 于 2008 年推出第一个 IT 治理的国际标准：ISO38500，它是第一个 IT 治理国际标准，它的出台不仅标志着 IT 治理从概念模糊的探讨阶段进入了一个正确认识的发展阶段，而且也标志着信息化正式进入 IT 治理时代。这一标准将促使国内外一直争论不休的 IT 治理理论得到统一，也会促使我国在引导信息化科学方面发挥重要作用。2015 年，ISO 在 ISO38500 的基础上发布了 ISO/IEC38505 标准，该标准阐述了数据治理的目标、基本原则和数据治理模型，是一套完整的数据治理方法论。

（1）ISO/IEC38505 标准下数据治理方法论的核心内容。ISO/IEC38505 标准下数据治理的目标是促进组织高效、合理地利用组织数据资源。数据治理原则是职责、策略、采购、绩效、符合和人员行为。这些原则阐述了指导决策的推荐行为，每个原则描述了应该采取的措施，但并未说明如何、何时以及由谁来实施。数据治理模型方面，ISO/IEC38505 标准提出了数据治理的"E（评估）—D（指导）—M（监督）"方法论，通过评估现状和将来的数据利用情况，编制和执行数据战略和政策，以确保数据的使用服务于业务目标，指导数据治理的准备和实施，并监督数据治理实施的符合性等。

（2）ISO/IEC38505 数据治理框架。ISO/IEC38505 数据治理框架包含内部需求、外部压力、评估、指导、监督等要素，如图 2-2 所示。

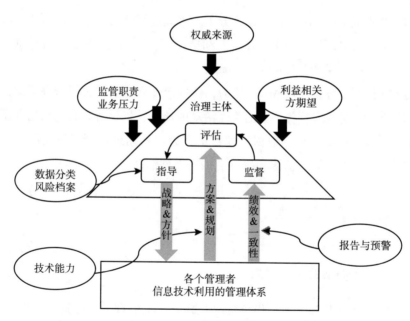

图 2-2 ISO 数据治理框架

## 2.2.2.2 DGI 数据治理框架

数据治理研究所（DGI）是业内最早成立、全球知名的专门研究数据治理的机构。2004 年，DGI 发布了 DGI 数据治理框架，为企业数据管理的战略决策和行动提供最佳实践和指导。DGI 框架在数据治理组织、目标和流程方面提供了详细说明，帮助企业实现数据价值，减少数据管理的成本和复杂性，并确保数据安全和合规使用。

（1）DGI 数据治理方法论的六个核心问题。

第一，who：数据治理与谁有关？

凡是对数据的创建、收集、处理、操作、存储、使用以及退役感兴趣的数据利益相关者都应关注数据治理。

第二，what：数据治理是什么？

数据治理指的是"对与数据相关事务的决策权及其权威的行使"。更具体地讲，数据治理是一套责任制度，涵盖决策权和信息相关过程，并按照商定的模型执行。

第三，when：什么时候组织需要正式的数据治理？

DGI 数据治理框架指出，当以下四种情况之一发生时，组织需要从非正式治理转向正式数据治理：一是组织规模变得足够庞大，传统的管理方法已经无法应对数据相关的跨职能活动；二是由于组织的数据系统愈发复杂，传统的管理方式已经无法解决涉及数据的跨职能活动；三是数据架构师、SOA 团队或其他以横向为重点的团队需要跨职能项目的协助，这些项目从企业整体（而非单一）视角来审视数据问题和决策；四是法规、合规性或合同要求正式数据治理。

第四，where：数据治理由组织中的哪个部门负责？

数据治理的职责可能会设立在业务运营、IT、合规与隐私保护或数据管理部门，这些部门是否能获得领导层的充分支持和数据相关方的配合至关重要。

第五，why：为何采用正式的数据治理框架？

数据治理框架涵盖了组织中用于管理数据资产的各类政策、程序、标准和指标，旨在帮助理清和阐述复杂或不明确的概念。通过建立和实施这样的框架，业务、IT、数据管理和合规等领域的相关人员能够更有效地交流思想，形成一致的目标和方向。

第六，how：组织如何实施数据治理？

数据治理的实施应以业务需求为驱动，从而明确工作的核心方向和重点。需要进行价值声明，以划定工作范围，并设定明确、可衡量、可实现、相关性强且具有时间限制（即 SMART 原则）的目标，同时制定成功评估的标准和指标。接着，需制订行动计划，以便获得利益相关者的支持。一旦获得支持，组织就可以开始设计和部署数据治理项目，处理各项相关流程，并进行数据、项目及其状态的监控、测量和报告。通常数据治理项目开始时会集中解决特定问题，随后逐步扩展以涵盖更多方面。

（2）DGI 数据治理框架。

DGI 数据治理框架主要包含愿景、数据治理目标、数据规则定义、决策权、问责制、管控措施、数据利益相关方、数据治理办公室、数据管理小组、数据治理流程 10 个要素，如图 2-3 所示。①愿景是指导企业进行数据治理的最高指引，明确了数据治理活动的方向。②数据治理目标一般包括：致力于政策、标准、战略制定的数据治理；致力于数据质量的数据治理；致力于隐私、合规和安全的数据治理；致力于架构和集成的数据治理；致力于数据仓库和商业智能的数据治理；致力于支持管理活动的数据治理。③数据规则定义了与数据相关的策略、标准、合规性要求、业务规则等，不仅是数据治理的核心部分，而且也是实现业务目标、确保合规性和保障数据安全的基础。④决策权是指在制定数据标准或做出任何数据相关决策之前，必须先明确以下问题：决策的时间、使用的流程以及由谁负责做出决策。⑤问责制是指数据治理规则或标准发布后，应立即进入实施阶段，包括明确责任人、具体任务以及时间安排。⑥管控措施是指数据治理项目通常需要提供与数据相关的控制措施建议，这些措施应涵盖多个层面，包括网络、操作系统、数据库、应用程序和用户进程等，以实现治理目标。⑦数据利益相关方指的是那些可能对所讨论的数据产生影响，或受到数据影响的个人或团体，如某些业务部门、IT 团队、数据架构师、数据库管理员等。⑧数据治理办公室是专门负责制定、实施和监督数据治理政策与程序的组织机构，主要职责包括制定数据管理战略，建立和维护数据标准、数据质量标准和数据安全协议，确保数据的合规性和一致性。⑨数据管理小组是专门负责企业内数据资产管理的跨职能团队，主要职责包括数据的收集、存储、维护、质量控制和使用。数据管理小组通常由数据架构师、数据工程师、数据库管理员、数据分析师以及业务代表等组成。⑩数据治理流程是 DGI 数据治理框架的最后一个组成部分，重点在于主动、应对和持续的数据治理过程，详细描述数据治理的方法。

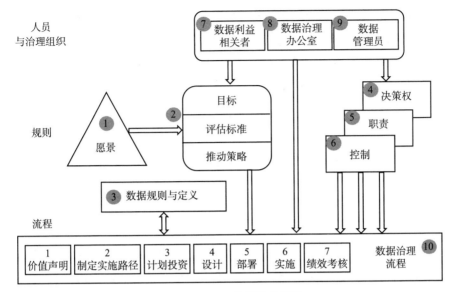

图 2 – 3　DGI 数据治理框架

## 2.2.3　数据治理标准

### 2.2.3.1　数据治理标准现状

数据治理的标准化是政府和企业在实施数据治理过程中最核心的活动和首要任务，能够有效降低治理复杂性、提升数据质量、打破数据孤岛、加速数据交换与共享、释放数据的潜在价值。标准化的需求涵盖了数据治理的各个领域，包括数据架构、数据采集、存储、流通、元数据管理、分析应用、全生命周期管理、安全及数据质量等。目前，已建立了多个数据治理标准。

（1）GB/T 34960.5 – 2018。《信息技术服务 治理 第 5 部分：数据治理规范》（GB/T 34960.5 – 2018）中，为了促进组织有效、高效地利用数据，有必要在数据的获取、存储、整合、分析、应用、展示、归档以及销毁过程中，制定相应的数据治理规范，这些规范涵盖数据治理的顶层设计、治理环境、治理领域及治理过程的要求，旨在实现运营合规、风险可控和价值创造。

（2）GB/T 36073 – 2018。《数据管理能力成熟度评估模型》（GB/T 36073 – 2018）提供了数据管理能力的成熟度评估模型及其相应等级，适用于组织和机构对内部数据管理能力进行评估。该模型将数据管理能力划分为数据战略、数据治理、数据架构、数据应用、数据安全、数据质量、数据标准以及数据生命周期8 个领域。经过 2020 年的试点评估，该标准已获得广泛关注并取得了显著成绩，为企业提升数据管理能力提供了关键路径和有效手段。

（3）ISO/IEC 38500 系列标准。《信息技术组织的 IT 治理》（ISO/IEC 38500：2015）为组织的治理机构成员（如所有者、董事、合作伙伴、执行经理等）提供了关于如何在组织内部有效、高效且符合规范地使用信息技术（IT）的指导原则。该标准适用于各类组织对当前及未来 IT 使用的治理，包括相关的管理过程和决策。这些过程可以由组织内部的 IT 专家、外部服务提供商或内部业务部门负责。

《信息技术—IT 治理—数据治理—第 1 部分：ISO/IEC 38500 在数据治理中的应用》（ISO/IEC 38505 – 1：2017）借助 ISO/IEC 38500 中的治理原则和框架，为组织的管理层（包括业主、董事、合作伙伴、执行经理等）提供了如何有效、高效和符合规范地使用组织数据的指导。

《信息技术—IT 治理—数据治理—第 2 部分：ISO/IEC 38505 – 1 对数据管理的影响》（ISO/IEC TR 38505 – 2：2018）则用于促进组织内管理机构与执行团队之间的沟通，确保数据使用与管理层制定的战略方向相一致。ISO/IEC 38505 – 1：2017旨在为治理主体提供原则、定义和模型，帮助其评估、理解和监督数据利用过程，而 ISO/IEC TR 38505 – 2：2018 则致力于确保数据管理活动与组织的数据治理战略相符。

（4）ITU – T 系列标准。《数据资产管理框架》（ITU – T F.743.21）定义了数据资产的基本概念，梳理了数据资产管理的需求，并提出了相应的数据资产框架。数据资产管理通常通过两方面来实现：活动职能和保障措施。活动职能包括元数据管理、主数据管理、数据标准管理、数据质量管理、数据模型管理、数据安全管理、数据价值管理以及数据共享管理等，而保障措施则指支持这些职能的辅助性组织结构和制度体系。

《大数据基础设施评测框架》（ITU – T F.743.20）对大数据基础平台的技术能力进行了定义，并详细描述了其整体架构和服务模式。该框架涵盖了大数据业务全生命周期的各个方面，包括数据接入、存储、处理、应用和资源运维等。此标准能够有效评估大数据基础设施的功能、性能和服务能力，为产品选型、实施和运维提供指导，并且有助于推动技术和产品的设计与开发。

### 2.2.3.2 数据治理标准框架

数据治理标准体系包括基础共性标准、数据基础设施、数据资产管理、数据流通、数据安全5个方面，如图2-4所示。

（1）基础共性标准。基础共性标准的主要目的是统一数据治理的相关概念，为其他标准体系的建设提供支持和参考，这些标准包括术语、参考架构、通用要求以及评测与评估。

（2）数据基础设施。数据基础设施标准旨在规范数据治理过程中涉及的平台、工具和软件系统，为数据资产管理、流通以及安全提供技术支持，涵盖数据库、大数据平台、数据资产管理、数据分析与挖掘、数据流通和数据安全等方面。

（3）数据资产管理。数据资产管理标准主要针对组织的核心数据资源进行管理、共享、应用和价值评估，包括基础数据、主数据、元数据、数据质量、数据架构、数据开发、数据应用、数据共享、数据价值评估。

（4）数据流通。数据流通标准主要用于规范和约束跨组织的数据开放、交易和跨境流动，以确保数据在供应方和需求方之间的流通过程合规且有序。

（5）数据安全。数据安全标准旨在规范数据资产在管理、应用、共享和开放等环节中的合法性和合规性，确保数据始终得到充分保护。

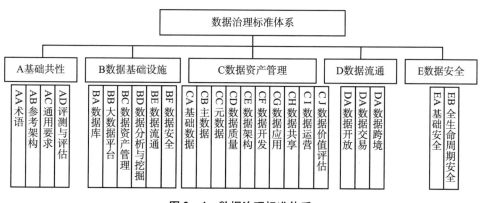

图2-4　数据治理标准体系

## 2.3　数据架构管理

### 2.3.1　数据架构

#### 2.3.1.1　企业架构

　　了解数据企业架构之前，需要先了解架构。架构是一种设计和规划的概念，涉及系统、结构或项目的整体构造和布局。架构可以应用于多个领域，包括但不限于建筑、软件开发、信息技术、企业管理等。不同领域，架构的具体定义和侧重点可能有所不同，但核心思想是提供一个总体的结构和框架，以确保各个部分能够有效地协同工作。

　　企业架构是一套结构化的框架和方法论，用于指导企业各个方面的设计和实施。企业架构关注的是企业的整体运行，包括战略目标、业务流程、信息系统、技术基础设施等，通过系统化的方法，将这些元素有机地结合起来，以支持企业的战略目标和业务需求。企业架构通常由业务架构、应用架构、技术架构和数据架构组成。业务架构主要是企业的业务战略、治理、组织结构和关键业务流程。应用架构主要是企业的应用系统及其相互关系。技术架构主要是企业的技术基础设施和技术标准。数据架构则主要关注企业的信息需求和数据管理。企业架构不仅能够确保 IT 和业务战略的一致性，还能优化业务流程和资源配置、提高企业对市场变化和技术创新的适应能力、降低项目失败和数据安全风险。

#### 2.3.1.2　数据架构

　　数据架构是用于设计和管理企业数据资产的一种框架和方法，包括数据模型、数据流、数据存储和数据治理等多个方面，通过这些方面的有机结合，支持企业的数据需求和业务目标。数据架构的设计应该由业务需求驱动，数据架构师和数据工程师使用这些需求来定义相应的数据模型以及支持它的底层数据结构。

数据架构与企业的其他架构（如应用架构、技术架构、业务架构等）密切相关，共同构成了企业的整体架构体系。数据架构是业务架构、应用架构、技术架构的桥梁，将不同的系统、应用和业务领域连接起来，实现数据的共享和协同，如图2-5所示。

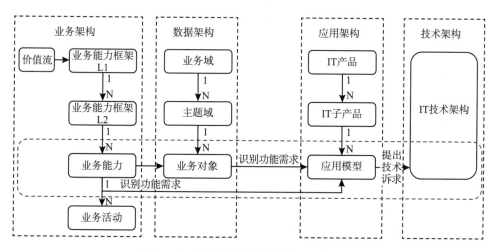

图2-5　数据架构与其他架构之间的关系

## 2.3.2　数据架构组件

尽管不同企业之间的数据架构存在细微差别，但通常来讲，企业架构都会包含数据资产目录、数据标准、数据模型、数据分布等组件。

### 2.3.2.1　数据资产目录

数据资产目录是结构化的清单或数据库，包含了组织内所有数据资产的信息和元数据，详细描述了每个数据资产的来源、内容、格式、位置、拥有者、访问权限等属性，提供了一个统一的视图，帮助用户快速查找和使用所需的数据资源。数据资产目录是数据架构的重要组成部分，通过管理和维护企业数据资产的清单和详细信息，帮助企业实现数据的组织、发现、访问和使用。数据资产目录不仅提高了数据的可见性和可用性，还支持数据治理和合规性管理，促进数据共享和协作，最终助力企业实现数据驱动的决策和运营。企业应根据自身需求和特点，选择适合的数据资产目录框架和方法，逐步推进数据资产目录的实施和优化。

### 2.3.2.2 数据标准

数据标准是指一组约定的规范、格式和规则，用于定义、描述、表示、组织、管理和交换数据，这些标准可以涵盖数据的命名、定义、格式、值域、业务规则、数据质量要求等方面。数据标准作为数据架构中的重要组件，通过统一的数据定义、表示、质量和治理标准，确保数据的一致性、可用性和高质量。数据标准不仅提高了数据管理的效率和效果，还促进了数据的共享和互操作性，助力企业实现数据驱动的决策和运营。企业应根据自身需求，制定、推广、实施和更新适用的数据标准，持续提升数据管理的水平和能力。

### 2.3.2.3 数据模型

数据模型是对数据结构、关系和约束的形式化描述，用于表示数据在信息系统中的逻辑和物理布局。数据模型定义了数据元素、数据结构、数据类型和数据之间的关系，为数据的存储、访问和管理提供了框架。数据模型可以分为概念模型、逻辑模型和物理模型三个层次，每个层次关注不同的阶段和细节。数据模型作为数据架构的重要组件，通过对数据结构、关系和约束的系统化描述，确保数据的一致性、完整性和高质量。企业应根据业务需求和技术环境，设计和实施适用的数据模型，持续提升数据管理的水平和能力。

### 2.3.2.4 数据分布

数据分布是指将数据在多个存储系统、服务器或地理位置之间进行分割和存储，以实现数据的负载均衡、高可用性和快速访问。数据分布通过分布式数据库、数据分片、复制等技术手段实现。数据分布可以分为集中式数据分布、分布式数据分布以及云分布等类型。数据分布作为数据架构中的重要组成部分，通过合理地将数据组织分配到不同的存储位置，优化系统性能、提高扩展性、保障高可用性。企业应根据数据访问需求、存储规模和系统架构，制定适合的数据分布方案，以实现高效的数据管理和处理。

# 2.4   数据质量管理

## 2.4.1   数据质量管理概述

数据质量管理是指在数据的整个生命周期中，通过系统化的管理方法和技术手段，确保数据的准确性、完整性、一致性、及时性和可靠性，核心目标是提升数据的质量，使其能够有效支持业务运营、决策和战略规划。

### 2.4.1.1   数据质量管理的核心内容

数据质量评估、数据清洗和修复、数据质量监控、数据质量治理、数据质量改进是数据质量管理的核心内容。其中，数据质量评估是指定期对数据进行质量评估，识别和量化数据中的错误和缺陷，常见的数据质量评估方法有数据剖析、数据质量度量和数据抽样检查。数据清洗和修复是指通过自动化或手动方式，纠正数据中的错误和不一致，如删除重复记录、填补缺失值、纠正格式错误等。数据质量监控是指建立持续的数据质量监控机制，实时检测和报告数据质量问题，确保数据在使用过程中保持高质量。数据质量治理是指制定和执行数据质量政策、标准和流程，明确数据质量的管理职责和权限，建立数据质量治理结构。数据质量改进是指通过持续改进流程和技术手段，不断提升数据质量，包括数据质量培训、数据质量工具的应用和数据质量文化的推广。

### 2.4.1.2   数据质量问题的类型

常见的数据质量问题包括准确性问题、完整性问题、一致性问题、及时性问题、唯一性问题以及有效性问题等，具体如表 2 - 1 所示。

**表 2 - 1**　　　　　　　　　　　　　　**常见的数据质量问题**

| 问题类型 | 主要内容 |
|---|---|
| 准确性问题 | 数据是否真实反映实际情况，数据错误或不准确会导致误导性分析和决策 |
| 完整性问题 | 数据是否完备，是否缺失必要的信息，数据缺失可能会导致分析结果的不可靠 |
| 一致性问题 | 数据在不同系统和数据库中是否保持一致，数据不一致会导致冲突和误解 |
| 及时性问题 | 数据是否及时更新和反映最新状态，过时的数据会影响决策的有效性 |
| 唯一性问题 | 数据是否存在重复记录，重复数据会导致资源浪费和数据处理复杂性增加 |
| 有效性问题 | 数据是否符合预期的格式、范围和业务规则，无效数据会导致数据处理和分析错误 |

## 2.4.2 数据质量管理框架

### 2.4.2.1 ISO 9001 质量管理体系

ISO 9001 是由国际标准化组织（ISO）发布的一套质量管理体系标准，适用于各类组织，旨在帮助组织提高产品和服务的质量，提升客户满意度。ISO 9001 标准基于七项质量管理原则：（1）以客户为关注焦点；（2）领导作用；（3）全员参与；（4）过程方法；（5）改进；（6）循证决策；（7）关系管理。ISO 9001 质量管理体系的实施过程主要包括以下步骤：（1）初步评估与差距分析；（2）计划阶段；（3）设计和开发阶段；（4）实施阶段；（5）检查阶段；（6）改进阶段；（7）认证审核。

### 2.4.2.2 六西格玛质量管理体系

六西格玛是一种以数据为基础，旨在提高业务流程效率和产品质量的管理方法，其目标是通过减少缺陷和变异，实现几乎完美的产品和服务。六西格玛的名字源自统计学中的标准差（σ），指的是过程输出的变异。六西格玛的方法希望在百万个零件中将缺陷降低到 3.4 个。六西格玛质量管理体系的方法论主要把控以下五个阶段。

（1）定义阶段主要包含三个方面：一是确定改进项目；二是明确客户需求和项目目标；三是定义项目范围和团队角色。

（2）测量阶段主要包含三个方面：一是收集和测量当前流程数据；二是确定关键质量特性；三是评估流程的现有性能。

（3）分析阶段主要包含三个方面：一是分析数据以识别根本原因；二是使用工具如因果图、鱼骨图、散点图；三是确定主要的变异源。

（4）改进阶段主要包含三个方面：一是开发和实施解决方案；二是通过实验设计测试和优化解决方案；三是监控改进效果。

（5）控制阶段主要包含三个方面：一是确保改进的持续性；二是制订控制计划和监控系统；三是标准化改进流程。

## 2.4.3  数据质量管理策略和技术

数据质量管理是指在数据生命周期中通过一系列措施确保数据的准确性、完整性、一致性和及时性。为了有效管理数据质量，可以分为三个阶段：事前预防、事中控制、事后补救，三个阶段各有侧重点，确保数据在整个生命周期中的质量，具体见图 2-6。

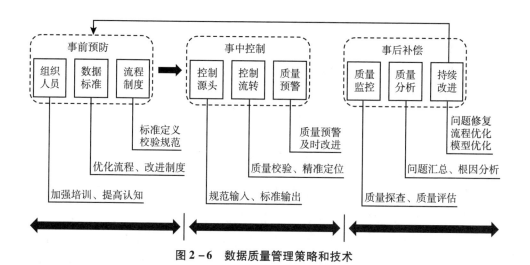

图 2-6  数据质量管理策略和技术

### 2.4.3.1  事前预防

数据质量管理的事前预防可以从组织人员、数据标准、流程制度三个方面入手。

（1）加强组织建设。企业在推行数据质量管理时，应当在整体数据治理框架内设立相应的数据质量管理岗位，并明确岗位在数据质量管理中的职责和分工。数据的准确性和完整性在很大程度上依赖于操作人员的知识和技能，因此加强人员培训在数据质量管理中至关重要。培训可以提升员工对数据质量标准和流程的理解，使其能够识别和纠正潜在的数据问题。

（2）落实数据标准。确保数据标准得到有效执行是实现高质量数据管理的关键。数据标准涵盖多个方面，包括数据模型标准、主数据及参考数据标准，以及指标数据标准等。通过规范这些标准，能够确保数据的一致性和准确性，从而提升整体数据质量。

（3）制度流程保障。数据质量管理是闭环管理过程，涵盖了定义业务需求、测量数据质量、分析根本原因、实施改进措施以及控制数据质量等各个环节。

### 2.4.3.2　事中控制

数据质量管理的事中控制是在数据处理和使用过程中，实时监控和维护数据质量的一系列措施。通过建立系统化的流程控制体系，针对数据的创建、变更、采集、清洗、转换、装载、分析等各环节实施质量管理。例如，在源头数据控制方面需要维护好数据字典、自动化数据输入、自动化数据校验、人工干预审核。在流转过程控制方面需要在数据采集、数据存储、数据传输、数据处理以及数据分析等方面做好控制。

### 2.4.3.3　事后补救

数据质量管理的事后补救是指在数据问题发生后，通过监控、分析和补救措施来识别、处理和预防数据质量问题的再次发生。事后补救包含以下几个关键方面：（1）建立系统化的数据质量监控机制，定期对数据进行全面检查。（2）确定关键数据质量指标，如错误率、缺失率、重复率等，并设定阈值，及时识别和报告异常情况。（3）定期进行数据质量审计，生成详细的质量报告，分析数据问题的根本原因，提供改进建议；建立数据质量反馈机制，收集用户和业务部门的反馈意见，不断改进数据质量管理策略和方法；制订并实施持续改进计划，逐步优化数据质量管理流程和技术手段；定期评估改进措施的效果，确保改进措施的有效性和可持续性。

# 2.5 元数据管理

## 2.5.1 元数据

元数据是描述数据的数据，即关于数据的信息，为数据提供上下文、结构、管理和使用的信息，使数据更容易被发现、理解和利用。元数据可以视为数据的说明书，帮助用户理解数据的来源、内容、用途和质量。按照不同应用领域或功能，元数据一般大致可分为三类：业务元数据、技术元数据和操作元数据。

### 2.5.1.1 业务元数据

业务元数据是用于描述数据在业务上下文中的信息，旨在帮助业务用户、决策者和数据分析师理解、管理和利用数据。业务元数据提供了数据的业务定义、业务规则、数据分类、数据来源等，使数据的业务含义更加清晰，从而促进数据的有效应用和管理。业务元数据关注的是数据的业务层面，包括数据的用途、业务流程中的位置、相关业务规则和数据的业务意义，是非技术性的数据描述，面向业务人员，帮助他们更好地理解数据在业务活动中的角色和作用。

### 2.5.1.2 技术元数据

技术元数据是关于数据的技术信息，描述数据的结构、格式、存储、处理方式等技术特征，主要面向技术人员，如数据管理员、数据库管理员、系统工程师和开发人员，用于支持数据管理、系统集成、数据迁移和数据治理等技术活动。技术元数据详细记录了数据在技术层面的细节，包括数据的物理存储位置、数据类型、数据长度、索引和约束等，为技术人员提供了数据的技术背景和处理方法，从而确保数据系统的高效运行和维护。

### 2.5.1.3 操作元数据

操作元数据是指在数据管理和数据操作过程中产生的相关信息。这类元数据记录了数据的处理过程、使用情况、运行环境等细节，旨在帮助企业和组织更好地监控、管理和优化数据的操作流程。操作元数据不仅涉及数据本身，还包括数据在整个生命周期中的行为和变化。

## 2.5.2 元数据管理

元数据管理涉及对业务元数据、技术元数据和操作元数据的全面盘点、整合和管理。通过实施科学有效的管理机制，可以对这些元数据进行系统化管理，并为开发人员和业务用户提供相关服务，能够满足用户在业务需求方面的要求，为企业的业务系统和数据分析的开发与维护提供有力的支持。

元数据管理的内容包括制定元数据标准、管理规范、管理平台与管控机制，并通过全流程的元数据管理，实现元数据应用。元数据管理流程分为产生元数据、采集元数据、注册元数据和运维元数据四个部分，具体框架如图 2 –7 所示。

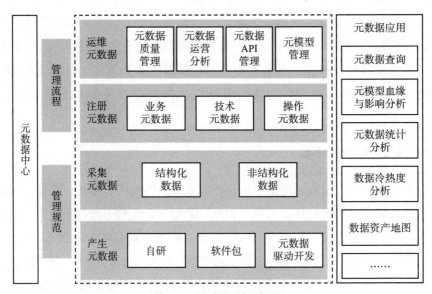

图 2 –7 元数据管理框架

### 2.5.2.1　产生元数据

元数据管理流程中的产生元数据环节是整个管理过程的起点和基础，是指在数据的创建、获取和更新过程中，生成描述这些数据的元数据。产生元数据的具体流程如下。

（1）数据需求分析。数据需求分析涉及业务和技术两个层面的评估。在业务层面，通过与业务部门沟通，识别关键业务流程和数据使用场景，明确需要元数据支持的数据；而在技术层面，则分析技术系统对元数据的需求，包括数据模型、数据格式和数据存储要求。

（2）定义元数据标准。定义元数据标准的过程包括制定元数据规范和确定元数据字段。制定元数据规范是指根据业务和技术需求，制定元数据标准和规范，包括命名规则、数据类型、格式要求和描述方式等。确定元数据字段是指定义具体的元数据字段，如数据元素名称、数据类型、数据长度、描述、来源、创建时间、更新时间等。

（3）设计元数据模型。设计元数据模型涉及两个主要方面，一是设计元数据的逻辑模型和物理模型，逻辑模型包括元数据的层次结构和关系，物理模型则涉及元数据在数据库中的存储结构；二是确定元数据的存储架构和访问方式，包括元数据仓库、数据字典、数据目录等。

（4）元数据生成。元数据生成包括自动生成和手动生成两种方式。自动生成元数据是通过数据生成工具或系统功能，在数据创建、获取或更新过程中自动完成的；而对于无法自动生成的元数据，则需要手动生成，确保所有必要的元数据都得到记录。

（5）元数据验证。元数据验证包括对生成的元数据进行质量检查和一致性校验。质量检查旨在确保元数据的准确性、完整性和一致性，而一致性校验则关注元数据与实际数据之间的一致性，确保元数据能够真实反映数据的实际情况，从而提升数据管理的可靠性。

### 2.5.2.2　采集元数据

采集元数据环节是元数据管理流程中的关键环节，涉及识别、收集和整理来自各种数据源的元数据。采集元数据的具体流程如下。

（1）数据源识别。数据源识别涉及确定数据源以及数据源评估两方面。首先，识别所有潜在的数据源，包括数据库、文件系统、应用系统等，明确需要采集的元数据类型；其次，评估数据源的质量、结构和格式，确定采集元数据的范围和方法。

（2）元数据采集工具。元数据采集工具主要包括自动化和手动两种。自动化工具用于从不同数据源高效、准确地提取元数据，而对于自动化工具无法覆盖的数据源，则采用手动采集的方法，确保所有必要的元数据都能被收集。

（3）采集过程管理。采集过程管理包括制订元数据采集计划和执行采集任务。首先，需明确采集的时间、频率和责任人，以确保计划的系统性；其次，按照计划执行元数据采集，确保采集过程的可追溯性和透明性。

（4）采集质量控制。采集质量控制包括对采集到的元数据进行数据质量检查和一致性校验。数据质量检查旨在确保元数据的准确性和完整性，而一致性校验则确保采集的元数据与数据源之间的一致性，防止信息丢失或错误，从而提升元数据的可靠性。

### 2.5.2.3　注册元数据

注册元数据环节是确保元数据被有效组织、存储和管理的关键步骤。注册元数据的具体流程如下。

（1）元数据注册标准。元数据注册标准包括制定注册规范和元数据分类。首先，需明确元数据注册的标准和规范，涵盖分类、命名和描述方式；其次，根据业务需求和技术要求对元数据进行分类，从而实现有序管理，提升元数据的可用性和检索效率。

（2）元数据注册流程。元数据注册流程包括设计注册流程和建立审批机制两个关键步骤。设计注册流程时，需要明确各环节的责任人和操作步骤。建立审批机制是为了确保注册的元数据符合既定的标准和规范。

（3）元数据注册工具。元数据注册工具结合了自动化和手动两种方法。自动化注册工具用于提升元数据注册的效率和准确性，而手动注册则适用于那些复杂或特殊的元数据，以确保注册过程的灵活性和精确性。

（4）元数据存储。元数据存储涉及两个主要方面：一是将注册的元数据存储在元数据仓库中，确保元数据的集中管理和访问；二是创建数据字典和数据目录，便于用户查找和使用元数据。

### 2.5.2.4　运维元数据

运维元数据环节是确保元数据在整个生命周期中持续有效和高质量的关键步骤。运维元数据的具体流程如下。

（1）元数据维护。元数据维护是确保元数据准确性和时效性的关键活动，包括对数据的描述、组织、存储位置、数据域及其关系等信息的持续更新和管理。元数据维护通常涉及以下两个方面：一是定期检查和更新元数据，确保元数据的时效性和准确性；二是建立元数据变更管理机制，确保元数据变更过程的可控性和可追溯性。

（2）元数据监控。元数据监控能够确保数据的质量和一致性，对于维护数据仓库的健康运行至关重要。元数据监控涉及定期检查元数据的准确性和一致性、元数据变更跟踪、评估元数据存储和检索的性能、监控元数据的访问和使用、监控元数据存储空间使用情况以及建立元数据监控的报警机制等一系列活动。通过这些监控活动，运维团队能够及时发现并解决与元数据相关的问题，减少数据仓库的运营风险，提高数据管理的效率和效果。

（3）元数据质量管理。元数据质量管理是确保数据准确性、完整性和一致性的关键环节，涉及对数据的来源、结构、规则和流向等元数据信息的持续监控和维护。此外，元数据质量管理还包括对数据的分类、格式、编码等规范的制定，以及对数据处理流程的规范化管理。通过元数据质量管理，企业能够及时发现并解决数据中的问题，如不一致性、错误和重复等问题，从而提高数据的准确性和完整性。

（4）元数据使用。元数据使用是实现数据有效管理和优化运维操作的核心，涉及将收集到的元数据信息，如数据源、数据结构、数据流向和数据关系等，应用于数据监控、性能分析、故障诊断和配置管理等运维场景。通过元数据的使用，运维团队能够快速定位系统问题、优化资源分配、制定改进措施，并提供更加精准和高效的服务，从而确保系统的稳定性和高可用性。此外，元数据还支持自动化工具的开发，使运维流程更加智能化和自动化，提升整体运维效率和数据管理的质量。

# 第 3 章

# 数据管理成熟度评价

当企业等组织完成了对数据的系统性管理之后，需要对组织的数据管理成熟度做出评价。数据管理成熟度评价是组织自我审视和提升数据管理能力的重要工具，不仅能够帮助组织识别当前数据管理的弱项与短板，制定针对性的改进措施，对于确保数据的准确性、安全性和合规性也至关重要。通过这一评价，组织能够更有效地利用数据资源，并为数字化转型打下坚实的基础。本章将重点讨论数据管理成熟度评价维度以及经典的数据管理成熟度模型。

## 3.1 数据管理成熟度评价概述

### 3.1.1 数据管理成熟度模型起源

随着数字经济的发展，数据逐渐成为具有价值的战略资产。要使数据成为真正的资产，必须对其进行管理。数据管理能够帮助企业合理使用数据，最大化利用数据价值，但数据管理是一个相当复杂的过程，企业在数据管理过程中需要考虑如下问题：如何管理数据？如何利用数据支持决策？数据来源有哪些？负责提取、评估、汇报数据的人员是谁？如何部署数据管理工作？回答上述问题的前提就是需要清晰地明白企业数据管理的成熟度，这也是企业开发和应用数据管理战略的最大挑战。

在这种背景下，数据管理成熟度的需求愈加迫切。数据管理成熟度模型（DMMM）是一种用于衡量组织在数据管理方面达到的阶段和水平的工具，通过对组织在数据管理、数据质量、数据安全、数据集成等方面的能力进行评估，帮助组织识别存在的问题和不足，并制订相应的改进计划。数据管理成熟度模型的必要性来自数据的重要性和组织在数据管理方面面临的挑战。随着数据量的不断增加，数据管理已经成为组织面临的重要问题。组织需要确保数据质量、数据保护和合规性，同时还需要提高数据的可用性、可访问性和可重复性。这些挑战需要组织采取一系列措施来改进数据管理能力，以便更好地利用数据实现业务目标。

数据管理成熟度模型的起源可以追溯到 20 世纪 90 年代，当时许多组织逐渐意识到数据管理的关键作用，并开始探讨评估与提升数据管理成熟度的方法。一些组织率先使用模型和框架来衡量其数据管理能力。例如，1995 年，高德纳（Gartner）公司推出了"信息资源管理成熟度模型"，帮助企业评估其信息资源管理水平。随着时间推移，越来越多的组织采用数据管理成熟度模型来对其数据管理进行评估，并且随着技术进步和数据管理的演变，数据管理成熟度模型也在不断优化和升级。现今，较为普及的数据管理成熟度模型包括 DMM 数据管理成熟度模型、DCMM 数据管理能力成熟度模型、IBM 数据治理成熟度模型以及 Gartner 数据治理成熟度模型等，这些模型能够从不同角度对数据管理成熟度进行评估和改进。随着数据管理在组织中的地位日益提升，数据管理成熟度模型也在不断演化，以适应快速变化的数据管理需求。

### 3.1.2　数据管理成熟度模型评估维度

数据管理成熟度模型的评估维度涵盖了数据战略、数据治理、数据质量、数据集成和数据安全五个关键方面。数据战略是指组织是否明确制定了适合自身需求的数据管理战略，并将其与业务目标相匹配；数据治理是指组织在数据治理方面是否建立了明确的责任与权限体系，并能够有效管理和控制数据的使用；数据质量是指组织是否具备规范的数据质量管理流程和工具，能够保证数据的准确性、一致性和可靠性；数据集成是指组织是否具备合适的数据集成策略和技术，能够实现不同数据源的无缝集成；数据安全是指组织是否建立了完善的数据安全机制，能够保护数据的机密性、完整性和可用性。

# 3.2 DMM 数据管理成熟度模型

## 3.2.1 DMM 数据管理成熟度模型的内容

数据管理成熟度模型（DMM 模型）是由卡耐基·梅隆大学下属的 CMMI 研究所基于能力成熟度模型集成（CMMI）原则开发的独特数据管理学科综合参考模型，该模型为企业提供了一个标准，用于建立、提升和评估其数据管理能力，并帮助企业制订数据治理改进计划和实施路线图，如图 3-1 所示。

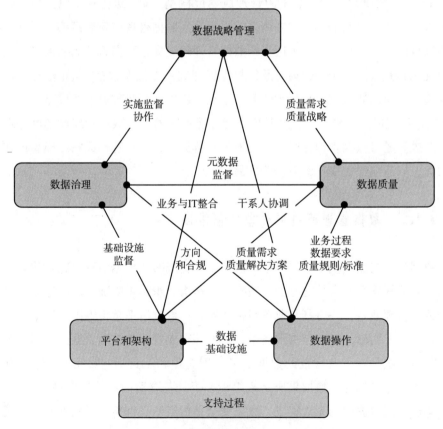

图 3-1 DMM 数据管理成熟度模型

数据管理成熟度模型（DMM 模型）包含 25 个过程域，其中 20 个是数据管理过程域，5 个是支持过程域。根据不同的数据管理维度，这些过程域分为数据管理战略、数据治理、数据质量、数据操作、平台和架构、支持过程六类，如表 3 - 1 所示。过程域是展示模型主题、目标、实践及工作实例的主要方式，企业通过实施这些过程域的实践，可以建立或提升数据管理能力的成熟度。

表 3 - 1　　　　　　　　　　　　DMM 数据管理成熟度模型

| 类别 | 过程域 |
|---|---|
| 数据管理战略 | 数据管理战略 |
|  | 沟通 |
|  | 数据管理功能 |
|  | 业务案例 |
|  | 项目资助 |
| 数据治理 | 治理管理 |
|  | 业务词汇表 |
|  | 元数据管理 |
| 数据质量 | 数据质量战略 |
|  | 数据分析 |
|  | 数据质量评估 |
|  | 数据清洗 |
| 数据操作 | 数据需求定义 |
|  | 数据生命周期管理 |
|  | 供应商管理 |
| 平台和架构 | 架构方法 |
|  | 架构标准 |
|  | 数据管理平台 |
|  | 数据集成 |
|  | 历史数据、归档和保留 |

续表

| 类别 | 过程域 |
| --- | --- |
| | 度量与分析 |
| | 过程管理 |
| 支持过程 | 过程质量保证 |
| | 风险管理 |
| | 配置管理 |

### 3.2.2　DMM数据管理成熟度模型的5个成熟度等级

DMM数据管理成熟度模型将数据管理能力成熟度划分为5个等级，呈现阶梯状分布，成熟度等级越高表示水平越高，如图3-2所示。

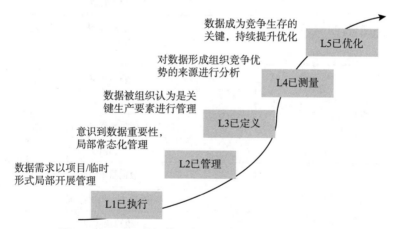

图 3 - 2　DMM 数据管理成熟度模型的 5 个成熟度等级

#### 3.2.2.1　执行级

数据管理仅处于项目实施需求层面。没有形成跨业务领域数据管理流程，数据管理过程是被动的。关于数据管理的基本改进可能存在，但目前组织内部尚未对这些改进措施进行明确界定、广泛宣传和有效推广。

### 3.2.2.2　管理级

企业意识到将数据作为关键基础设施资产进行管理的重要性，局部实现了常态化管理。在这个阶段，数据资产化的观念被企业或组织所认可，企业尝试开展数据管理的相关工作。

### 3.2.2.3　定义级

从组织层面将数据视为实现目标绩效的关键要素。根据企业的数据战略和指导方针，通过一个标准的数据管理过程定制满足企业特定需求的数据管理方法并执行。

### 3.2.2.4　度量级

将数据视为组织竞争优势的来源之一。企业已基本建立起可预测和度量数据的指标体系，以提升数据质量。对于不同类别的数据启动有差异的管理流程，在企业范围内形成一致性的理解，并在整个数据的生命周期中进行管理。

### 3.2.2.5　优化级

在一个充满活力和竞争的市场中，数据被视为企业生存的关键要素，并被持续提升和优化。通过增量和创新性的改进，企业的数据管理能力不断提高，进而推动业务增长和提升决策能力。企业的数据管理能力已经发展成行业标杆，可以在整个行业内进行先进经验分享。

## 3.3　DCMM 数据管理能力成熟度模型

### 3.3.1　DCMM 数据管理能力成熟度模型的内容

数据管理能力成熟度模型（DCMM 模型）是中国首个在数据管理领域正式发布的国家标准，其目的是帮助企业采用先进的数据管理理念和方法，建立并评估自身的数据管理能力，持续改进数据管理的组织、程序和制度，从而充分发挥数据在推动企业向信息化、数字化、智能化发展方面的价值。DCMM 数据管理能力成熟度模型标准体系架构如图 3-3 所示。DCMM 数据管理能力成熟度模型定义了数据战略、数据治理、数据架构、数据应用、数据安全、数据质量、数据标准和数据生存周期八个核心能力域，这些能力域被进一步细分为 28 个过程域和445 条能力等级标准，如表 3-2 所示。

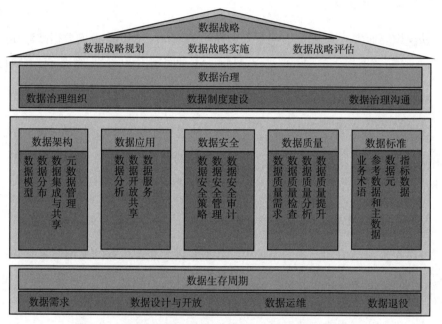

图 3-3　DCMM 数据管理能力成熟度模型标准体系架构

表 3-2　　　　　　　　　DCMM 评估模型的核心能力域与过程域

| 核心能力域 | 过程域 | 核心能力域 | 过程域 |
|---|---|---|---|
| 数据战略能力域 | 战略规划 | 数据安全能力域 | 数据安全策略 |
| | 数据战略实施 | | 数据安全管理 |
| | 数据战略评估 | | 数据安全审计 |
| 数据治理能力域 | 数据治理组织 | 数据质量能力域 | 数据质量需求 |
| | 数据制度建设 | | 数据质量检查 |
| | | | 数据质量分析 |
| | 数据治理沟通 | | 数据质量提升 |

续表

| 核心能力域 | 过程域 | 核心能力域 | 过程域 |
|---|---|---|---|
| 数据架构能力域 | 数据模型 | 数据标准能力域 | 业务数据 |
|  | 数据分布 |  | 参考数据和主数据 |
|  | 数据集成与共享 |  | 数据元 |
|  | 元数据管理 |  | 指标数据 |
| 数据应用能力域 | 数据分析 | 数据生存周期能力域 | 数据需求 |
|  | 数据开放共享 |  | 数据设计和开放 |
|  | 数据服务 |  | 数据运维 |
|  |  |  | 数据退役 |

### 3.3.2　DCMM 数据管理能力成熟度模型的等级划分

DCMM 数据管理能力成熟度模型将数据管理能力的成熟度划分为五个等级，从低到高分别为初始级（1 级）、受管理级（2 级）、稳健级（3 级）、量化管理级（4 级）和优化级（5 级），各等级代表企业在数据管理和应用方面的不同成熟度水平，如图 3-4 所示。

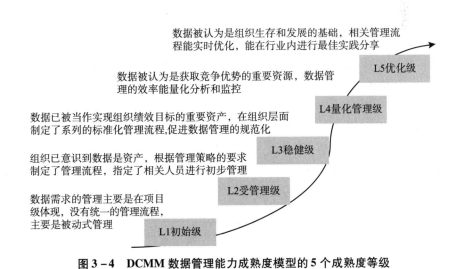

图 3-4　DCMM 数据管理能力成熟度模型的 5 个成熟度等级

### 3.3.2.1　初始级（1级）

数据需求的管理主要是在项目级体现，没有统一的管理流程，主要是被动式的管理。处在这一级别的企业数据管理具有如下特点。

（1）组织在制定战略决策时，未获得充分的数据支持。

（2）没有正式的数据规划、数据架构设计、数据管理组织和流程等。

（3）业务系统各自管理自己的数据，各系统之间的数据存在不一致的现象，组织未意识到数据管理或数据质量的重要性。

（4）数据管理仅根据项目实施的周期进行，无法核算数据管理、维护的成本。

### 3.3.2.2　受管理级（2级）

组织已经意识到数据是资产，并根据管理策略的要求制定了管理流程，指定了相关人员进行初步的管理。处在这一级别的企业数据管理具有如下特点。

（1）意识到数据的重要性，制定了部分数据管理规范，设置了相关岗位。

（2）意识到数据质量和数据孤岛是一个重要的管理问题，但目前没有解决问题的办法。

（3）组织进行了初步的数据集成工作，尝试整合各业务系统的数据，设计了相关数据模型和管理岗位。

（4）开始进行了一些重要数据的文档工作，对重要数据的安全、风险等方面设计相关管理措施。

### 3.3.2.3　稳健级（3级）

数据已经被当作实现组织绩效目标的重要资产，在组织层面制定了系列的标准化管理流程以促进数据管理的规范化。处在这一级别的企业数据管理具有如下特点。

（1）意识到数据的价值，在组织内部建立数据管理的规章制度。

（2）数据的管理和应用能结合组织的业务战略、经营管理需求及外部监管需求。

（3）建立了相关数据管理组织、管理流程，能推动组织内各部门按流程开展工作。

（4）组织在日常的决策、业务开展过程中能获取数据支持，明显提升工作效率。

（5）参与行业数据管理的相关培训，具备数据管理人员。

### 3.3.2.4 量化管理级（4级）

数据被认为是获取竞争优势的重要资源，数据管理的效率能够进行量化分析和监控。处在这一级别的企业数据管理具有如下特点。

（1）组织层面认识到数据是组织的战略资产，了解数据在流程优化、绩效提升等方面的重要作用。

（2）在组织层面建立了可量化的评估指标体系，可准确测量数据管理流程的效率并及时优化。

（3）参与国家、行业等相关标准的制定工作。

（4）组织内部定期开展数据管理、应用相关的培训工作。

（5）在数据管理、应用的过程中充分借鉴了行业最佳案例以及国家标准、行业标准等外部资源，促进组织本身的数据管理、应用的提升。

### 3.3.2.5 优化级（5级）

数据被认为是组织生存的基础，相关管理流程能够实时优化，能够在行业内进行最佳实践的分享。处在这一级别的企业数据管理具有如下特点。

（1）组织将数据作为核心竞争力，利用数据创造更多的价值和提升组织的效率。

（2）能主导国家、行业等相关标准的制定工作。

（3）能将组织自身数据管理能力建设的经验作为行业最佳案例进行推广。

## 3.4 Gartner 数据治理成熟度模型

Gartner 数据治理成熟度模型（Gartner Data Governance Maturity Model）是由

全球知名研究与咨询公司高德纳（Gartner）开发的一个框架，用于帮助组织评估和提升其数据治理能力。模型通过评估组织的数据治理流程、技术、政策和文化等多个维度，帮助企业理解其当前数据治理的成熟度水平，并为持续改进提供具体的指导和方向。模型将组织的数据治理能力划分为六个级别：0级无认知型、1级认知型、2级被动回应型、3级主动回应型、4级已管理型和5级高效型，如图3-5所示。

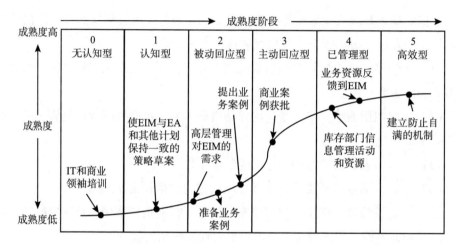

**图3-5 Gartner 数据管理能力成熟度模型的6个成熟度等级**

## 3.4.1 0级无认知型

处在 Gartner 数据治理成熟度模型 0 级的企业，由于没有进行信息管理，面临巨大风险，如不合规、客户服务能力差以及生产力低下等。Gartner 数据治理成熟度模型 0 级的特征包括以下几点。

（1）业务经理和 IT 组织没有意识到信息是一个问题，而用户对数据持怀疑态度。

（2）组织在没有足够信息的情况下做出战略决策。

（3）没有正式的信息架构，用于指导团队如何共享企业信息。

（4）信息在许多不同的应用程序中是分散和不一致的。每个部门独立存储、管理数据和文件，并各自独立选择信息技术。没有人认识到数据质量问题或尝试解决数据冲突。

（5）对于关键信息资产，没有信息管控、安全或责任机制。信息相关的职责按项目分配，归档和清除是为了维护系统性能或控制成本。没有人知道在信息上的花费是多少。

（6）IT 单元和业务单元都不清楚元数据的重要性。组织内缺乏通用的分类法、词汇表和数据模型。文件管理、工作流程和归档通过电子邮件进行。

### 3.4.2　1 级认知型

处在 Gartner 数据治理成熟度模型 1 级中的企业，已经具有一些关于信息管理的认知。Gartner 数据治理成熟度模型 1 级的特征包括以下几点。

（1）企业感受到信息的力量，制定了战略来存储信息并推进相关项目。关于"谁的数据是正确的"争论很难解决。企业人员抱怨数据太多，而面向行动的内容却不够。希望有一个统一的数据视图，但是无法从 IT 部门获得。

（2）对于关键领域中的数据质量差和信息分散、不一致的问题，企业人员的意识越来越深刻。数据分析程序生成了大量的不一致或冗余的报告，但没人负责解决这些问题。

（3）IT 部门通过跨业务单元提供信息服务以及通过整合使信息孤岛正常化来提高企业效能，如实施数据仓库方案。针对结构化数据设立数据管理角色（如数据库管理员或数据建模人员），但是对于非结构化内容或电子邮件，则没有设立专职管理人员。

（4）企业认识到需要设置共同的标准、工具和模型，来更广泛地使用这些技术并重用项目材料。

（5）企业开始下力气记录有关不受控制的信息资产面临的风险（如审计表格和用于抽取数据的独立数据库）。处在该级别的企业具有非正式信息管理指南，该指南只管制各孤立案例的执行。只有在非做不可的情况下，才会进行内容或记录管理。

### 3.4.3　2 级被动回应型

处在 Gartner 数据治理成熟度模型 2 级中的企业，业务和 IT 管理者能够对重要业务单元的一致性、准确性、更快捷的信息需求做出积极回应，能够采取相应措施来解决迫在眉睫的需求。Gartner 数据治理成熟度模型 2 级的特征包括以下几点。

（1）业务单元认识到信息的价值并能够在跨职能项目中共享信息。但还没有人认识到协调全企业信息管理的需求。处于这一级别的企业缺乏变更管理程序来处理上游修改对下游系统和业务单元影响的能力。

（2）处于这一级别的企业为实现操作效率，开始建立正式化信息共享的目标，尽管文化和机构障碍阻碍了这一进程。

（3）IT 部门开始逐步发展跨部门数据共享，诸如主数据管理（MDM）等，但 IT 组织还没有认识到对于通用信息架构的需求。

（4）信息整合仍然是局部的、冗余的，普遍基于应用广泛的点对点接口技术来实现。处在这一级别的企业只有在问题已经很明显时才会去解决信息质量问题，IT 组织已经对元数据有所认识，但还没有对元数据进行战略管理。

（5）度量指标侧重于信息、文件和其他电子形式的有效期来解决已知的合规风险。数据冗余统计显示在主数据资产中存在大规模的数据重复。

## 3.4.4　3 级主动回应型

处在 Gartner 数据治理成熟度模型 3 级中的企业，把信息作为促进业务效能的必要条件，企业正在从项目级信息管理向企业信息管理过渡，信息支持企业过程优化。Gartner 数据治理成熟度模型 3 级的特征包括以下几点。

（1）高级管理者把跨职能信息共享视作扩大和推进企业发展的一种手段。管理者指定高级顾问来协调企业信息管理机构，并沟通愿景。启动预算、宪章和路线图，并针对企业信息管理项目的目标进行讨论。

（2）企业信息架构（EIA）作为企业信息管理计划的指南，确保信息在机构内进行交换以支持企业业务战略。处在这一级别的企业会设立针对信息管理技术的标准。

（3）构建治理委员会和正式的数据质量计划，指派数据管理员，帮助管理信息资产，关键业务单元应积极参与该工作。系统开发生命周期应包括以数据为中心的路线，确保在实施项目时遵循信息架构和信息管理标准。

（4）尽管数据模型是本地维护的，但数据模型也应和企业信息架构保持一致。处在这一级别的企业已经规划了数据服务层，为新兴发展形式提供信息服务，如面向服务架构（SOA）和软件即服务（SAAS）。

（5）处在这一级别的企业能够为数据归档和保存期限提供指南，同时能够收集和管理元数据，实现数据重复利用。

### 3.4.5  4 级已管理型

处在 Gartner 数据治理成熟度模型 4 级中的企业，将信息视为业务的关键要素。在企业内已经实施了有效的企业信息管理，包括一致性信息架构。Gartner 数据治理成熟度模型 4 级的特征包括以下几点。

（1）高层管理认识到信息是一种战略资产，并且接受企业信息管理。

（2）企业制定政策和标准来实现一致性。建立管控委员会和指导委员会来解决跨职能信息管理事务中固有的问题。整理最佳实践案例，并由企业架构团队确保这些实践案例被推广到整个企业。

（3）建立小组来协调企业内所有信息管理相关的活动。数据管理员对业务单元和 IT 组织内的数据质量负责。

（4）政策和任务被记录并被相关人员接受和理解。相关企业已经实施一些企业级的监控系统，包括针对数据质量的自动数据分析功能。

（5）企业信息管理成为应用程序规划、设计和研发过程的一部分，信息架构逐步从应用程序架构中独立出来。分析和运营报告的融合减少了对单独分析应用程序、BI 工具或单独的主数据系统的需求。企业需要管理元数据，解决语义不一致问题，来支持数据复用和透明化。

（6）信息资产估值模型指导 IT 投资和兼并。创建指标用于识别确认所获得的生产力。

### 3.4.6  5 级高效型

处在 Gartner 数据治理成熟度模型 5 级中的企业，能够在整个信息供应链中利用信息，Gartner 数据治理成熟度模型 5 级的特征包括以下几点。

（1）高层管理者把信息视为竞争性优势，利用信息来创造价值、提高企业效率。

（2）IT组织努力使信息管理对用户透明，业务级数据管理员发挥积极作用。企业信息管理参与到战略举措中，如业务过程改进等。

（3）企业信息管理支持驱动生产力改进、合规管理以及降低风险。信息管控的监控和执行自动贯穿于企业内部。

（4）企业内创建企业信息管理小组，将其作为核心部门，或建立矩阵式组织。企业信息管理小组协调所有信息管理工作，诸如主数据管理（MDM）、企业内容管理（ECM）、商业智能（BI）和数据服务。

（5）企业已经实现五大企业信息管理目标：①整合主数据域；②无缝信息流；③元数据管理和语义一致；④跨IT组合的数据集成；⑤统一的内容。

（6）度量指标关注外部因素，如资源、风险和利润率。复用指标呈现信息共享的积极成果。

## 3.5　IBM 数据治理成熟度模型

### 3.5.1　IBM 数据治理成熟度模型的内容

IBM 数据治理成熟度模型（IBM Data Governance Maturity Model，IBM DGMM）是 IBM 公司在 2007 年基于其在数据治理领域的丰富经验和全球实践开发的框架，用于帮助企业评估和提升其数据治理能力。该模型通过提供一套系统的方法和分阶段的评估标准，帮助企业从多个维度理解其当前的数据治理状态，并为后续改进提供明确的方向。IBM 数据治理成熟度模型是由 55 个专家组成的专家委员会，通过计划、设计、实施、验证阶段开展数据治理业务、技术、方法和最佳实践，模型由四个管理层次以及其下的 11 个管理领域组成，如图 3 - 6 所示。

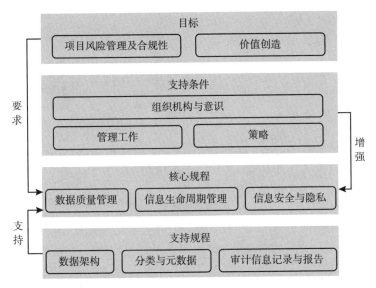

图 3 - 6  IBM 数据治理成熟度模型

四个管理层次包括基础支撑层、核心管控层、价值创造层和组织责任层。

基础支撑层：包括数据架构和标准、分类和元数据、审计日志和报告三个管理领域，核心内容是数据架构的业务和技术规范以及理解数据、处理数据的相关细节信息。基础支撑层是建立数据治理体系所需的基础性保障，也是支持"核心管控层"相关领域落地的基础。

核心管控层：包括数据质量管理、数据生命周期管理及数据安全管理三个管理领域，是数据治理体系的核心部分，也是创造数据治理价值的关键手段。

价值创造层：是数据应用层面的重要规范，也是数据治理体系价值的重要体现，主要体现在数据业务价值创造和风险管理两个方面。

组织责任层：核心内容是明确企业内部各级组织应负有的数据治理责任，是基础支撑层、核心管控层以及价值创造层三个管理层规范正常实施的组织和流程保证。

## 3.5.2  IBM 数据治理成熟度的五个阶段

IBM 数据治理成熟度评估模型，将企业在数据治理方面的成熟度划分为 5 个阶段，分别为初始阶段、基本管理阶段、主动管理阶段、量化管理阶段和持续优化阶段，如图 3 – 7 所示。

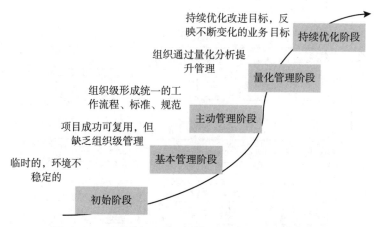

图 3 – 7    IBM 数据治理成熟度模型的 5 个成熟度等级

### 3.5.2.1    第 1 级初始阶段

企业尚未充分认识到应将数据视作资产进行管理，数据的应用仍局限于生成基础报表。数据获取主要依靠手工操作及特定查询，自动化水平相对较低。在这一阶段，企业面临着手工统计和计算的巨大压力，无法将更多精力投入决策支持与业务拓展等更有价值的领域。信息过载的现象较为严重，获取的信息无法得到有效解读和利用，容易导致信息无法真实反映实际情况，且与数据相关的问题都只能在事后被动地发现，无法做到问题的预先防范。

### 3.5.2.2    第 2 级基本管理阶段

企业逐渐意识到数据的潜在价值，开始尝试对其进行管理探索。数据的应用主要体现在查询、报表生成和分析等方面，并通过数据处理获取部分基础信息。数据采集逐步摆脱了对手工操作的完全依赖，部分实现了自动化，这使部分人员得以从繁重的手工统计任务中解脱出来，专注于数据分析。数据已经能够较为准确地反映企业的真实状况，形成有限制的企业可视度。然而，由于数据标准不统一、口径不一致等问题，不同部门统计结果存在差异，信息多版本共存，导致数据的可信度受影响。

### 3.5.2.3 第 3 级主动管理阶段

伴随业务范围的扩大，企业愈发重视数据的价值，并逐渐提升了对数据治理的认识，主动推动数据治理工作，且愿意在数据治理领域进行投入。初步搭建了数据治理的组织框架，形成有脉络的、基于职责的人员配合意识。数据应用已基本实现全面自动化，更多的人力资源被用于业务流程优化和系统功能增强。数据具备了可访问性和可靠性，跨部门与业务线的数据实现了共享，全企业统一了信息版本，从而使数据能够反映企业的实际经营状况。基于数据的绩效管理实现整合，通过对数据的分析和挖掘，企业能够获得实时的业务洞察力，为业务扩展提供了有效支持。这一阶段的核心矛盾体现为决策层数据治理意识的逐步增强与数据治理工作推进速度缓慢、成效不明显的现实情况之间的不匹配。在这个阶段，企业与之前两个阶段相比，发生了本质上的变化，真正开始着手实施数据治理工作。

### 3.5.2.4 第 4 级量化管理阶段

经历了一个阶段的主动管理，此阶段已具备相当成熟的数据治理能力。无论是组织认知、流程规范，还是技术实现都达到了一定的高度，开始步入量化管理阶段。数据治理已经深度融入角色基础的日常工作中，人员能够将数据质量的相关任务完全融入工作流、流程和系统当中。通过对数据的深入挖掘，能够获得有用的信息，从而促进业务流程的优化和创新。同时，全面的、自动化的数据应用，为改进业务流程和优化运营管理提供了关键支持。从企业战略规划来看，丰富且可信的数据能够全面支持前瞻性视角和预测性分析，显著提升企业的核心竞争力。在量化管理阶段的企业，通过数据治理已经实现了显著的业务价值提升。

### 3.5.2.5 第 5 级持续优化阶段

持续优化阶段是在量化管理基础上发展的，企业的数据治理水平已达到顶尖，开始进入持续优化的科学发展阶段。在这一阶段，企业的数据问题已得到有效解决，同时能力和业务创新也达到了新的高度。企业内外的业务环境具备了弹性和适应性，数据的价值创造达到了极致，具备了推动战略业务创新的能力。企业的绩效和运营管理不断得到提升，战略洞察力在高水平的信息展示基础上得到了显现。

# 第4章

# 企业数字化转型、数据管理与数据资产化

## 4.1 数字化转型概述

在全球化与信息化交织的今天，数字化转型已成为企业转型升级的关键路径。它不仅关乎技术层面的革新，更涉及企业战略、组织结构、运营流程乃至商业模式的全面重塑。本章将从数字化转型的定义出发，讨论数字化转型在降本增效、打造企业竞争力以及流程再造等方面的深远意义，然后讨论数字化转型对数据管理和数据资产化的影响。

### 4.1.1 数字化转型的概念

数字化转型，简而言之，是指企业利用云计算、大数据、人工智能、物联网等新一代 ICT 技术，对传统业务流程、管理模式及商业模式进行根本性重构与升级的过程。这一过程不仅仅是技术层面的应用与集成，更是企业战略思维、组织结构、运营机制与企业文化等多维度的深刻变革。

### 4.1.2 传统企业与数字化企业的比较

#### 4.1.2.1 技术基础设施与创新能力

传统企业往往依赖于传统的信息技术基础设施，如企业内部服务器、局域网

和关系型数据库管理系统等，这些系统在处理复杂业务场景和海量数据时显得力不从心。相比之下，数字化企业则广泛采用云计算、大数据、人工智能和物联网等先进技术，构建了一个更加灵活、智能和高效的技术平台。数字化企业能够利用这些技术实现快速迭代、智能决策和个性化服务，从而在市场竞争中占据优势地位。

#### 4.1.2.2　数据驱动决策与市场响应速度

传统企业的决策过程往往依赖于管理层的经验和直觉，数据收集和分析相对有限，且决策过程较长，难以迅速响应市场变化。而数字化企业则通过建立全面的数据收集与分析体系，实现了数据驱动的决策流程。这种决策方式不仅更加准确和高效，还能帮助企业实时监测市场动态，快速调整业务策略，抓住市场机遇。

#### 4.1.2.3　组织结构与企业文化

传统企业的组织结构通常较为僵化，部门间壁垒较高，信息流转不畅。而数字化企业则倾向于采用扁平化、网络化的组织结构，鼓励跨部门协作与信息共享。此外，数字化企业还注重培养开放、创新的企业文化，鼓励员工尝试新方法、新思路，从而激发企业的创新活力。

### 4.1.3　企业数字化转型的意义

#### 4.1.3.1　降本增效

（1）自动化流程提升效率。数字化转型通过引入自动化工具和软件，如RPA（机器人流程自动化）和AI（人工智能），减少了重复性和低价值的人工任务，从而提高了工作效率，并降低了人力成本。例如，某商业银行通过引入RPA技术，实现了贷款审批流程的自动化处理，显著缩短了审批时间并提高了审批准确率。

（2）优化资源配置降低成本。通过数据分析和智能决策支持系统，企业可以更精确地预测市场需求，优化库存管理，减少过剩库存和缺货情况，从而降低库存成本。同时，数字化供应链管理能够实时监控和分析供应链数据，实现更高效的物流和运输管理，进一步降低物流成本。

### 4.1.3.2 打造企业竞争力

（1）个性化服务与提升客户体验。数字化转型使企业能够更深入地了解客户需求和偏好，通过大数据分析、个性化推荐等技术手段，为客户提供更加精准和个性化的服务体验。这种以客户为中心的服务模式不仅提高了客户满意度和忠诚度，还增强了企业的市场竞争力。例如，某电商平台通过大数据分析客户的购买历史和浏览行为，为客户提供个性化的商品推荐和优惠活动，有效提升了用户粘性和复购率。

（2）创新驱动与差异化竞争。数字化转型促进了企业的创新能力和差异化竞争。通过应用新兴技术如人工智能、区块链等，企业可以开发出具有独特价值的产品和服务，从而在市场中脱颖而出。例如，某制造企业通过引入人工智能技术进行生产线优化和质量控制，显著提高了产品质量和生产效率，赢得了市场的广泛认可。

### 4.1.3.3 流程再造

（1）打破信息孤岛实现协同。传统企业的业务流程往往存在信息孤岛现象，部门间信息共享不畅导致效率低下。数字化转型通过重新梳理和优化业务流程，打破信息壁垒，实现跨部门协同工作。例如，某企业通过实施 ERP（企业资源计划）系统，将采购、生产、销售等各个环节的数据整合到一个平台上，实现了部门间的无缝对接和协同工作，显著提高了整体运营效率。

（2）端到端流程优化。数字化转型强调从全局视角出发构建端到端的业务流程体系。通过整合线上线下的业务流程和数据资源，企业可以实现对整个业务链条的实时监控和优化调整。例如，某零售企业通过数字化转型实现了线上线下一体化的销售模式，顾客可以在线上浏览商品、下单购买并在线下门店提货或享受售后服务，这种无缝衔接的业务流程极大地提升了顾客体验和满意度。

综上所述，数字化转型不仅是企业技术层面的革新，更是企业战略思维、组织结构、运营机制与企业文化等多维度的深刻变革。通过降本增效、打造企业竞

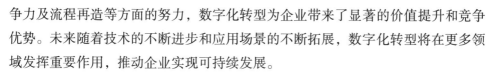

争力及流程再造等方面的努力，数字化转型为企业带来了显著的价值提升和竞争
优势。未来随着技术的不断进步和应用场景的不断拓展，数字化转型将在更多领
域发挥重要作用，推动企业实现可持续发展。

## 4.2　企业的数字化转型战略

### 4.2.1　数字化转型战略的定义

数字化转型战略是企业为应对数字经济时代的挑战，利用数字技术（如大数
据、云计算、人工智能、物联网等）全面改造和优化业务流程、组织结构、产品
和服务，以实现业务模式创新、运营效率提升、客户体验优化和可持续竞争优势
的战略规划。其内涵涵盖技术革新、组织变革、文化重塑等多个维度，旨在推动
企业从传统模式向数字化、智能化模式转变。

### 4.2.2　数字化转型战略的必要性

企业数字化转型战略是提升企业数字化水平的顶层设计，也是指导企业数字
化改造的总体规划，一个缺乏数字化转型战略的企业很难完成真正意义上的数字
化转型。从当前企业管理的现实背景来看，存在以下因素导致了企业必须进行数
字化转型。

首先，随着消费者需求的日益个性化和多样化，企业需要借助数字技术精
准捕捉市场信号，提供定制化产品和服务，满足客户需求。其次，数字经济时
代，新兴企业凭借技术创新迅速崛起，传统企业若不进行数字化转型，将面临
市场份额被侵蚀的风险。再次，通过自动化、智能化手段优化生产流程，减少
人力成本，提高生产效率，实现降本增效。最后，数字化转型为企业开辟了新
的收入来源，如平台经济、共享经济等，有助于企业探索新的业务模式和市场
空间。

### 4.2.3　数字化转型战略的关键要素

从企业数字化转型过程来看，企业必须具备以下六大关键要素以确保数字化转型战略的有效实施。

（1）企业必须具备明确的愿景与目标：企业应明确数字化转型的长期愿景和短期目标，确保转型方向与企业战略相一致。

（2）企业需要投资建设合适的技术架构：根据企业的实际需求和发展阶段，构建基于云计算、大数据、人工智能等技术的数字化平台，支撑企业数字化转型的顺利实施。

（3）企业需要优化现有组织体系：数字化转型将推动组织结构向扁平化、网络化转型，建立跨部门协作机制，提升组织的灵活性和响应速度。因此，企业需要为数字化转型调整组织架构，满足数字化转型的需求。

（4）企业需要强化数据治理：企业需要建立完善的数据管理体系，确保数据质量，利用数据分析支撑决策优化和业务创新，实现业务数字化，并推动数字业务化进程。

（5）企业需要注重培养数字化人才：数字化转型意味着企业业务模式将发生改变，这需要企业培养和引进具备数字化技能和思维的人才，构建适应数字化转型的人才队伍。

（6）企业需要建立数字化转型的定期评估制度：企业要建立定期评估制度，全面评估企业当前的数字化水平，识别转型的关键领域和优先级，为制订转型计划提供依据。

### 4.2.4　数字化转型战略的实施步骤

#### 4.2.4.1　战略规划阶段：明确方向，奠定基石

数字化转型的战略规划阶段，是企业开启数字化征程的起点，也是确保转型成功的重要基石。在此阶段，企业的首要任务是成立一个由高层领导亲自挂帅的数字化转型领导小组，根据企业现状由高层领导 CDO 担任团队负责人，负责数

字化转型的执行工作，带领数字化转型团队完成数据到业务的变现目标。CDO从整体上负责企业数字化转型的进程，CDO向CEO汇报工作，与CIO或CTO平级，和各业务分管负责人共同协作完成企业数据赋能业务的目标。领导小组的设置可为整个企业数字化转型过程提供坚强的组织保障和领导力支持。

接下来，领导小组需要深入进行市场调研和竞品分析。通过广泛收集行业数据、市场趋势以及竞争对手的动态，企业可以更加准确地把握市场机遇和潜在风险，从而明确自己的转型方向和优先级。这一步骤的完成，需要企业具备敏锐的市场洞察力和数据分析能力，以确保决策的科学性和有效性。

在充分调研和分析的基础上，领导小组需要制定一份详尽的数字化转型战略规划书，规划书应涵盖企业的数字化愿景、长期目标和短期目标，以及实现这些目标所需的关键任务。规划书的制定，需要企业充分考虑自身的实际情况和市场环境，确保转型路径的可行性和有效性。同时，规划书还应明确转型过程中的责任分工和时间节点，以确保各项工作的有序推进。

### 4.2.4.2 组织准备阶段：优化结构，提升能力

组织准备阶段是数字化转型的关键一环，旨在为企业构建适应数字化转型的支撑体系。在此阶段，企业需要对现有的组织结构进行调整和优化，建立更加灵活、高效的团队和部门，包括优化工作流程、明确职责分工以及加强跨部门协作，以确保转型工作的顺利进行。

同时，企业还需开展大规模的内部培训和宣传工作。通过培训，员工可以掌握新的技能和知识，提升数字化素养和转型意识，更好地适应数字化环境。宣传工作则有助于营造积极的转型氛围，激发员工的积极性和创造力，为转型提供强大的动力。

此外，企业还需制定风险应对策略和应急预案。数字化转型过程中可能会遇到各种风险和挑战，如技术故障、数据泄露等。通过制定应对策略和应急预案，企业可以在风险发生时迅速应对，减少损失，确保转型的平稳进行。

### 4.2.4.3 技术实施阶段：构建平台，优化流程

技术实施阶段是数字化转型的核心，旨在为企业打造强大的数字化平台和优化业务流程。在此阶段，企业需要构建云计算基础设施、大数据处理中心、AI

应用平台等数字化平台，为企业的数字化转型提供强大的技术支持和数据处理能力。这些平台的建立，将为企业后续的数字化转型奠定坚实的基础。

同时，企业还需逐步实现业务流程的自动化、智能化改造。通过引入先进的自动化和智能化技术，优化业务流程，提高运营效率，降低运营成本。这一步骤的实现，需要企业与技术供应商紧密合作，确保技术的有效应用和持续优化。

此外，企业还应积极开发或引进符合市场需求的数字化产品和服务。随着市场的不断变化和客户需求的升级，企业需要不断创新，推出符合市场需求的数字化产品和服务，以满足客户不断变化的需求，提升企业的市场竞争力。

### 4.2.4.4　运营优化与持续改进阶段：深挖数据，持续优化

在数字化转型的后期，企业需进入运营优化与持续改进阶段。这一阶段的主要任务是利用数据分析工具对运营数据进行深入挖掘和分析，以优化决策流程。通过数据分析，企业可以更加准确地把握市场趋势、客户需求以及运营效率等方面的情况，为决策提供有力的支持。

同时，企业还应建立有效的客户反馈机制，及时收集和处理客户的意见和建议，以持续改进产品和服务质量。此外，企业还应推动跨部门协作和资源共享，打破部门壁垒，实现资源的优化配置和高效利用。这些措施的实施，将有助于企业不断提升运营效率和服务质量，增强市场竞争力。

最后，企业需要定期对数字化转型的成效进行评估和反馈。通过评估，企业可以了解转型的进展和成效，发现存在的问题和不足，并及时进行调整和优化。这一步骤的实现，需要企业建立科学的评估体系和反馈机制，确保评估结果的准确性和及时性。通过持续改进和优化，企业可以不断提升数字化转型的成效和竞争力，实现可持续发展。

## 4.2.5　数字化转型面临的主要挑战

### 4.2.5.1　战略定位不明确、执行力不足

企业在进行数字化转型过程时，往往缺乏清晰、明确的战略规划，导致转型

方向模糊、资源配置不合理。战略定位的不明确使得企业在选择技术路径、构建数字化系统时缺乏针对性和长远眼光，很难形成有效的竞争力。同时，执行力不足也是一个重大问题。即使企业制定了数字化转型战略，但由于企业内部沟通不畅、组织结构僵化、跨部门协作困难等原因，战略难以在企业内部有效落地，数字化转型效果进而大打折扣。因此，企业数字化转型初期需明确战略定位并确保执行到位不打折扣，确保企业数字化转型目标的顺利实现。

### 4.2.5.2　数字人才基础薄弱

数字化转型离不开先进技术的支撑，但技术的快速发展和复杂性给企业带来了巨大挑战。一方面，新技术层出不穷，企业需不断跟踪和学习，以保持技术的领先性。然而，技术的更新换代速度快，企业往往难以跟上步伐，导致技术滞后。另一方面，数字化人才的短缺也是一大瓶颈。企业急需既懂业务又精通技术的复合型人才，但市场上这类人才供不应求，难以满足企业需求。技术与人才的双重短缺严重制约了企业数字化转型的推进速度和深度。因此，企业需加大技术研发投入，积极引入新技术和解决方案。同时，重视数字化人才的培养和引进工作，建立完善的人才激励机制和培训体系，以缓解人才短缺问题。

### 4.2.5.3　组织与文化变革的阻力重重

数字化转型不仅是技术层面的革新，更是组织结构和企业文化的深刻变革。然而，这一变革过程中往往遇到巨大的阻力。传统企业的组织结构和文化往往与数字化转型的要求相悖，导致转型过程中组织惯性严重，决策效率低下。同时，员工对新技术的抵触情绪和对变革的恐惧心理也是一大障碍。他们可能担心新技术的学习成本、工作方式的改变以及职业发展的不确定性，从而产生抵触情绪。这种情绪在组织内部传播，进一步加大了变革的阻力。因此，企业需要在数字化转型过程中注重组织与文化变革的管理和引导工作，通过宣传、教育、激励等手段提高员工对数字化转型的认同感和积极性。同时，优化组织结构和管理流程，提高组织的灵活性和响应速度；加强跨部门协作和资源整合形成协同作战的优势力量。

# 4.3　数字化转型的路径

在当今这个日新月异的数字经济时代，企业的数字化转型已成为一股不可阻挡的趋势。数字化转型不仅仅是技术层面的革新，更是一场涉及企业战略、组织结构、运营模式以及企业文化的深刻变革。本节将深入探讨数字化转型的路径，旨在为企业提供一套清晰、可操作的转型框架和指南，帮助企业在这场变革中抢占先机，实现可持续发展。

## 4.3.1　数字化转型的起点：明确愿景与目标

数字化转型的第一步，也是至关重要的一步，就是明确企业的愿景与目标。企业需要结合自身的发展阶段、行业特点以及市场环境，制定清晰、可量化的转型目标。这些目标应该涵盖业务流程的优化、运营效率的提升、客户体验的改善以及新业务模式的探索等多个维度，确保转型方向与企业整体战略相一致。

在明确愿景与目标的过程中，企业需要深入思考并回答以下几个关键问题：我们为什么要进行数字化转型？我们希望通过数字化转型实现什么？我们的转型将如何支持企业的长期发展战略？通过深入思考和回答这些问题，企业可以更加清晰地定义自己的转型目标和方向，为后续工作奠定坚实的基础。

## 4.3.2　数字化转型的基础：评估现状与识别需求

明确了愿景与目标之后，企业需要对自身现状进行全面评估，识别转型的迫切需求和关键领域，包括业务流程的梳理、信息系统的诊断、数据资产的盘点以及组织结构的分析等方面。

在业务流程方面，企业需要识别哪些流程是低效的、哪些流程是可以通过数字化手段进行优化的。在信息系统方面，企业需要评估现有系统的性能、稳定性以及是否能够满足未来业务发展的需求。在数据资产方面，企业需要盘点自己的数据资源，了解数据的来源、质量以及潜在价值。在组织结构方面，企业需要分析现有的组织结构是否能够支持数字化转型的推进。通过现状评估，企业可以更加清晰地了解自己的转型需求和切入点，为后续工作提供有力的支撑。

### 4.3.3 数字化转型的核心：制定战略规划与实施计划

基于现状与需求的分析，企业需要制定详细的数字化转型战略规划与实施计划。战略规划应该包括转型的总体架构、路线图以及关键任务和时间节点等方面。

在制定战略规划时，企业需要考虑以下几个方面：首先，确定转型的总体目标和阶段性目标；其次，制定实现这些目标所需的关键任务和行动计划；最后，设定各关键任务的完成时间和里程碑，确保转型工作有序推进。

实施计划应该具体、可操作，并且需要得到企业高层领导的认可和支持。在实施过程中，企业需要注重资源的配置和协调，确保转型工作的顺利进行。同时，企业还需要建立有效的沟通机制，确保各部门之间的信息共享和协同工作。

### 4.3.4 数字化转型的关键：推动组织与文化变革

数字化转型不仅仅是技术层面的变革，更是组织结构和文化的深刻调整。企业需要推动组织结构向扁平化、网络化转型，打破部门壁垒，促进跨部门协作。

同时，企业还需要加强数字化文化的培育，包括提升员工的数字化素养和转型意识，形成全员参与、共同推进的良好氛围等方面。企业可以通过内部培训、外部合作等方式提升员工的数字化技能和知识；同时，积极倡导创新、开放、协作的数字化文化，激发员工的创造力和创新精神。

在推动组织与文化变革的过程中，企业需要注重员工的参与和反馈，确保变革的顺利进行。同时，企业还需要关注员工的职业发展和成长，为员工提供更多的培训和发展机会，激发员工的积极性和创造力。

### 4.3.5 数字化转型的支撑：技术平台与系统升级

数字化转型的核心在于技术平台的构建和系统升级。企业需要根据战略规划选择适合自身需求的技术方案，如云计算、大数据、人工智能、物联网等。

在技术实施过程中，企业需要注重系统的集成性和可扩展性，包括系统之间的无缝对接、数据的共享与交互以及新系统的可扩展性等方面。同时，企业还需要加强数据治理和安全防护工作，确保数据的质量和安全。

为了确保技术平台与系统升级的成功实施，企业需要与专业的技术服务商进行合作，共同推进数字化转型的进程。同时，企业还需要注重技术的创新和研发，不断提升自身的技术实力和竞争力。

### 4.3.6 数字化转型的成效：持续监测与评估

数字化转型是一个持续迭代的过程。企业需要建立科学的监测和评估机制对转型成效进行定期评估，包括业务流程效率的提升、客户满意度的改善、市场份额的增长以及财务指标的优化等方面。通过评估结果的反馈，企业可以及时调整转型策略和方向，确保转型工作持续有效推进。同时，企业还需要注重经验的总结和分享，将成功的转型经验转化为可复制、可推广的最佳实践。

为了持续监测与评估数字化转型的成效，企业需要建立完善的数据分析体系，对各项关键指标进行实时跟踪和分析。同时，企业还需要注重与客户的沟通和反馈，及时了解客户的需求和变化，为数字化转型提供有力的支持。

数字化转型是企业应对数字经济时代挑战、实现可持续发展的重要途径。通过明确愿景与目标、评估现状与识别需求、制定战略规划与实施计划、推动组织与文化变革、技术平台与系统升级以及持续监测与评估等路径的实施，企业可以逐步推进数字化转型工作并取得显著成效。在这个过程中，企业需要保持战略定力、勇于创新、持续优化，以适应不断变化的市场环境和技术趋势。只有这样，企业才能在激烈的市场竞争中立于不败之地，实现长期的可持续发展。

# 4.4　数字化转型与企业经营

数字化转型对企业经营模式产生了深刻的影响，它改变了企业创造价值的方式，重塑了企业与客户之间的关系。同时，数字化转型也将企业运营管理带入了一个全新的时代，促使企业采用数据驱动的方法，以更精准、快速和可持续的方式管理业务。

第一，数字化催生了新的商业模式。数字化使得企业商业模式发生了重构，影响着商业的基本结构。目前，企业商业模式发展主要有以下三种趋势。

（1）价值颠覆，社会及行业的变革会给企业商业模式带来全新的、颠覆性的改变。

（2）平台模式，依托数字化技术，拉近供应商与客户之间的距离，同时整合信息、资金、产品等资源，提高行业效率。

（3）跨界融合，数字化发展突破了行业之间的壁垒和边界，呈现出多元化发展趋势。数据成为行业发展的重要资源，"生产服务＋商业模式＋金融服务"的跨界融合数字化生态，已成为商业模式数字化发展的主流。这些新的商业模式将传统的产品和服务转化为数字形式，如电子书、在线课程、数字化工具等。这种数字化产品和服务具有更低的成本、更广泛的传播范围和更高的灵活性，能够帮助企业快速响应市场变化，满足客户的多样化需求。同时，数字化转型也为企业提供了全新的营销和销售渠道，通过社交媒体、电子邮件、搜索引擎优化等线上渠道，企业可以更加精准地触达目标客户，实现个性化营销。而电商平台和移动支付等技术的发展也使得企业可以实现线上销售，打破地域限制，触达全球客户。

第二，数字化转型改变了企业管理模式。数字化转型通过融合云计算、大数据、人工智能等前沿技术，使企业能够实时捕捉并分析海量数据，从而精准洞察市场动态和消费者需求。这种数据驱动的管理决策模式，不仅提高了企业的市场响应速度，还极大地增强了决策的科学性和准确性。同时，数字化转型还促进了企业内部信息的透明化和高效流通，打破了传统层级式管理的束缚，推动了企业向扁平化、敏捷化管理的转型。

在企业管理模式革新方面,数字化转型实现了业务流程的自动化和智能化,降低企业运营成本,增强企业的竞争力。通过构建数字化平台,企业能够打破地域和时间的限制,实现跨部门、跨地区的无缝协作,形成更加灵活、高效的组织架构。这种组织架构的变革,使企业能够更好地适应市场变化,快速抓住商机。

此外,数字化转型是企业创新的关键因素。通过连接外部资源和合作伙伴,共同研发新技术、新产品和新服务,企业能够不断拓展创新边界。同时,数字化转型还激发了企业内部员工的创新思维和创造力,形成了持续创新的良好氛围。

第三,数字化转型提升了工作效率和客户的体验满意度。数字化转型通过引入自动化、智能化技术,极大地提高了企业的工作效率。传统的人工操作被高效的数字化流程所取代,繁琐的数据处理、文件传输等工作得以迅速完成,从而节省了宝贵的时间和人力资源。同时,数字化转型还促进了企业内部信息的共享和协同,使得各部门之间的沟通更加顺畅,决策更加迅速,进一步提升了整体运营效率。

在客户体验方面,数字化转型同样带来了客户体验的显著提升。通过构建数字化客户服务平台,企业能够实时响应客户需求,提供个性化的产品和服务。客户可以通过手机 App、在线网站等渠道,随时随地获取所需信息,享受便捷的服务体验。此外,数字化转型还使企业能够更好地收集和分析客户反馈,及时调整产品和服务策略,以满足客户不断变化的需求,从而进一步提升客户满意度和忠诚度。

## 4.5  数字化转型与数据资产化

数字化转型是提高企业核心竞争力的重要途径,数字化转型使企业在组织结构、商业模式等方面都发生了重大转变。在本质上,数字化转型促使企业实现了业务数字化,提升了企业数据治理的能力。数字化转型为企业的数据资产化储备了基础性"原材料",有助于企业开展数据资产化业务。本节将从数字化转型与数据资产化的关系出发,重点探讨如何实现数据资产化,特别是如何通过业务数据化、数据资源化、数据产品化和数据资本化这四个阶段,完成数据从"原始数据"到"数据资产"的形态演变，进而实现数据资产的创新应用和价值增值。

## 4.5.1　数字化转型与数据资产化的关系

数字化转型是涉及云计算、大数据、人工智能、物联网等新兴技术的应用，旨在提升企业运营效率、降低企业运营成本、增强企业创新能力。数字化转型不仅改变了企业的运作方式，更重要的是，它重新定义了企业的核心竞争力，使数据成为驱动企业发展的新引擎。传统上，数据往往被视为企业运营过程中产生的副产品，其价值被严重低估甚至忽视。然而，在数字经济时代，数据已成为企业最宝贵的资产之一，能够为企业提供前所未有的洞察力和决策支持。通过数据资产化，企业可以将散乱无序的数据转化为有序、有价值的信息资源，进而转化为能够带来经济效益的数据资产。这一过程不仅有助于企业更好地理解和把握市场趋势，还能够优化资源配置，提升运营效率，增强市场竞争力。

在企业的实际运营过程中，数字化转型为数据资产化提供了技术支撑和场景应用，而数据资产化则是数字化转型深入发展的重要标志和成果体现。一方面，数字化转型推动了企业信息系统的集成和优化，提升了数据采集、存储、处理和分析的能力，为数据资产化奠定了坚实基础。另一方面，数据资产化促使企业深入挖掘数据价值，实现数据驱动的业务创新和模式变革，进一步推动了数字化转型的深化和拓展，促进企业实现数字化思维与设计、生产、管理、服务和运营等全过程深度融合，利用数字化方式重塑企业发展模式和竞争优势。因此，数字化转型与数据资产化形成了相辅相成的孪生关系，共同构成了企业高质量发展的双轮驱动。

## 4.5.2　如何实现数据资产化

### 4.5.2.1　业务数据化：奠定数据基础

业务数据化是数据资产化的第一步，也是整个过程的起点。在这一阶段，企业需要将其业务流程全面数字化，将线下操作转化为线上操作，实现业务数据的实时采集和传输。具体来说，企业可以通过建立统一的数据采集标准和规范，明确数据采集的范围、频率和质量要求，确保数据的准确性和完整性。同时，企业还需要建立完善的数据存储体系，采用分布式存储、云存储等先进技术，提高数据存储的可靠性和可扩展性。

业务数据化的过程不仅涉及技术层面的改造和升级，还需要企业内部各部门的协同配合和流程优化。通过业务数据化，企业可以打破信息孤岛，实现数据的互联互通和共享共用，为后续的数据资源化、产品化和资本化奠定坚实基础。

### 4.5.2.2　数据资源化：提升数据价值

在业务数据化的基础上，企业需要进一步对采集到的数据进行加工处理和分析挖掘，将原始数据转化为有价值的信息资源，即实现数据的资源化。这一过程包括数据清洗、整合、分析和挖掘等多个环节。首先，企业需要对采集到的原始数据进行清洗和整理，去除重复、错误和无关的数据项，提高数据的质量和可用性。其次，企业需要对清洗后的数据进行整合和关联分析，挖掘数据之间的内在联系和潜在规律。最后，企业可以利用数据挖掘技术提取有价值的信息和知识，为企业的业务决策提供支持。

数据资源化的关键在于提升数据的附加值和利用效率。通过数据资源化，企业可以将散乱无序的数据转化为有序、有价值的信息资源，为企业创造新的商业机会和价值增长点。同时，数据资源化还有助于企业建立数据驱动的决策机制和文化氛围，推动企业的持续创新和发展。

### 4.5.2.3　数据产品化：实现数据价值变现

在数据资源化的基础上，企业需要进一步将数据转化为可销售的产品或服务形式，即实现数据的产品化。这一过程涉及数据产品的设计、开发、测试和推广等多个环节。首先，企业需要根据市场需求和自身资源优势确定数据产品的定位和功能特点；其次，企业需要组建专业的研发团队进行产品的设计和开发；再次，企业需要对开发出的产品进行严格的测试和优化确保产品的质量和稳定性；最后，企业需要制定有效的营销策略和推广计划将产品推向市场，实现价值的变现。

数据产品化的核心在于满足市场需求并创造商业价值。通过数据产品化，企业可以将自身的数据资源转化为具有市场竞争力的产品或服务形式，从而获得更多的商业机会和收入来源。同时，数据产品化还有助于提升企业的品牌形象和知名度，增强企业的市场竞争力和可持续发展能力。

### 4.5.2.4　数据资本化：释放数据资产潜力

数据资本化是数据资产化的最高阶段，也是实现数据价值最大化的关键所在。在这一阶段企业需要将数据资产作为生产要素参与市场交换和资源配置，实现数据的价值增值和潜力释放。具体来说，企业可以通过数据交易、数据融资、数据质押等多种方式将数据资产转化为现金流或其他形式的资产回报。

数据资本化的关键在于建立完善的数据资产交易市场和估值体系。一方面，企业需要积极参与数据交易市场，了解市场需求和交易规则，掌握数据交易的技巧和策略；另一方面，企业需要建立完善的数据资产评估体系，明确数据资产的价值标准和评估方法，确保数据资产的合理定价和交易公平。通过数据资本化，企业可以充分释放数据资产的潜力，实现数据的最大化利用和价值创造。

## 4.6　数据资产化、数据治理与数字化转型

数据资产化的前提是数据持有人（政府、企业或者个人）已经具备了较好的数据治理能力，实现从原始数据到数据资源的转变。随着企业数字化转型的显著成效被业界广泛认可，2015 年，阿里巴巴率先提出了创新的数据中台战略。这一战略的提出，不仅标志着数字化转型进入了一个新的阶段，也极大地扩展了数据治理的研究范畴。在此背景下，数据仓库、数据湖、数据中台、数据编织等一系列以数据为核心的概念应运而生，它们共同构成了数据治理的丰富内涵。数据治理的实践在推动企业数字化转型过程中，催生了新的比较优势，为企业管理带来了全新的理论研究视角和实践探索空间。数据治理不仅仅局限于数据质量的提升和数据的管理，更重要的是，它应当与企业的战略、市场、人才、文化等各个层面相匹配，形成协同效应。只有这样，才能充分发挥数据要素的最大价值，避免企业在数字化转型过程中陷入资源损耗、投资泡沫等困境。因此，数据治理已成为企业数字化转型不可或缺的关键要素，对于推动企业的可持续发展具有重要意义。

所谓数据治理是指企业利用数字技术对组织内外部数据实施全生命周期的标

准化管理，通过一定的程序、规则保障，实现数据要素资产化、数据资产价值最大化，降低管控与数据相关的成本和风险并提高数据合法性。现有研究主要从三个理论分析了企业如何进行数据治理：生命周期理论、动态能力理论、复杂适应系统理论。这三个理论共同构成了企业数据治理的理论基础，在这些理论框架的指导下，企业可以构建高效、灵活、协同的数据治理体系，实现数据价值利用的最大化。

首先，生命周期理论为企业数据治理提供了时间维度的管理框架。该理论认为数据如同生命体，经历从出生到消亡的全过程。在企业内部，数据从产生、采集、处理、存储到应用的每一个环节都至关重要。通过生命周期理论，企业可以系统地规划和管理数据流程，确保数据质量，提高数据利用效率，最终促进数据价值的最大化。这一理论要求企业在数据治理过程中，不仅关注当前的数据状态，还需前瞻性地规划数据未来的走向，确保数据在企业内部流转有序，支撑业务决策。

其次，动态能力理论强调了企业在数据治理中的灵活性和适应性。在快速变化的市场环境中，企业必须具备快速响应市场变化、调整数据治理策略的能力。动态能力理论促使企业不断优化数据整合、处理和分析流程，提高数据处理效率，满足多样化的业务需求。通过构建动态的数据治理体系，企业能够灵活应对市场挑战，把握机遇，实现持续创新和发展。

最后，复杂适应系统理论揭示了企业数据治理中的多元主体和动态交互特性。企业内部各部门、团队及个体在数据治理中扮演着不同角色，相互依存、相互影响。该理论鼓励企业建立开放、协同的数据治理生态，促进跨部门、跨团队的数据共享与合作。通过优化数据治理机制，提高各主体间的沟通与协作效率，实现数据资源的优化配置和价值共创。同时，复杂适应系统理论还强调了企业在数据治理中的自学习和自适应能力，推动企业在不断变化的市场环境中保持竞争优势。

数据治理的核心目标是以释放数据价值为核心，旨在通过一系列措施来提升数据质量、保障数据安全，并统筹开展数据管理，持续运营数据资产。许多企业在数据管理和利用方面面临着诸多挑战，这些挑战不仅阻碍了数据的有效流通与利用，还限制了企业数字化转型的步伐。

首先，数据关联性的缺失与数据孤岛现象是普遍存在的问题。技术层面的不兼容是导致这一现象的主要原因之一，不同部门间系统架构的差异使得数据难以实现无缝对接，形成了所谓的"异构系统"。加之组织结构的松散，部门间缺乏有效的沟通机制，数据共享意愿低下，进一步加剧了数据孤岛的形成。更为关键的是，数据治理体系的缺失使得数据管理缺乏统一策略和规范，数据质量参差不齐，难以发挥数据的整体价值。

其次，数据治理的不善导致了数据的"黑盒化"。数据在输入、处理、存储等各个环节中，由于标准缺失、流程瑕疵、技术瓶颈及人为失误等因素，其准确性、完整性和一致性受到严重损害。这不仅使得数据量化管理变得困难重重，还影响了部门间的横向协同，使得领导层难以准确感知数据背后的真实情况。此外，信息系统的频繁更迭更是加剧了数据逻辑混乱与元数据规则不一致的问题，使得数据治理工作雪上加霜。

数据管理的缺失则使得数据资产难以得到有效利用。随着组织的快速发展，数据规模与复杂度不断增加，但相应的数据管理体系却未能及时构建。全局规划的缺乏、数据加工的不充分以及数据应用的不充实，都限制了数据资产的共享与利用。传统的手动管理方式已无法满足当前的数据管理需求，效率低下且易出错，亟须引入更为先进的数据管理技术和方法。

在数据安全方面，内部风险同样不容忽视。工作人员安全意识的淡薄、安全技术措施的不足、管理制度的不健全以及缺乏定期的安全培训和演练，都可能导致数据泄露、非法访问等安全事件的发生。这些安全漏洞不仅威胁到数据的安全性和完整性，还可能对企业的声誉和利益造成严重损害。

再次，数据治理框架的缺失和权责的不清晰也是制约数据管理效果的重要因素。在信息化快速发展的背景下，各业务系统独立演进，缺乏整体规划，导致数据管理职责分散化。加之对数据治理的认识不足，未能形成深入人心的数据治理文化和意识，使得数据管理职责和权限的界定变得模糊不清。这种权责不明的情况不仅影响了数据管理的效率，还可能引发数据管理的混乱和冲突。

最后，数据应用的薄弱和数据价值的未能充分展现也是当前数据治理面临的一大挑战。尽管企业投入了大量资源用于数据收集、整合和管理，但在将数据转化为实际业务决策支持、管理优化、体验提升等方面的应用仍显不足。这使得数据的潜在价值未能被充分挖掘和利用，进而影响了数据驱动数字化进程的效果。因此，如何加强数据应用、提升数据价值是当前数据治理工作亟待解决的问题。

并非所有企业都适合进行数字化转型，而且企业数字化转型本身就具有风险。企业需要根据自身发展阶段和发展特性来做数字化转型的战略决策。对于企业数据治理能力而言，良好的数据治理能力需要企业进行数据治理的投资，包括人力资本、数据中台（中心）建设、数据硬件设备等方面投资。如何才能实现有效的数据治理能力的提升呢？企业可以主要做好以下工作。

### 4.6.1　定制化的数据治理策略：破解标准化迷思

数据治理并非一成不变的公式，而是需要根据企业的实际情况进行量身定制。每个企业都有其独特的业务模式、组织结构和数据环境，因此，有效的数据治理策略必须是高度个性化的。企业首先需要深入剖析自身的行业特性、业务目标、数据现状和技术能力，这要求进行全面的数据评估，包括数据资产的详细盘点、数据质量的严格评估以及数据流程的细致分析。基于这些深入的分析，企业才能精准定位数据治理的优先领域和具体目标，确保治理工作的针对性和实效性。

在设计数据治理框架时，企业还需充分考虑自身的组织文化和管理风格。扁平化管理的企业可能更适合采用分散式的数据治理模式，以激发团队的灵活性和创新力；而层级分明的大型企业，则可能需要构建更为正式和集中的治理结构，以确保决策的高效执行和数据的一致性。此外，企业的发展阶段和资源限制也是不可忽视的因素。初创企业或中小企业可能需要轻量级、灵活的数据治理方法，以快速响应市场变化；而大型成熟企业，则可能需要更全面、系统化的方法，以支撑其复杂的业务运营和数据分析需求。

### 4.6.2　明确的绩效指标：确保数据治理的价值导向

为了确保数据治理能够持续为企业创造价值，设置明确的绩效指标（KPI）并进行定期评估至关重要。这些指标应紧密围绕企业的业务目标和数据治理重点，遵循SMART原则，即具体、可衡量、可达成、相关和有时限。从业务相关指标到数据质量、数据使用、效率以及合规指标，每一个KPI都应直接反映数据治理对业务目标的贡献，成为衡量治理成效的标尺。

企业需建立定期评估机制，对这些KPI进行跟踪和分析，通过月度或季度的数据治理评审会议，以及年度的全面评估，及时调整数据治理策略，确保治理工作始终沿着正确的方向前进。同时，将数据治理的KPI与相关人员的绩效考核挂钩，可以显著提升各部门对数据治理的重视程度，促进数据治理文化的形成。

### 4.6.3 培养数据驱动的文化：激发数据潜能的钥匙

数据治理的成功，不仅仅依赖于技术和流程，更在于构建一种数据驱动的企业文化。这种文化鼓励员工重视数据、善用数据，将数据作为决策的基础。企业领导层需以身作则，通过在实际决策中展示数据驱动的思维方式，引领全公司形成数据优先的氛围。同时，投资于数据素养培训，提升员工的数据思维和分析能力，打破数据孤岛，促进数据的流动和共享，以及设立数据创新奖励机制，都是培养数据驱动文化的有效途径。

对于数据治理能力较高的企业而言，这些企业能够从大量数据中提取有价值的信息和洞察，这些洞察可以用于指导业务决策，优化流程，提高效率。同时，也有助于企业预测市场趋势，创新产品和服务，从而在数字化转型中保持竞争力。当然，企业数据治理可以从数据确权、数据安全、数据质量等方面推动企业数据资产化的进程。

第一，数据治理与数据确权。数据确权是确定数据所有权和使用权的过程，它是数据资产化的基础。数据确权有助于明确数据的归属，保障数据所有者的权益，同时也为数据的合法流通和交易提供了法律基础。数据治理通过制定明确的政策和流程，帮助组织确定谁拥有数据的所有权，包括原始数据的创建者，数据的收集者、处理者和使用者。通过数据治理，可以确保数据的合法所有者（如企业）能够对其数据行使权利，从而促进数据的合理利用和保护。

第二，数据治理与数据安全。与企业资产不同，数据资产的安全性更脆弱。一个全面的数据治理框架包括组织、制度、流程、技术和工具等多个方面，它为数据安全提供了一个结构化的管理环境。通过明确的数据管理策略和流程，组织能够确保数据在整个生命周期中的安全性和合规性。例如，数据治理中的一个关键组成部分是对数据进行分类和分级，这有助于确定不同类型数据的敏感性和重要性。通过这种方式，可以为不同级别的数据实施适当的安全控制措施，从而降低数据泄露和滥用的风险。

第三，数据治理与数据质量。数据治理包括对数据质量的全面管理，从数据的计划、获取、存储、共享、维护到应用和消亡的每个阶段，都进行识别、度量、监控和预警等一系列管理活动，通过制定和执行数据标准和规范，数据治理确保数据的一致性和标准化，减少数据冗余和歧义，这有助于提高数据的准确性和可用性。较高的数据质量有助于提升企业数据资产的价值。

第四，数据治理与数据全生命周期管理。数据的使用和价值是具有周期性的，这要求企业做好数据的全生命周期管理。根据国际数据管理协会（DAMA）的定义，数据全生命周期管理是指对数据从创建、存储、使用、共享、归档到销毁的整个生命周期进行管理的过程。数据全生命周期管理是数据资产化的重要支撑，它通过确保数据的质量、安全、合规性和价值，促进了数据资产的有效管理和利用。通过实施数据全生命周期管理，组织可以更好地利用数据资产，推动业务增长和创新。

企业应明确数据资产管理的重要性，构建完善的管理体系，强化数据质量管理和安全防护能力，促进数据共享与协同，挖掘数据资产价值，并培养专业的数据资产管理人才。充分发挥数据资产的价值，推动自身的创新发展和市场竞争力提升。

## 4.7 数据管理与数字化转型：案例分析

### 4.7.1 华为数字化转型的背景与概述

华为技术有限公司，成立于 1987 年，总部位于广东省深圳市龙岗区，是全球领先的信息与通信技术（ICT）解决方案供应商。华为致力于实现未来信息社会，创造更美好的全联接世界。自 2013 年首次超越全球第一大电信设备商爱立信以来，华为在《财富》世界 500 强榜单中的排名稳步上升，其产品和解决方案已广泛应用于全球 170 多个国家，服务全球运营商 50 强中的 45 家及全球 1/3 的人口。

随着业务的全球化、复杂化以及市场不确定性的增长，传统的中央集权式管理方式已无法适应新的挑战和华为的发展愿景。因此，华为以"把数字世界带入每个人、每个家庭、每个组织，构建万物互联的智能世界"为目标，启动了全面的数字化转型。这一转型不仅涵盖了研发、销售、交付、物流等核心业务领域，还深入企业的每一个角落，旨在通过数字化手段提升运营效率、增强市场竞争力。

如图4-1所示，华为的数字化转型实际上经历了两个重要的阶段。在第一阶段中，华为在数字化转型中的主要管理诉求是提升数据治理能力，提高数据质量，建立一致的信息架构与标准。通过业务数字化、标准化，借助IT技术，实现业务上下游信息快速传递、共享，持续提升数据质量，减少纠错成本。通过数据质量度量与持续改进，确保数据真实反映业务（"账实"一致），降低运营风险。在完成第一阶段之后，华为将数字化转型的管理诉求提升，将实现跨领域数据汇聚与整合、自助式数据获取与分析和差异化的信息安全保护视为第二阶段的重要目标。在第二阶段中，华为公司通过数据汇聚，实现业务状态透明可视，提供基于"事实"的决策支持依据。通过业务规则数字化、算法化，嵌入业务流，逐步替代人工判断。同时，基于数据的用户洞察，企业能够发现新的市场机会点。

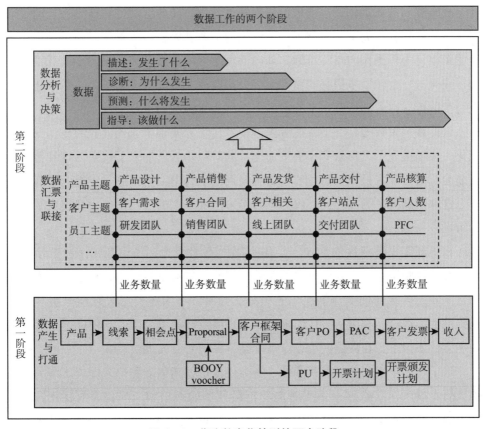

**图4-1 华为数字化转型的两个阶段**

## 4.7.2　华为数字化转型的关键举措

### 4.7.2.1　华为数字化转型的战略

华为的数字化转型战略，作为其企业级战略的核心组成部分，不仅是对技术潮流的积极响应，更是对未来商业格局的深刻洞察与主动塑造。这一战略根植于华为对新时代的深刻理解——一个数字世界与物理世界深度融合，万物互联、智能驱动的新时代。华为的愿景"把数字世界带入每个人、每个家庭、每个组织，构建万物互联的智能世界"，正是这一战略的灵魂和导向。

为了确保数字化转型与公司商业目标和愿景的高度一致，华为采取了顶层设计与战略解码的双重保障。顶层设计确保了转型方向的正确性和前瞻性，通过高屋建瓴的规划，为数字化转型提供了清晰的蓝图和路径。战略解码则进一步将这一蓝图细化为可操作的具体目标，如内部运营效率的提升和外部客户满意度的增加，使得每一个转型举措都能精准对接公司的商业目标，推动华为在数字化浪潮中稳步前行。在内部运营效率的提升上，华为充分利用了数字技术的力量。通过引入云计算、大数据、人工智能等先进技术，华为实现了业务流程的自动化和智能化，大幅提高了工作效率和决策速度。同时，华为还加强了数据治理和数据分析能力，通过深入挖掘数据价值，为决策提供了科学依据，进一步提升了运营效率。这种内部效率的提升，不仅为华为带来了成本上的节约，也为其提供了更强的市场竞争力。

在外部客户满意度的增加上，华为同样不遗余力。华为深知，在数字化时代，客户体验是企业生存和发展的关键。因此，华为不断优化客户界面，通过数字化手段提供更加便捷、个性化的服务。同时，华为还利用大数据分析客户需求，精准推送产品和服务，从而提升了客户满意度和忠诚度。这种以客户为中心的理念，使得华为在激烈的市场竞争中始终保持着领先地位。

除了内部效率和客户满意度外，华为还注重创新驱动和持续发展。华为持续加大研发投入，推动5G、人工智能等前沿技术的突破和应用，为数字化转型提供了强大的技术支撑。同时，华为还通过建立完善的培训体系，培养了一批具备数字化思维和技能的复合型人才，为数字化转型提供了坚实的人才保障。

华为的数字化转型战略是一个全方位、多层次的系统工程。通过顶层设计和战略解码的双重保障，华为确保了转型方向的正确性和有效性。在内部运营效率提升和外部客户满意度增加的基础上，华为还注重创新驱动和持续发展，为数字化转型提供了持续的动力和保障。这一战略不仅推动了华为自身的发展壮大，也为整个行业的数字化转型提供了有益的借鉴和启示。

### 4.7.2.2　华为数字化转型中的数据治理

华为在数字化转型的深入探索中，逐渐认识到数据治理在这一转型过程中的基础性地位。数据，作为新时代的"石油"，其质量与一致性直接关系到企业能否在数字化转型的浪潮中乘风破浪，稳步前行。华为深知，只有确保数据的准确、完整与及时，才能有效打破企业内部存在的数据孤岛现象，实现数据的无缝集成与高效共享，从而为企业的决策提供坚实的数据支撑。

面对这一挑战，华为采取了构建数据湖与数据仓库的策略，以此作为企业数字化转型的数据底座。数据湖，作为华为数据存储与处理的"广阔天地"，能够容纳来自企业各个角落、各种格式的海量数据。这些数据，无论是结构化的还是非结构化的，都能在数据湖中找到它们的归宿。而数据仓库，则是对这些数据进行深度加工与提炼的"精炼厂"。在这里，数据被清洗、整理、建模，最终转化为企业决策所需的宝贵信息。

通过这一数据底座的构建，华为成功实现了业务数据与财务数据的实时共享。以往，由于数据孤岛的存在，业务部门与财务部门之间的数据往往存在时差与偏差，导致决策效率低下，甚至可能出现决策失误。而今，随着数据底座的打通，业务部门与财务部门能够基于同一套数据进行分析与决策，大大提高了企业的整体运营效率与决策准确性。

在构建数据底座的过程中，华为还特别注重数据的质量与一致性管理。数据的质量，直接关系到企业决策的准确性与可靠性。因此，华为引入了先进的数据清洗、校验、整合技术，确保数据的准确性、完整性和时效性。同时，华为还建立了一套完善的数据治理机制，包括数据标准制定、数据质量监控、数据安全管理等，以确保数据在流转过程中的一致性与安全性。

值得一提的是，华为的数据治理策略并不仅仅局限于技术层面。在企业文化与组织架构上，华为也进行了相应的调整与优化。华为鼓励员工树立数据意识，将数据视为企业的重要资产，积极参与数据治理工作。同时，华为还调整了组织架构，设立了专门的数据管理部门，负责数据的规划、管理、监督等工作，确保数据治理工作的顺利进行。

综上所述，华为在数字化转型过程中对数据治理的高度重视与深入实践，为其转型成功奠定了坚实的基础。通过构建数据湖与数据仓库，打造企业数字化转型的数据底座，华为不仅实现了数据的集成与共享，更促进了企业内部的高效协同。同时，对数据质量与一致性的严格把控，以及企业文化与组织架构的相应调整，进一步提升了企业的决策效率与准确性。这些举措不仅为华为的数字化转型注入了新的动力，也为其他企业提供了宝贵的借鉴与启示：在数字化转型的道路上，数据治理是不可或缺的一环，只有打好基础，才能走得更远。

### 4.7.2.3　组织与文化变革

数字化转型的第一步是组织与文化的变革。华为深知，要实现数字化转型，必须从内部打破壁垒，构建开放、协作、创新的组织文化。为此，华为采取了以下措施。

打破"组织墙"和"数据墙"：通过跨部门协作和数据共享，打破部门间的信息孤岛，确保数据的一致性和实时性。华为通过服务化的组织和完整的IT服务化实践，构建了针对完整业务场景的一站式ROADS用户体验，提升了业务作业效率。

建立数字化转型团队：华为成立了专门的数字化转型团队，负责推动数字化转型战略的落地和实施。该团队由跨部门成员组成，确保转型过程中的协调与配合。

培养数字化人才：华为加大了对数字化人才的培养和引进力度，通过内部培训、外部合作等方式，提升员工的数字化技能和素养。

### 4.7.2.4　业务流程再造

业务流程再造是华为数字化转型的核心环节。华为通过引入先进的业务流程管理理念和技术手段，对研发、销售、交付、物流等核心业务领域进行了全面优化。

研发上云与全球协同：华为依托华为云打造"研发云"，将研发涉及的环节进行了服务化解耦，为研发提供仿真云、持续集成云、设计云等多种服务。这一举措不仅提高了研发效率，还实现了全球协同研发。

销售与交付数字化转型：华为通过建设连接最终用户、运营商和华为三方的云平台，实现了网络状态实时可视、在线自动规划仿真等功能。同时，通过构建一站式服务交付平台和一系列 IT 装备，实现了交付业务的在线、实时、可视和高效。

物流与供应链管理：华为通过引入集成供应链（ISC）管理模式，整合了内部订单处理、采购、制造、物流、交付等流程，实现了供应链的透明化和高效化。此外，华为还积极将人工智能引入物流领域，通过交易核算自动化、ERP 优化等手段，提高了资金支付的安全和效率。

### 4.7.2.5　技术创新与产品升级

技术创新是华为数字化转型的重要驱动力。华为在多个领域进行了技术创新和产品升级，为数字化转型提供了强有力的支撑。

5G 与 AI 技术：华为在 5G 和 AI 领域取得了显著成果，将这两项技术应用于多个行业场景，如智慧港口、智慧场馆、输电线路智能巡检等。例如，华为与天津港合作打造的"5G + 智能港口"解决方案，将港口作业计划耗时由 24 小时缩短至 10 分钟，并将集装箱作业倒运环节减少 50%。

云与大数据：华为通过构建云化、移动化的全连接协同平台 WeLink，为员工提供了连接人、连接知识、连接业务、连接设备的全连接 Living Service。该平台融合了 IM、邮件、视频会议等多种先进的协同服务与技术，极大地提升了团队协同和跨地域协作的效率。

智能设备与解决方案：华为还推出了多款智能设备和解决方案，如 AI 质检解决方案、矿山人工智能方案等。这些方案不仅提高了生产效率和质量，还降低了人力成本和安全风险。

# 第 5 章

# 数 据 战 略

对企业而言，数据资产化是一项具有长期性的资产管理行为，从原始数据到数据资源再到数据资产需要经过多层次的数据管理行为，为了提升数据资源对企业决策的影响以及推动数据资产化进程，企业需要制定明确的数据战略，推动组织有序开展数据资产化项目。本章将重点介绍数据战略的定义、数据战略的内容以及企业应该如何实施数据战略。

## 5.1 数 据 战 略 概 述

### 5.1.1 数 据 战 略 的 定 义

战略一词源自军事领域，意指战争谋略。军队在战场上进行战争，企业在市场上进行竞争，都是因为需要"争"，因此战略变得必要。为了确保企业在市场竞争中占据优势，需要各种职能战略来支持企业战略。企业战略框架通常包括业务战略、职能战略和 IT 战略等，这些战略相互依存，互相支撑。

在当今数字化转型的背景下，企业的数据战略是与其业务和数字化战略紧密相关并衍生出来的。数据战略回答了以下几个问题：企业将如何通过数据驱动的洞察和业务流程、数据支持的业务模型来创造价值；企业如何管理数据以实现价值，包括数据的收集、存储、处理和分发等。

在早期，企业对数据的重视度不高，战略建设更关注业务战略。在当前的数字社会背景下，国家明确将数据要素定义为生产力的重要组成部分，企业逐渐认识到数据及其治理的重要性，并意识到良好的数据治理是数字化转型的关键保障。因此，作为数据治理体系的前期建设内容——数据战略建设也引起了企业家的关注。数据战略的建设目标是更好地支持企业业务战略的实现，因此，数据战略必须与企业的业务目标相一致。数据战略与业务战略之间遵循战略一致性原则，同时，数据战略与公司业务战略相互关联，为业务战略和职能战略提供框架，并与 IT 战略相互依赖。

## 5.1.2 数据战略的类型

### 5.1.2.1 决策领先型

将数据作为改善商业决策的核心工具，数据在企业决策中起到关键作用；重点关注客户、市场、营销、内部运营、财务及人员等方面。

### 5.1.2.2 运营领先型

通过数据提升组织内部的运作效率，改善制造过程、增加产量、缩短设备维护时间、提高仓储效率、优化库存并简化流程；重点识别欺诈行为、进行风险评估、构建预测模型、强化营销和销售流程，以及实现精准营销等。

### 5.1.2.3 数据变现型

认识到数据是企业整体价值的重要组成部分，视数据为第五生产要素，专注于收集和获取企业数据资产，提升其整体价值，推动数据在市场上的流通和交易，从而实现数据产品的变现。

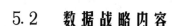

# 5.2  数据战略内容

## 5.2.1  数据战略的范围

数据战略是组织规划如何利用和管理数据资源以支持其业务目标的方案。企业级数据战略旨在为组织内各职能、部门和区域的数据战略提供指导框架，这意味着数据战略是广泛的总体方法，旨在引导整个组织的数据使用，而不局限于特定的业务部门或职能。

数据战略应与组织内的各类利益相关者（如业务领导、IT专业人员和数据专家）合作制定，其设计目的是帮助组织中的所有成员以负责任的方式从数据中获取更多价值。数据战略应阐明组织对数据驱动转型的愿景，依据组织的价值观定义结果和数据原则，并明确数据行动的优先次序。同时，需要注意的是，数据战略不同于"数字战略"或"创新战略"。尽管数据在流程数字化或新创意的实施中发挥作用，但数据战略特别侧重于将数据作为新资产进行管理以及如何利用数据支持组织的业务目标和目的。数据战略也不是"ICT战略"或"新技术战略"，而是组织内实现更佳数据行动的指南。

长期以来，尽管数据被视为企业的宝贵资产，但它通常是IT、财务和其他运营专家的专属领域。然而，如今，数据与分析的应用已经在整个组织内变得普遍，几乎影响到所有的业务活动。这种转变需要一套新的分析和数据管理功能，并且需要人员和文化、治理、合作伙伴关系以及技术等因素的支持，这不仅是IT团队的责任，整个组织也必须共同参与，才能充分发挥数据的价值。为了成功应对这一转型，企业需要开发新的分析能力，比如从预测模型中获取洞察的能力，并提升数据管理能力以整合多源数据，这些能力不仅能改进当前运营，还将在未来推动新产品和服务的创新。向数据驱动型组织转型是一个复杂的过程，这一转变源于对数据作为战略共享资产价值的认知，这个过程不仅要求在把握机遇、应对挑战和解决未来复杂问题时展现出战略性，还需要在组织内具备严格的执行纪律。随着数据在商业领域的作用日益扩大，整个组织的参与是保持竞争力的关键。

## 5.2.2 数据战略的内容

无论在什么组织或行业，数据战略通常包含诸多共同的要素。

### 5.2.2.1 行动的触发点或需求

在制定数据战略之前，明确其触发点或需求至关重要，这些需求包括业务面临的挑战、利用数据的新机遇，或是满足监管要求等。

### 5.2.2.2 愿景

数据战略应该明确组织在数据工作中的愿景及期望成果，愿景必须与整体业务目标对接，并且应当提供一个详细的路线图，说明如何利用数据来达成这些目标。

### 5.2.2.3 数据原则

数据战略需要明确指导组织数据工作的核心原则，这些原则涵盖数据质量、隐私保护、安全性、数据可访问性以及数据的伦理使用等方面。

### 5.2.2.4 预期成果

除了总体愿景外，数据战略还需要明确组织希望通过数据工作实现的具体且可衡量的成果，这些成果包含提升效率、优化决策、开辟新的收入来源、改善数据访问和共享、强化数据保护以及数据伦理等多方面。

### 5.2.2.5 业务数据用例

数据战略需要明确数据的具体应用领域和目的，包括数据质量提升、客户细分、供应链优化、风险管理等方面。数据用例构成了战略的核心部分，不仅能够指导战略的实施，还提供了明确的焦点。

### 5.2.2.6 数据管理和数据分析所需的能力

数据战略应概述组织需要开发的能力，以便高效管理和运用数据，包括数据治理流程、数据基础设施以及分析工具和技术等。此外，为了实现这些能力的建设，数据战略还需明确推动这些功能发展的关键因素，包括培养人才、完善数据治理、加大技术投资等。

### 5.2.2.7　规定路线图

数据战略应提供一条明确且可操作的路径，指导组织从现有状态向预期的未来状态转型。

## 5.2.3　数据战略与企业战略、数据架构的关系

### 5.2.3.1　数据战略与企业战略

数据战略与企业战略在现代企业运营中紧密联系。数据战略通过提供高质量的数据和分析能力支持企业战略的实施，而企业战略则为数据战略提供了方向和目标。通过深入理解和有效结合数据战略与企业战略，企业能够充分发挥数据的价值，实现长期的可持续发展。

（1）数据战略与企业战略的区别。从定义和范围来看，企业战略是企业为实现其长期目标和可持续发展而制定的总体规划，涵盖企业的使命、愿景、目标、市场定位、竞争策略、资源配置等方面，涉及企业运营的各个层面；数据战略是企业为了更好地利用数据资源支持业务决策和创新而制定的专项规划，主要关注数据的收集、管理、分析和应用，旨在通过数据驱动实现业务价值的最大化。

从目标来看，企业战略的目标是提升企业的市场竞争力，实现长期增长和可持续发展；数据战略的目标是优化数据资源的利用，支持企业的各项业务活动，提升决策质量和运营效率。

从关注重点来看，企业战略关注的是宏观层面的规划和决策，包括市场环境分析、竞争对手分析、资源配置、业务模式创新等；数据战略则关注微观层面的数据管理和技术实现，包括数据的获取、存储、处理、分析、数据治理、数据安全等技术细节。

（2）数据战略与企业战略的联系。从支持与驱动关系来看，数据战略通过提供高质量的数据和先进的数据分析能力，支持企业战略的制定和实施。通过数据

驱动的洞察，企业能够更准确地把握市场趋势，优化资源配置，提升运营效率。数据战略需要根据企业战略的要求，制定相应的数据管理和应用方案，确保数据战略服务于企业的整体目标。

从一致性来看，数据战略和企业战略必须保持一致，确保数据战略的目标和措施与企业战略的总体方向和目标相符。数据战略实施需要与企业的各个业务部门协调配合，形成统一的行动计划和实施步骤。

从二者融合角度来看，企业战略的实施离不开数据的支持，而数据战略的成功也依赖于企业各部门的协同工作。在数字化转型过程中，数据战略逐渐成为企业战略的重要组成部分。通过数据战略与企业战略的深度融合，企业能够实现更高层次的数字化运营和智能化管理。

从反馈机制来看，数据战略实施效果可以通过企业战略的执行成果来反馈。企业战略的成功与否，也可以通过数据分析来评估和优化。

### 5.2.3.2　数据战略与数据架构

数据战略和数据架构是企业数据管理中两个重要但不同的概念，它们各自有不同的侧重点和功能，但在实践中又紧密联系，共同支持企业的数据驱动决策和运营。数据战略通过明确数据的价值和目标，为数据架构的设计和实现提供方向；数据架构通过提供高效、灵活和安全的数据管理环境，支持数据战略的实施。通过深入理解和有效结合数据战略与数据架构，企业能够充分发挥数据的价值，实现长期的可持续发展。

（1）数据战略与数据架构的区别。从定义和范围来看，数据战略是企业为了更好地利用数据资源支持业务决策和创新而制定的总体规划，涵盖数据的收集、管理、分析和应用等方面，旨在通过数据驱动实现业务价值的最大化；数据架构是企业为管理和使用数据而设计的技术框架和结构，包括数据存储、数据处理、数据传输等技术层面的设计。

从目标来看，数据战略的目的是优化数据资源的利用，支持企业的各项业务活动，提升决策质量和运营效率；数据架构的目的是建立一个稳定、灵活和高效的数据管理环境，确保数据能够被有效地存储、处理和传输。

从关注重点来看，数据战略关注的是宏观层面的规划和决策，包括数据的价值认知、数据治理、数据应用场景等；数据架构则关注微观层面的技术实现，包括数据库设计、数据仓库和数据湖的搭建、数据接口和 API 设计等。

从实施层次来看，数据战略属于企业战略层面，涉及高层管理者的决策和规划，需要与企业的整体战略紧密结合；数据架构属于技术实现层面，涉及技术团队的设计和开发，需要与 IT 基础设施和技术栈紧密结合。

（2）数据战略与数据架构的联系。从支持与驱动关系来看，数据战略为数据架构的设计和实现提供方向和要求，通过数据战略，企业能够明确数据架构需要支持的业务目标和应用场景；数据架构通过提供高效的、灵活的和安全的数据管理环境，支持数据战略的实施。没有合适的数据架构，数据战略的实施将无法实现。

从一致性来看，数据战略和数据架构须保持一致，确保数据架构的设计和实现符合数据战略的总体方向和目标。数据战略的实施需要与数据架构的设计和开发协调配合，形成统一行动计划和实施步骤。

从二者融合角度来看，数据战略和数据架构需要在实践中深度融合，通过技术实现战略目标，通过战略指导技术实现。

从反馈机制来看，数据架构的实施效果可以通过数据战略的执行成果来反馈，数据战略的成功与否，也可以通过数据架构的性能和效率来评估和优化。

## 5.3　数据战略实施

数据战略的制定以企业战略为基础、以业务价值链为模型、以管理应用为目标、以可执行的活动为步骤，基于系统化的思维挖掘信息以及信息间的规律，并经过科学的规划和设计，形成企业数据化运营的蓝图。

为实现业务目标，可以设计多种策略。每种策略都会面临不同的挑战，需要动用各种资源和工具，因此应根据对环境和自身条件的细致评估来选择最优策略。企业数据战略的实施包含 5 个步骤：战略环境分析、确定数据战略目标、制订行动方案、落实保障措施和战略评估与优化。

### 5.3.1　战略环境分析

制定数据战略时，需要对影响企业的内外部环境因素进行详尽分析，以做出恰当的决策。图5-1展示了环境因素分析模型。在实施数据战略的五个步骤中，战略环境分析是首要且关键的一步。通过全面分析内外部环境，企业能够准确评估自身在数据战略实施中的优势与劣势，识别外部机遇与挑战，为后续的战略制定和实施奠定坚实基础。战略环境分析主要包括以下两个方面。

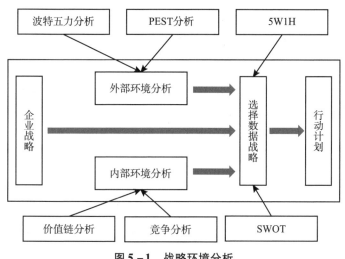

图5-1　战略环境分析

### 5.3.1.1　内部环境分析

（1）数据资源评估。数据资源评估包括两个主要步骤：一是进行数据资产盘点，全面梳理企业内部的结构化、非结构化和半结构化数据，明确数据的来源、类型、质量和存储状况；二是进行数据质量评估，对数据的准确性、完整性、一致性和及时性进行评估，识别数据质量问题，并据此制订数据质量提升计划。

（2）现有技术与基础设施。现有技术与基础设施评估涉及两个方面：一是技术架构评估，包括对企业现有的数据管理系统、数据仓库、大数据平台和云计算基础设施等进行评估，分析它们在数据存储、处理、分析和共享方面的能力与不足；二是工具与技术评估，对现有的数据分析工具、数据挖掘技术和机器学习算法等进行评估，以确定它们在支持数据战略实施中的适用性和有效性。

（3）人力资源与组织架构。人力资源与组织架构评估包括人员技能评估和组织架构评估两个方面。人员技能评估关注企业内部数据专业人员的技能水平，判断是否需要进行培训或引进人才以提升技能；组织架构评估则审视现有的数据管理组织架构，分析各部门在数据治理中的职责分配和协作效率，以及识别架构中的不足之处和潜在的改进方向。

### 5.3.1.2 外部环境分析

（1）行业环境分析。行业环境分析涉及两个核心领域：一是对行业趋势与动态的分析，这包括对行业数据发展趋势的考察，对创新应用和最佳实践的了解，以及对竞争态势和市场需求的识别；二是对行业标准与规范的了解，这确保企业的数据战略制定和实施能够遵循行业要求，同时推动数据治理的标准化和规范化。

（2）竞争对手分析。竞争对手分析包括两个关键方面：一是对主要竞争对手数据战略的研究，了解其在数据管理和应用上的重点领域，识别其优势和不足；二是竞争态势评估，涉及分析竞争对手在数据应用方面的创新举措，并据此确定自身在市场中的定位和差异化优势。

（3）法律与政策环境。法律与政策环境分析包括两个主要方面，一是进行法律法规分析，全面了解与数据相关的法律法规和政策要求，如《中华人民共和国数据安全法》《中华人民共和国个人信息保护法》《促进和规范数据跨境流动规定》等，以确保数据战略的合法合规性；二是关注政策支持与激励措施，了解政府和行业协会在数据领域的政策支持和激励措施，以便充分利用政策红利，推动数据战略的有效实施。

（4）社会与技术环境。社会与技术环境分析主要包括两个关键方面：一是社会环境分析，关注公众对数据隐私和数据安全的关注度，以识别社会环境对数据战略实施的潜在影响；二是技术环境分析，关注大数据、人工智能、区块链等新兴技术的发展动态，识别这些技术环境中的机遇和挑战，为数据战略的技术选择和应用提供有价值的参考。

内部环境分析常用的工具有价值链分析、竞争分析、波士顿矩阵等。外部环境分析常用的工具有波特五力模型、PEST分析等。选择数据战略常用的工具有5W1H分析、SWOT分析等。

## 5.3.2 确定数据战略目标

企业数据战略目标的制定，需要与企业内外部环境相匹配，以便随着环境的变化，对数据战略目标进行灵活调整。在数据战略目标制定的过程中，需要遵循以下原则。

### 5.3.2.1 数据战略来源并服务于企业战略

数据战略必须与企业的总体战略保持一致，这意味着数据战略的制定应紧密结合企业的核心业务目标和发展方向。数据战略不仅是技术层面的规划，更应体现企业在市场竞争中的战略意图。通过将数据战略嵌入企业战略，可以确保数据资源的利用最大化，支持企业的业务增长和创新。

### 5.3.2.2 数据战略的制定要立足于企业现状

数据战略的制定必须基于企业的实际情况，包括现有的数据基础设施、数据管理能力、业务流程以及人才储备等。只有全面了解企业的当前状况，才能制定切实可行的战略目标。对企业现状的准确评估，有助于识别存在的差距和潜在的改进点，从而制订出有针对性的战略计划。

### 5.3.2.3 数据战略目标需要全员贯彻

数据战略的实施离不开企业全体员工的理解和支持。战略目标需要在企业内部进行广泛的宣传，使每位员工都能理解其重要性和具体要求。只有在全员参与和共同努力下，数据战略目标才能真正落地，并取得预期的成效。

### 5.3.2.4 数据安全与合规

数据战略的制定必须考虑到数据安全和合规要求。企业在处理和利用数据的过程中，必须遵守相关的法律法规，保护数据隐私和安全。数据安全策略的设计应贯穿数据生命周期的各个环节，确保数据在采集、存储、处理、传输和销毁等过程中不受未经授权的访问和泄露。

### 5.3.2.5 灵活性与可扩展性

数据战略需要具备一定的灵活性和可扩展性，以应对快速变化的市场环境和技术进步。战略目标应包括定期评估和调整的机制，确保其能随着业务需求和技术发展不断优化和更新。

#### 5.3.2.6 可衡量和可实现的目标

数据战略目标应具体、可衡量，并且在企业现有资源和能力范围内可实现。设定明确的绩效指标和评估标准，有助于跟踪战略实施的进展和效果，及时发现问题并进行调整。

### 5.3.3 制订行动方案

制订行动方案是数据战略实施的关键步骤，涉及从目标设定、数据识别、治理框架的建立，到技术部署和人员培训的全方位规划。只有通过系统化和细致的行动计划，才能确保数据战略的有效落地，实现业务价值的最大化。

#### 5.3.3.1 明确目标和优先级

明确目标和优先级是行动方案的基础。首先需要详细定义数据战略的总体目标，并确定各个目标的优先级。这一过程涉及与关键利益相关者（如管理层、业务部门和 IT 部门）的密切合作，以确保目标与企业整体战略一致。

关键措施包括：第一，设定具体的、可衡量的目标（SMART 原则），如提高客户满意度、优化供应链管理、增加销售收入等。第二，根据目标的重要性和紧急程度排序，确保资源的合理分配。

#### 5.3.3.2 识别关键数据和数据源

识别实现目标所需的关键数据和数据源是制订行动方案的核心。涉及评估现有的数据资源，确定需要额外收集的数据，并确保数据的可获取性和质量。

关键措施包括：第一，进行数据审计，评估现有数据的质量、完整性和可用性。第二，确定实现每个目标所需的数据类型和数据源，包括内部和外部数据源。第三，制订数据获取计划，确保必要的数据能够及时、准确地收集。

#### 5.3.3.3 制定数据治理和管理框架

制定数据治理和管理框架以确保数据的一致性、准确性和安全性，有效的数据治理框架应包括数据管理的所有方面，如数据标准、数据质量、数据安全和数据隐私等。

关键措施包括：第一，建立和维护数据标准，确保数据在整个组织中的一致性和兼容性，实现数据标准化。第二，制定数据质量标准和流程，确保数据的准确性、完整性和及时性。第三，制定和实施数据安全和隐私保护措施，确保数据在收集、存储、处理和传输过程中的安全性和合规性。

### 5.3.3.4 选择和部署技术工具

选择和部署适当的技术工具支持数据的收集、存储、处理和分析。技术工具的选择应基于数据战略的具体需求，并考虑现有的 IT 基础设施和资源。

关键措施包括：第一，评估现有的和潜在的技术解决方案，选择最适合组织需求的工具和平台。第二，确保新技术工具能够与现有系统无缝集成，实现数据的流畅传输和共享。第三，制订详细的部署计划，包括时间表、资源分配和关键里程碑，以确保技术工具的顺利实施。

### 5.3.3.5 人员培训和变革管理

人员培训和变革管理是确保行动方案成功实施的关键因素。员工需要具备必要的技能和知识，才能有效利用数据和技术工具。此外，变革管理有助于推动组织文化的转变，使数据驱动的决策成为常态。

关键措施包括：第一，制订和实施全面的培训计划，提高员工的数据素养和技术能力。第二，通过沟通和参与，管理变革过程，确保员工对数据战略的理解和支持。第三，培养数据驱动的企业文化，鼓励和奖励基于数据的创新和决策。

## 5.3.4 落实保障措施

落实保障措施是数据战略实施的关键环节，涉及数据质量管理、数据安全和隐私保护、持续监控和反馈机制、风险管理和应急预案，以及人员培训和文化建设等方面。通过这些保障措施，能够有效降低数据战略实施中的风险，确保战略目标的实现，并最大化数据价值。

### 5.3.4.1 数据质量管理

数据质量是数据战略成功的基础。没有高质量的数据，任何分析或决策都可能产生偏差和误导。因此，需要建立严格的数据质量管理体系，包括数据清洗、数据验证、数据标准化等步骤，确保数据的准确性、完整性和一致性。

关键措施包括：第一，定期进行数据清理，去除重复、不完整或错误的数据。第二，使用自动化工具和人工检查相结合的方法，验证数据的准确性。第三，建立和遵循统一的数据格式和标准，确保各部门数据的一致性。

### 5.3.4.2 数据安全和隐私保护

数据安全和隐私保护是数据战略实施中不可忽视的要素。随着数据量的增加和数据分析的深入，数据泄露和滥用的风险也随之增加。因此，必须建立强有力的数据安全和隐私保护机制。

关键措施包括：第一，对敏感数据进行加密存储和传输，防止数据被非法访问。第二，实施严格的访问控制措施，确保只有授权人员能够访问敏感数据。第三，遵守相关的数据隐私法规（如 GDPR），并定期进行隐私影响评估。

### 5.3.4.3 持续监控和反馈机制

持续监控和反馈机制是确保数据战略顺利进行的重要手段。通过实时监控数据战略实施的各个环节，可以及时发现并解决问题，确保战略的顺利推进。

关键措施包括：第一，制定关键绩效指标（KPI）和监控指标，评估数据战略实施的效果。第二，部署实时监控系统，跟踪数据流和分析过程，及时发现异常情况。第三，建立反馈机制，鼓励员工和用户提出改进建议，并根据反馈及时调整策略。

### 5.3.4.4 风险管理和应急预案

数据战略的实施过程中不可避免地会遇到各种风险，如数据泄露、系统故障等。因此，需要制定详细的风险管理和应急预案，确保在出现问题时能够迅速反应和恢复。

关键措施包括：第一，定期进行风险评估，识别潜在风险和威胁，并制定相应的应对措施。第二，制定详细的应急预案，包括数据备份和恢复计划、应急响应团队的组建和培训等。第三，定期进行应急预案的演练和测试，确保应急预案的可行性和有效性。

### 5.3.4.5 人员培训和文化建设

人员培训和文化建设是保障数据战略成功的软性措施。只有当员工具备相应的技能和数据驱动的思维方式，数据战略才能真正落地。

关键措施包括：第一，定期开展数据分析、数据管理和数据安全等方面的培训，提高员工的数据素养。第二，通过宣传和奖励机制，培养数据驱动的企业文化，使数据分析成为日常决策的一部分。第三，管理层应积极参与并支持数据战略的实施，树立榜样，激励员工。

## 5.3.5 战略评估与优化

战略评估与优化是数据战略实施的关键环节，通过建立评估指标体系、定期评估和报告、数据驱动的决策支持、反馈循环和持续优化，以及确保战略的适应性和灵活性，可以确保数据战略的持续有效性和最大化其业务价值。通过不断地评估和优化，数据战略能够持续适应变化，推动企业在数据驱动的环境中取得长足发展。

### 5.3.5.1 建立评估指标体系

建立全面的评估指标体系，量化数据战略的效果，这些指标应包括短期和长期目标，覆盖各个关键业务领域和数据管理环节。关键措施包括：第一，确定衡量战略成功的 KPI，如数据质量改进、业务效率提升、客户满意度等。第二，评估数据战略对财务绩效的影响，如成本节约、收入增长和投资回报率（ROI）。第三，跟踪运营效率的变化，如数据处理时间、分析速度和系统响应时间。

### 5.3.5.2 定期评估和报告

定期进行战略评估和报告，确保管理层和相关利益方能够及时了解战略实施进展，并根据评估结果进行必要的调整。关键措施包括：第一，定期进行季度和年度评估，以便及时发现问题并采取纠正措施。第二，建立透明的报告机制，定期向管理层和利益相关者汇报战略实施情况和评估结果。第三，定期进行数据审计，确保数据治理和管理的有效性。

### 5.3.5.3　数据驱动的决策支持

利用评估结果支持决策，确保数据战略的调整和优化基于客观数据和实际绩效。关键措施包括：第一，使用数据可视化工具展示评估结果，帮助管理层直观了解战略实施情况。第二，建立决策支持系统，利用评估数据为战略调整提供依据。第三，根据评估结果制定持续改进计划，优化数据管理流程和技术部署。

### 5.3.5.4　反馈循环和持续优化

建立反馈循环机制，确保评估结果能够转化为实际的改进措施和优化策略。关键措施包括：第一，鼓励员工和用户提供反馈，并将反馈结果纳入评估和优化过程中。第二，根据评估和反馈结果，持续优化数据战略，改进数据收集、处理和分析方法。第三，鼓励创新，探索新的数据应用场景和技术，如人工智能和机器学习，以提升数据战略的价值。

### 5.3.5.5　适应性和灵活性

确保数据战略具有适应性和灵活性，能够应对不断变化的业务环境和技术进步。关键措施包括：第一，定期回顾和更新数据战略，确保其适应市场变化和技术发展。第二，在新技术和方法上进行试点和实验，评估其应用效果，并根据实验结果进行推广。第三，提供持续的培训和教育，提高员工对新技术和数据分析方法的适应能力。

# 第6章

# 数据确权

数据权属缺失一直是制约数字经济快速健康发展的核心难题，这也使得数据确权成为理论界和实务界讨论的焦点。数据确权是数据资产化的基础，也是数据交易和流通的前提，同时还是保障数据安全的重要手段，更是数据经济发展的必然结果。然而，在数据确权推进的过程中，仍存在现有法律规定模糊、实务做法多样、缺乏统一标准等问题。本章立足于数据确权的概念和影响，在此基础上分析数据确权的方式、难点与实践做法、区块链技术如何赋能数据确权，以推动作为第五大生产要素的数据的市场化，释放其价值，助力我国数字经济健康有序地高质量发展。

## 6.1 数据确权的概念

### 6.1.1 数据商品与数据要素

数字产品发展驱动数字经济迈入高质量发展的新阶段。数字产品并非数字商品，根据马克思的观点，商品是用于交换的劳动产品，同时还能流通交易。但产品不一定是商品，因为产品并未交换和流通，不能转换为商品。黄再胜（2020）认为数据商品中凝结着一般人类劳动，是在顺应数字经济时代的前提下人们交易和交换的产品，数据商品的交易过程与数字经济技术的大力发展密不可分。

前文提到的数据商品聚焦于数据商品流通与价值实现的问题，数据要素则侧重于商品生产与价值创造，处于数据商品产生的前述环节。数据要素构成了数字经济生产方式的重要环节。2019 年，党的十九届四中全会审议通过的《中共中央关于坚持和完善中国特色社会主义制度、推进国家治理体系和治理能力现代化若干重大问题的决定》首次增列数据为生产要素，提出了"健全劳动、资本、土地、知识、技术、管理、数据等生产要素由市场评价贡献、按贡献决定报酬的机制"。生产要素是进行物质资料生产所必须具备的基本因素或条件，是进行生产所必需的有形和无形投入，包括人的因素（劳动力）和物的因素（生产资料）（马克思，2004）。数据的要素表征可能表现为原料、劳动资料、产品，取决于其在劳动过程中扮演的特殊角色及其所处的地位（马克思，2004）。

从数据商品与数据要素的关系来看，数据在参与生产之前的表现形式为劳动产品或商品，随着生产的开展，才表现为一种生产要素（李政和周希祯，2020）。学者们关于数据参与生产方式的讨论也存在较大的分歧：焦勇（2020）认为，随着数字经济的发展由数字化逐步迈向智慧化，数据直接参与生产，为海量数据分析提供增量价值；田杰棠和刘露瑶（2020）认为，数据不直接参与生产，而是转化为有价值的生产信息，企业通过这些有价值的生产信息来做出对应的生产决策，进而实现"零库存"以及对消费者个人的"定制化生产"。由于不同企业生产方式存在差异，因此数据参与生产的方式也非同质，因此两种观点均存在一定的合理性。数据要素在数据价值创造过程中扮演的主要角色是协助劳动更好地创造价值，数据只有与劳动结合才能从可能的生产要素转变成现实生产要素（谢康等，2020）。

### 6.1.2 数据主权、数据权利、数据产权

数据主权、数据权利与数据产权的主体、主要内容、重点保障权益如表 6–1 所示。

表 6–1　　　　　　　　数据主权、数据权利与数据产权

| 项目 | 数据主权 | 数据权利 | 数据产权 |
| --- | --- | --- | --- |
| 主体 | 国家 | 公民 | 经营者、用户（数据生产者） |
| 主要内容 | 数据管理权、数据限制权 | 数据人格权、数据财产权 | 使用权、排他权、处置权 |
| 重点保障权益 | 数据安全 | 个人隐私，对数据财产的占用、使用、收益和处分的权利 | 人格财产权益和财产性利益在内的利益受益或受损的权利 |

数据主权是指国家在其政权管辖范围内对政府、企业和个人在生产、流通、利用、管理等各个环节享有至高无上、排他性的数据掌控和管辖权。数据主权主要包括数据管理权、数据控制权等。其中，数据管理权是指国家对其政权管辖范围内一切数据具有管理权；数据控制权是指国家有权对其领土管辖范围内的数据采取一系列措施确保数据免受侵害、篡改、销毁等风险。

数据权利是指公民以某种正当的合法的理由对数据进行占有、要求返还、承认数据事实或行为的法律效果。包括数据人格权、数据财产权。其中，数据人格权来自《中华人民共和国宪法》第三十八条规定："中华人民共和国公民的人格尊严不受侵害。禁止用任何方法对公民进行侮辱、诽谤和诬告陷害。"《中华人民共和国民法典》第九百九十条规定"自然人享有基于人身自由、人格尊严产生的其他人格权益"，包括数据知情同意权、数据修改权、数据被遗忘权。数据财产权是一种属于财产权的新型财产权，它是与知识产权、物权、债权等并列的一项财产权，包括数据采集权、数据可携权、数据使用权、数据收益权。

数据产权是数据的权利，数据产权是指对数据所拥有的权利集合，包括数据的占有、使用、收益和处分等权利，旨在明确数据所有者、控制者和使用者在数据产生、流通和使用过程中的权利和义务关系。数据产权的主体主要包括个人、企业和政府，其客体对应为个人数据资源、企业数据资源和政务数据资源，进而形成个人数据产权、企业数据产权和政府数据产权。

## 6.1.3　数据确权

### 6.1.3.1　法律层面

（1）数据确权概念。数据确权是指设立数据财产权并将其赋予以数据处理者为主的主体享有。

第一，"确权"中权利的法律基础源于不同领域的财产法中不同的法律规定。在物权法领域，"确权"的法律基础源于《民法典》中规定的"物权的设立、变更、转让和消灭，应当按照法律规定登记或者交付"；在著作权领域，其法律基础源于《中华人民共和国著作权法》第二章第二节对于"著作权归属"的相关规定。

第二，"确权"中约定的权属是财产权利的归属，并非财产的归属。所有权人是对"所有权"的所有，并非对"物的事实"的所有。伊曼努尔·康德在1797 年出版的《法的形而上学原理》提到文明状态才是真正意义上的权利，即"一个外在物是我的，只有当这个外在物事实上不是在我的占有中，如果别人动用它时，我可以认为这是对我的侵害，至此，这个外在物才是我的"。

由此可见，从法律层面看，数据确权的含义是构建数据排他权与法律处分权并将其赋予其他权利人享有，其产生的法律效力包括：第一，权利人可以要求其他人不得针对数据实施一定行为；第二，权利人可以通过解除排他权限制来开展数据使用许可行为；第三，数据财产权可以部分或者整体让渡给其他权利人，但其他权利人不可进行数据财产权的事实支配。因此，数据权利人能否实施处理、数据使用等事实支配行为和数据财产权的授予无关，与该自由支配权是否受制于相关法律法规的限制或他人排他权的限制有关。

2016 年颁布的《中华人民共和国网络安全法》明确了个人信息的定义，是指以电子或者其他方式记录的能够单独或者与其他信息结合识别自然人个人身份的各种信息，包括但不限于自然人的姓名、出生日期、身份证件号码、个人生物识别信息、住址、电话号码等。2018 年，欧盟的《一般数据保护条例》（General Data Protection Regulation，GDPR）（以下简称《保护条例》）正式生效。《保护条例》强调对数据主体的保护以及数据主体享有的权利，要求数据主体的同意必须具体、清晰，且在充分知情的前提下自由作出。若涉及儿童个人数据，必须获得其父母或者其他监护人的同意。2021 年，由深圳市司法局颁布的《深圳经济特区数据条例（征求意见稿）》（以下简称《条例》）首次明确提出数据权的概念。《条例》第三条指出"自然人对个人数据享有法律、行政法规及本条例规定的人格权益"。第四条指出"自然人、法人和非法人组织对其合法处理数据形成的数据产品和服务享有法律、行政法规及本条例规定的财产权益"。自深圳市政府提出数据权概念后，《上海市数据条例》《贵州省大数据发展应用促进条例》《贵州省大数据安全保障条例》《贵州省政府数据共享开放条例》《浙江省公共数据条例》等法律和地方性法规也相继发布，明确规定个人信息数据应受法律保护。

（2）法律背景。为推进并落实保障数据主体权利的法律要求，保障政务数据、国家数据、企业数据、个人数据的安全，监管机构从 2017 年开始出台了一系列法律法规、规章制度等政策文件，如图 6-1 所示。2023 年，随着《中华人民共和国个人信息保护法》《中华人民共和国数据安全法》《中华人民共和国网络安全法》这三部框架性法律的颁布，意味着我国开始了完善和落实数据保护要求的征程。中国目前已形成中华人民共和国工业和信息化部、中华人民共和国国家互联网信息办公室、中华人民共和国公安部、国家数据局、上海市通信管理局等多部门联合监管网络、数据信息安全的态势，如图 6-2 所示。

图 6-1　近年来政府部门出台的保护数据安全的政策文件

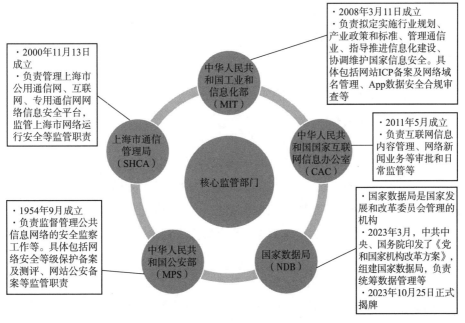

图 6-2　网络数据安全的核心监管部门

现行法律也对数据保护做出了规定。《民法典》第一百二十七条规定："法律对数据、网络虚拟财产的保护有规定的，依照其规定。"该条规定在民法典总则编中意味着立法者认为数据、虚拟财产隶属于民事权益体系框架之中，是非常重要的新型民事权益，为以后具体的立法提供上位法指引。

作为民法特别法，《著作权法》在《民法典》一百二十七条基础上对数据保护进一步作了规定。第十五条规定："汇编若干作品、作品的片段或者不构成作品的数据或者其他材料，对其内容的选择或者编排体现独创性的作品，为汇编作品，其著作权由汇编人享有，但行使著作权时，不得侵犯原作品的著作权。"该条文明确了如权利人对"不构成作品的数据"的选择、编排具有独创性的，可以认定为汇编作品，典型的汇编作品如数据库作品，但是数据库作品需要具备最低限度的"独创性"。

《中华人民共和国反不正当竞争法》中的数据商业秘密保护。《反不正当竞争法》第九条第四款规定："本法所称的商业秘密，是指不为公众所知悉、具有商业价值并经权利人采取相应保密措施的技术信息、经营信息等商业信息。商业秘密需要具备秘密性、价值性和保密性三个特征，商业秘密包括技术秘密和经营秘密两种类型。"

通过对上述现行法律规定的梳理分析可以发现，无论是《民法典》《著作权法》还是《反不正当竞争法》都未对数据资产的保护作出正向具体规定，拥有数据资产的民事主体难以依据现行法律规定主张对数据享有特定民事权利，主要还是通过将其作为一种市场竞争中的竞争利益来加以消极保护。

### 6.1.3.2　学术层面

从学术层面看，数据确权指的是确定数据产权，产权属于经济学范畴，根据产权理论和市场经济理论，产权包括所有权、使用权、转让权和收益权，所有权为最根本的权利，其确定了收益权和其他权利（安体富和蒋震，2012），类似民法的物权（张永忠和张宝山，2022）。鉴于数据产权的复杂性，学者们针对数据确权的研究存在一定的分歧，主要分为"效率派""非效率派""共有派"。

"效率派"认为数据产权应该赋权于平台，从而实现财富最大化和效率最大化（武西锋和杜宴林，2022）。"效率观"的核心源于科斯定理，认为产权界定旨在追求经济效率，不同的产权界定将带来不同效率的资源配置：即在无交易成本情况下，初始产权不同的资源配置均不会对经济效率和社会财富产生影响；在有交易成本的情况下，初始产权的不同配置和界定将会对效率和财富产生异质性影响，有效的产权制度将能够提供更高的经济效率和更大的社会财富，政府部门通过法律法规来界定产权（约瑟夫·费尔德，2022）。国内学者认为企业既是数据创造的核心贡献者，也是利用数据要素的主体，但该类观点否定了信息提供者对数据创造作出的贡献，同时也无法保护个人隐私权和公共信息安全权。学者们提出企业对合法取得的数据应享有独立所有权，或为该数据确立新型数据财产权，以此鼓励企业参与数据经济活动（程啸，2018；龙卫球，2018）。

"非效率派"反对数据应该赋权于平台，从隐私保护和数据创造者的角度考虑，认为消费者个人应该掌握个人数据产权。此观点指出"效率派"并未考虑个人隐私问题和公共领域的数据流通、交易问题。以德国马尔堡大学经济学教授沃尔夫冈·克贝尔的观点为例，他主张消费者享有数据权，政府部门应该颁布更多的法律法规，从而为消费者数据确权提供更全面的法律保护方案。沃尔夫冈教授还指出以"效率派"为代表的观点仅集中于信息与社会财富和效率之间的积极影响，忽略了作为基本权利的隐私权所产生的重要作用。施华茨（2004）和维克多（2013）认为数据产权类似于人格权，应由个人享有并掌握，不可侵犯。

"共有派"结合了"效率派"和"非效率派"，认为个人和平台将共同拥有数据权利。以法国埃塞克商学院的桑德曼教授对数据产权的界定为例，作者认为，数据产权的界定对个人及其他市场参与者均有重大影响，应实证检验不同数据产权模式产生的异质性效果，从而确定数据产权归属，即权衡数据产权配置在数据创造市场和数据使用市场产生的作用，从而确定数据产权的最优配置，若在前者中扮演更重要的角色，消费者应该拥有数据；若在后者中更重要，应该将数据产权赋予平台（Dosis，2019）。国内研究同样认为数据确权需要平衡各方利益，需要主张多个主体共同拥有数据产权或对其进行分割（张新宝，2015；刑会强，2019；申卫星，2020b）。丁晓东（2019）从网络爬虫技术角度考虑了平台数据的权属问题，认为无论是个人还是平台均不对数据具有独占性权利，应该对具体数据进行场景化保护，不仅考虑平台性质、数据性质、爬虫性质等特征，同时也要保障个人的隐私权，寻求个人隐私权和企业数据权益与共享之间的动态平衡。

### 6.1.3.3　实践层面

（1）数据确权实践的依据。从实践层面看，政府部门出台了一系列意见、办法、规范为数据确权的实践路径提供依据。数据资产确权的主要依据是 2022 年 12 月发布的《中共中央　国务院关于构建数据基础制度更好发挥数据要素作用的意见》（以下简称"数据二十条"）。"数据二十条"以充分实现数据要素价值、促进全民共享数字经济发展红利为目标，构建数据产权结构性分置制度，具体为数据资源持有权、数据加工使用权、数据产品经营权"三权分置"的数据产权制度框架。

2023 年 8 月，财政部制定印发了《企业数据资源相关会计处理暂行规定》（以下简称《暂行规定》）。《暂行规定》为数据资产入表提供了直接依据。由于数据资产不同于实物资产，其具有无形性、易加工性、价值多变性和可共享性，数据资产权利人就催生了确权需求。

2023 年 12 月，《国家知识产权局办公室关于确定 2024 年数据知识产权试点地方的通知》发布，新增天津市、河北省、山西省、安徽省、河南省、湖北省、湖南省、贵州省、陕西省 9 个省份共同作为 2024 年数据知识产权试点地。

（2）数据确权实践的案例。一些实践案例的判决结果支持保护平台数据的"效率观"。2017 年，微梦公司（新浪微博）发现，多名用户在微博上发布的内容在一小时甚至几分钟内就会出现在今日头条上，涉及的用户多是明星、艺人或有一定影响力的自媒体，认为其构成不正当竞争。微梦公司在其用户协议中明确约定了微梦公司对平台数据的利用享有权益，亦应当尊重微梦公司与其用户针对案涉微博内容作出的有效约定。从法院的判决看，法院明确规定了平台享有数据的所有权和使用权。

也有案例的处理结果支持数据归个人所有的"非效率派"。2016 年 12 月，华为发布荣耀 Magic 手机，并首次尝试人工智能应用，可根据微信聊天内容自动加载地址、天气、时间等信息，也可在通话、购物时提示相关服务信息。从法律层面看，根据腾讯与用户达成的《腾讯微信软件许可及服务协议》的约定，除非法律允许或腾讯书面许可，用户使用微信软件过程中不得"对本软件（微信软件）或者本软件运行过程中释放到任何终端内存中的数据、软件运行过程中客户端与服务器端的交互数据，以及本软件运行所必需的系统数据，进行复制、修改、增加、删除、挂接运行或创作任何衍生作品，形式包括但不限于使用插件、外挂或非经腾讯授权的第三方工具/服务接入本软件和相关系统"。因此，在法律明确出台相关规定前，微信用户在使用荣耀 Magic 手机的过程中，未经腾讯书面许可，并没有权利使用智慧助手接入微信复制、识别微信聊天信息数据。

针对"共有派"的案例数量也较多。例如，2016 年，在新浪微博诉脉脉的"不正当竞争"第一案中，法院认为，数据开放的前提是用户个人和平台的同时授权。开发者通过 Open API 获得用户信息时必须遵循"用户授权 + 平台授权 + 用户授权"的原则，即用户同意平台向第三方提供信息，平台授权第三方获取信息，用户再次授权第三方使用信息，而且用户的同意必须是具体的、清晰的，是用户在充分知情的前提下自由作出的决定。由法院的判决得出，个人和平台均对数据具有一定的权利主张，数据在一定程度上供个人和平台共有。2018 年，人人网被出售给多牛传媒公司，其出售的资产包括用户数据，但在这一出售过程中，人人网并没有履行征求用户同意的环节，原因在于，经过所有用户同意的环节不具备现实操作性。

## 6.1.4 数据确权的影响

随着国家政策指向逐渐明确，尤其是"数据二十条"出台后，数据确权势在必行。总体而言，数据确权的核心是构建完善的数据产权制度，其在确保数据有序流通利用、保障数据安全、激励数据生产与供给等方面都将产生积极作用。

（1）促进数据生产的有效进行。第一，激励个体从事数据生产交易。个体层面，数据确权能为数据提供价值，确保数据所有权人在数据生产、利用、流通等各个环节获取经济利益，以此激励数据权利所有人从事数据产生交易活动。此外，数据确权也能激励个体充分挖掘更大的市场经济价值。

第二，保障数据所有权人的利益。数据确权通过明确数据的权利归属，确保数据所有权人的合法权益得到保护，防止数据被滥用和侵权，增强数据市场的信任度。

第三，促进数据生产精细化、产业化发展。数据确权能引导生产资料向数据生产领域集中，促进数据生产过程发展更加精细化、产业化、规模化，进一步加速数据资产迈向市场化的进程，满足社会公众更多的数据需求，为促进数据高质量发展提供坚实支撑。

（2）便利数据交易流通和再利用。第一，降低数据交易流通过程中产生的成本，如市场主体针对权利内容和边界核实的调查成本、市场主体各利益相关者就权利内容和边界权属讨价还价产生的磋商成本、社会公众自身侵权行为的估量成本、数据权利所有人向非法获取数据第三方主张权利的行权成本。

第二，为数据权利提供法律保护。通过数据确权来明确权利配置，既能为数据权利提供法律保护，也能为数据交易流通和再利用赋予规则依据。

第三，减少数据流通过程中面临的制度障碍。数据确权不仅能明确权利归属，还能明确权利架构对数据安全高效流通产生促进作用。

## 6.2　数据确权的主要方式

从数据确权的实践层面来看，当前数据确权的登记方式主要有以下五种。

第一，数据资产登记。企业可通过相关机构对其拥有的数据资产进行评估、登记，从而在会计和资产管理中体现数据的价值。数据资产登记不同于不动产、注册商标或者专利登记，登记本身并不产生实体法上的确权效力，数据资产登记凭证的效力也仅限于对数据资产的证明性登记，本身不起到确权的法律效力。

第二，数据产品登记。数据产品登记的对象是指经过深度加工、具有特定功能和应用场景的数据产品。数据产品登记与数据资产登记存在同样的问题，即登记本身并不发生确权效力。但是，与数据资产登记不同的是，由于数据产品是经过深度加工、具有特定功能和应用场景的数据产品，其本身更容易构成著作权法保护的客体如计算机软件或者数据库，在数据产品登记作为公示证据的同时，其有可能因符合法定权利的构成要件可以构成著作权法保护的作品或者专利法保护的算法。

第三，数据资源公证。数据资源公证是通过公证机构对数据的产生、处理、传输等过程进行公证，以证明数据传输演变过程的真实性、完整性和合法性。数据资源公证的侧重点在于对数据产生、处理、传输的过程进行权威取证，由于公证具有较高的法律效力，在纠纷解决中可提供较有力的证据支持。

第四，数据要素综合登记。数据要素登记旨在建立一套完整的包含数据采集、存储、处理、使用、传输和销毁等全周期的登记管理体系，是数据从产生到消灭的完整记录，以确保数据流动的透明度。通过综合登记，可以将数据知识产权、资产属性、产品特征等方面的信息进行统一管理和记录。

第五，基于数据出版的数据资源确权。数据出版也是数据资源确权的一种有效方法。科技数据出版通过一系列保障措施、环节步骤和技术支持，确保数据的真实性和完整性，确保数据价值和质量不受侵害，从而保障数据生产者和拥有者的信誉和合法权益，如著作权和所有权等，还能提升数据生产者的劳动成果和工作积极性，提高数据重用的价值。

通过对上述五种主流的数据确权登记方式分析可知，上述登记方式旨在确权，却不能达到确权目的。"数据二十条"指出，需要建立公共数据、企业数据、个人数据的分类分级确权授权制度，而这就必须对不同类型的数据资产进行类型化，并根据不同类型的数据资产确定权利保护模式。另外，虽然各地数据确权登记并不真正产生确权效力，但是登记所产生的证明效力不可忽视。

# 6.3 数据确权的难点与解决措施

## 6.3.1 数据确权的难点

### 6.3.1.1 法律缺位

（1）国家层面立法探索。根据前文中对数据确权定义的描述，我国民法已对数据的物权属性进行了相对清晰的界定，即《民法典》物权编中的确权是财产法的功能，并非财产权的功能。然而，在数据财产权领域，法律条文较为模糊，并未予以清晰规范。

（2）地方立法在数据确权上的现实探索。根据表6-2对地方政府在数据确权方面指定的法律文件，本书发现，各地对数据确权的立法侧重点略有不同。《福建省政府管理办法》《西安市政务数据资源共享管理办法》《重庆市政务数据资源管理暂行办法》《石家庄市政务数据资源共享安全管理规定》侧重于政务数据归属于国家所有，纳入国有资产管理；《辽宁省大数据发展条例》规定数据处理市场主体对合法处理数据形成的数据产品和服务，可以依法自主使用，取得收益，进行处分；《深圳经济特区数据条例》《厦门经济特区数据条例》强调个人对其所拥有的个人数据享有法律、行政法规、条例规定的人格权益。其中，《深圳经济特区数据条例》中，明确赋予了自然人对其个人数据处理过程的知情权、决定权，并赋予其限制或拒绝他人处理其个人数据的权利，即个人对其数据享有全面的权属权益。然而，此规定在实际执行层面存在一定的不合理性及操作难度。鉴于数据的生产者与拥有者往往并非同一主体，互联网用户在日常网络活动中无意识地留下了大量数据足迹，这些足迹在未经用户明确知晓的情况下被企业收集、分析，用于优化服务与创造经济价值，数据生产者却未能从中获得直接且实质性的利益回报。表 6－2 列示了地方政府部门在数据确权上的现实探索，包括政策名称、发布年份、权利内容和权利归属。

表 6－2　　　　　　　　　　　地方立法在数据确权上的现实探索

| 政策名称 | 发布年份 | 政策内容 | |
| --- | --- | --- | --- |
| | | 权利内容 | 权利归属 |
| 《中华人民共和国网络安全法》 | 2016 | | 网络运营者收集、使用个人信息，应当遵循合法、正当、必要的原则，公开收集、使用规则，明示收集、使用信息的目的、方式和范围，并经被收集者同意 |
| 《福建省政府管理办法》 | 2016 | | 政务数据资源属于国家所有，纳入国有资产管理 |
| 《西安市政务数据资源共享管理办法》 | 2018 | 是全国第一个地方政府发布的大数据五权集中的规范性文件，明确数据权利内容。政务数据资源权利包括所有权、管理权、采集权、使用权和收益权 | 政务数据归国家或政府所有，属于国有资产管理范畴 |
| 《重庆市政务数据资源管理暂行办法》 | 2019 | | 政务数据资源属于国家所有 |
| 《石家庄市政务数据资源共享安全管理规定》 | 2020 | 明确数据权利内容。政务数据资源权利包括所有权、采集权、管理权、使用权和收益权 | 政务数据归国家或政府所有 |

续表

| 政策名称 | 发布年份 | 政策内容 | |
|---|---|---|---|
| | | 权利内容 | 权利归属 |
| 《深圳经济特区数据条例》 | 2021 | | 自然人对个人数据享有法律、行政法规及本条例规定的人格权益。自然人、法人和非法人组织对其合法处理数据形成的数据产品和服务享有法律、行政法规及本条例规定的财产权益。但是,不得危害国家安全和公共利益,不得损害他人的合法权益 |
| 《河南省数字经济促进条例》 | 2021 | 知情权、同意权、查阅权、复制权、更正权、撤回权和可携带权 | |
| 《重庆市数据条例》 | 2022 | | 自然人、法人和非法人组织可以通过合法、正当的方式依法收集数据;对合法取得的数据,可以依法使用、加工;对依法加工形成的数据产品和服务,可以依法获取收益 |
| 《辽宁省大数据发展条例》 | 2022 | | 数据处理市场主体对合法处理数据形成的数据产品和服务,可以依法自主使用,取得收益,进行处分 |
| 《黑龙江省促进大数据发展应用条例》 | 2022 | | 自然人、法人和非法人组织对其合法取得的数据,可以依法使用、加工 |
| 《厦门经济特区数据条例》 | 2022 | | 自然人对个人数据享有法律、行政法规规定的人格权益 |
| 《长沙市政务数据运营暂行管理办法(征求意见稿)》 | 2023 | | 本市行政区域内政务数据归长沙市人民政府所有 |

由此可见,不同的立法实践中对数据权利的主体的论述并不多,且未涉及数据权利的定义和划分,且无全面、清晰、合理的案例做论证。这为实践中数据确权增加了难度。不论是针对政府、市场主体还是个人数据采取简单、泛化的保护措施,均不足以全面保障数据主体的权益,不能有效平衡数据利用与保护之间的关系。多省市出台的针对数据权属相关规定的立法尝试也为国家层面的政策制定

累积经验。

未来立法与监管需进一步细化数据权属规则，探索建立更加公平、合理的数据权益分配机制，确保数据在促进经济社会发展的同时，也能充分尊重并保护不同数据主体的合法权益。

### 6.3.1.2 数据确权的概念模糊

（1）数据资源特征复杂。

第一，数据形式复杂，数据的所有权不清晰。数据的类型和格式多样，包括数字、表格、特殊符号、图像、音频、视频等。不同类型的数据在确权过程中需要采取不同的技术和措施，如图像数据的水印技术、文本数据的数字签名等。因此，需要综合考虑各类数据的确权需求，并寻找适宜的解决方案。

第二，数据状态不稳定。随着人工智能技术、物联网、云计算等技术的发展和应用，数据资源不再受制于特定的场景和存储介质，而是具有高度可移动性且能在不同状态间转换。在数据确权的过程中，需要确保数据在生成、传输、处理、存储过程中的安全性和可靠性。例如，在数据生成和数据传输过程中，采用加密技术保护数据的隐私和完整性；在存储过程中，利用安全、合法的存储设备确保数据可靠性。

第三，数据造假风险大。随着互联网的发展，数据很容易受到攻击，面临被篡改、伪造的风险。虽然数字签名、区块链技术等技术较为有效地保障了数据的安全性和真实性，但与之对应的数据监测技术和监测机制仍然较为薄弱，应对数据被篡改、伪造的措施仍然有待健全。

（2）数据资源基本范畴的模糊性。

在经典的信息产业架构中，生产者与消费者分处于平台的两端，形成了一种典型的"平台—用户—平台"经济模式。在此模式下，电子出版物的交换、原创内容的发布以及应用与服务的买卖，均通过第三方平台实现。

随着数字经济时代的到来，生产者与消费者的界限日益模糊，商品与服务的直接交易需求显著增加。在此情境下，第三方平台的功能逐渐从传统的"信用中介"角色转变为"信息中介"，更加侧重于依赖用户生成的数据进行商业运营，如个性化推荐、商业情报分析等。然而，随着生产者、消费者与中间商界限的淡化，个体用户对其数据主权的认识尚显不足，且缺乏对数据隐私权的强烈保护意识，这成为制约数据确权工作进展的关键因素之一。

### 6.3.1.3 数据权属关系不明确

数据权利既可以理解为数据主权，也可以理解为数据产权和数据权利，不同的理解方式下，政府数据、企业数据、个人数据对应的权利主体也具有较大差异。其中，政府数据属于公共数据，权属关系较为清晰，属于国家所有。国家层面看，政府数据涉及国家主权问题，数据主权是国家数据权属在对外行动过程中的一种具体表现形式，通常被视作国家对其管辖范围内的数据控制、开发利用、安全保护的权利。例如，此前在美国政府及微软公司就爱尔兰数据中心的数据索取权一案中，爱尔兰数据中心主张美国政府应按国际条约和国际合作取得爱尔兰数据，不应侵犯其数据主权。我国政府对数据安全也有明确要求，2021 年 6 月颁布的《中华人民共和国数据安全法》明确规定，在中华人民共和国境外开展数据处理活动，损害中华人民共和国国家安全、公共利益或者公民、组织合法利益的，依法追究法律责任。由于不同国家对数据确权的法律和制度存在较大程度的差异，推动建立健全统一的数据资产确权标准和制度，强化国际间数据资源交流的协同与合作，确保数据资源跨境流动的合法性和可靠性成为当前阶段亟待解决的问题。

在企业内部，数据可能由多个部门共同产生和使用，因此难以明确确定数据的所有者。在跨企业或跨组织的情况下，数据的所有权更是复杂且难以界定。由于数据资源权属关系的不确定性将会引发一系列由于权属不清导致的纠纷。举例来说，华为和腾讯此前就抓取微信个人用户数据问题产生纠纷，华为在其推出的荣耀 Magic 手机上推出 AI 应用，根据用户聊天内容自动加载相关信息，在抓取微信数据进程中，腾讯以侵犯微信个人用户隐私为由拒绝提供。个人同样享有数据的合法权利。

### 6.3.1.4 数据来源者、处理者难以确定

明确数据资产权属问题面临重重挑战。在大部分情况下，数据资产由多个市场主体共同创造，每一位数据生产者、数据处理者均可能对数据享有某种权利。当一项资产面对多个主体时，产权剥离不清、界限模糊、划分标准不确定使数据确权变得更为艰难。鉴于数据以电子化形态存在，其从生成至转化为可交易价值

的过程中，若数据所有权仅归属于单一主体，可能难以全面体现产权的多元价值内涵；而若采用共同拥有模式，则需探索更为精细与公正的机制以确保各主体间权益的合理分配。从个人信息看，个人借助公司、平台资源查看相关数据资料将产生个人位置信息、浏览记录，这类信息的来源者是个人还是平台难以清晰界定。从企业信息看，当企业授权第三方数据机构对原有数据进行加工、处理后形成的数据资产，数据所有权是否应该归属于第三方数据机构还有待商榷。

数据处理活动的完成，往往依赖于数据生产者、数据处理者的协同努力与差异化贡献。因此，针对数据所有权的界定必须采取更为细致入微的划分方式，以准确反映各参与方的实际贡献。同时，数据所有权的多主体归属可能削弱其作为单一权利客体的明确性；而单一主体独占所有权，又可能抑制数据生态系统中其他利益相关者的积极性与创造力，从而对数据的全面开发与价值实现构成潜在阻碍。

### 6.3.1.5 数据资源权属的界定困难

数据确权是政府数据、企业数据、个人数据等数据类型建立数据收集、开放共享、流通交易、安全保护等数据产业链治理体系的重要方式。政府部门和企业层面均在积极探索数据信息生产、数据交易流通、数据安全保护、数据共享等保障数据流通和使用的途径。然而，目前尚未建立政企之间数据流通、共享的有效途径，清晰界定企业数据资源权属，政府机构难以获取企业层面数据，将对政府数据治理能力和治理现代化发展产生约束。

### 6.3.1.6 缺乏数据治理

新型数据权利理论框架主要聚焦于数据的控制权与所有权，在一定程度上忽视了数据使用与治理之间的和谐共生。数据的全生命周期包括收集、存储、处理与应用等各个环节，均伴随着一系列新兴社会议题的浮现。过度强调数据的控制性可能导致所谓的"数据孤岛"现象，即数据资源的碎片化与隔离，这无疑会对构建更具整合力与价值的大数据生态体系构成阻碍。

从商业实践来看，企业利用定价数据对市场价格进行操控，可能滋生垄断行为，而"大数据杀熟"现象则直接损害了消费者的合法权益。尽管匿名数据在隐私保护方面起到一定作用，但其安全性并非绝对，仍存在被还原为个人信息的风险。平台企业凭借对匿名数据的分析，能够重构用户的"数字人格"，这在一定程度上引发了"数字霸权"的担忧。当企业掌握了海量数据的控制权,其影响力与权力也随之膨胀。

因此,平台治理的核心议题之一即在于如何规范平台所行使的公权力,确保其在促进数据利用的同时,不损害社会公共利益与个人权益。此外,随着数据量的激增与算法的复杂化,监管工作也面临着前所未有的挑战,监管机构需要不断创新监管手段,以应对数据时代的新要求。

### 6.3.2 数据确权的解决措施与实践做法

在数据经济高速发展之前,数据是记录重要事物的载体,并未将其作为继土地、技术、管理、劳动力等要素后的又一大生产要素。数字技术的高速发展催生了政治、经济、社会等多方面的高速发展,海量数据的整合和堆叠形成了巨大的信息量,数据逐渐成为经济社会运行发展的必需品。随着互联网产业和技术的飞速发展,数据作为"新能源"能够为市场主体带来巨大收益,无论是宏观层面的智慧城市、人工智能、大数据治理,还是微观层面的用户画像、精准营销,都有赖于数据的合法收集、处理和使用。但数据泄露、数据违规交易等个人信息保护与数据商业化使用冲突的事件频频发生,例如 2017 年 7 月,因非法窃取计算机信息系统数据罪,车来了创始人被判有期徒刑三年。2017 年 10 月,头条视频的前总经理宋某、视频技术负责人侯某被控与新东家张某合谋,利用网页爬虫技术来获取今日头条的视频数据库,被北京市海淀区人民法院以"非法获取计算机信息系统数据罪"定罪。大量类似事件的频频发生,意味着当前开展数据确权、数据权益的保护仍是亟待解决的问题。

近年来,针对平台数据的抓取、搬运、使用的行为愈发普遍,平台数据竞争纠纷日渐增多,适用何种路径保护平台数据权益、如何规制平台数据的不当获取使用、如何恰当地平衡数据的权益保护和自由流通成为备受关注的问题。

如图 6-3 所示,2023 年数字经济知识产权案例数量有所上涨。根据海淀区法院公布的《北京市海淀区人民法院知识产权审判白皮书(2024)》,2023 年,海淀法院新收知识产权民事案件 2841 件。其中,著作权权属及侵权纠纷 1171 件,占 41.2%;商标权权属及侵权纠纷 825 件,占 29%;不正当竞争纠纷(含复合案由)877 件,占 30.1%(三类案件可能有重合,即可能同一行为既构成著作权侵权，又构成不正当竞争行为）。上述三类案件构成海淀法院知识产权案件的主要类型，其中包含了伴随新技术、新业态发展而涌现出的涉平台数据、账号租赁、人工智能、算法推荐等新类型案件。

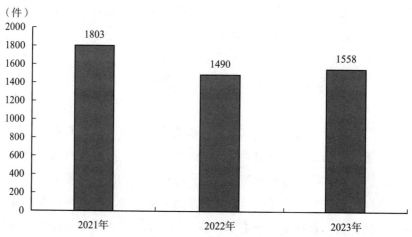

**图 6-3    2021～2023 年涉数字经济知识产权案例受理情况**

资料来源：北京市海淀区人民法院．知识产权审判白皮书（2024）［EB/OL］．（2024-04-23）. https：//bjhdfy. bjcourt. gov. cn/article/detail/2024/04/id/7910990. shtml.

例如，"刷宝 App"不正当竞争纠纷案、抖音平台短视频抓取案、车质网公司诉奥蒂思公司的汽车消费者投诉信息抓取案、"省钱招"流量截取案、微博舆情数据抓取案、饭友 App 数据抓取案、房源信息抓取案、微梦公司诉简亦迅公司及深圳分公司不正当竞争纠纷案等。数字经济飞速发展的今天，信息价值的重要性日益凸显，市场主体通过爬虫技术爬取信息能缓解市场主体与利益相关者之间的信息不对称，也能更加准确地把握市场消费偏好，从而为企业创造新的利益增长点。但市场主体之间也因数据产权的问题存在一些争议，引发数据信息上的纠纷。如上述案件中所述，以百度、腾讯、微博等公司为代表的互联网技术企业由于掌握大部分市场资源，因此在数字经济发展中具有较强的竞争优势，处于产业链前端。而其他企业，在发展数据经济、谋取市场利益发展的过程中，往往与上述互联网龙头企业因数据纠纷产生诉讼问题。具体来看，互联网龙头企业以不正当竞争为由起诉后起企业，法院往往会认可其诉讼请求，几乎一致认为：擅自利用网络爬虫技术非法获取、盗取他人数据的行为违背商业道德和诚信原则，构成不正当竞争行为，对市场秩序产生不利影响，构成不正当竞争行为。

　　根据前文对数据确权概念的讨论以及司法实践中的案例，本书发现对数据确权问题主要存在以下几种观点：首先，原始数据归属于网络用户；其次，数据是一种财产性权益；再次，数据是市场主体的商业秘密；最后，数据是一种知识产权。就数据到底归属于用户个人还是市场主体的问题，司法实践中也存在较大争议，法院需根据现实证据和双方陈词确立数据权利的归属，在基于现有法律对数据权益的归属和保护缺乏明确条文保护的现实背景下，法院在考虑市场公平竞争和商业秘密保护的基础上根据原被告双方所提供的证据，做出与数据权益归属的判决和认定，并为后来的司法实践提供有参考意义的案例。但随着数字时代发展的进一步推进，个人、企业、政府机关等数据主体均有可能提出诉求，法院在复杂的数据权属关系中若持续以违背商业道德和不正当竞争的判定来确定数据主体和责任划分，因法官个体差异以及互联网巨头企业市场竞争优势，将可能产生判决不公的现象。因此，针对不同权利主体，应当进行不同的权利义务责任界定。此外，对数据不正当竞争纠纷案例若仅以不正当竞争和商业道德为基础来判断，将无法推动数据开放共享活动。

## 6.4 区块链技术与数据确权

### 6.4.1 区块链的概念与关键技术

#### 6.4.1.1 区块链的概念及类型

　　根据《中国区块链技术和应用发展白皮书 2016》中的定义，区块链（blockchain）是分布式数据存储、点对点传输、共识机制、加密算法等计算机技术的新型应用模式。区块链技术并非指某一项技术，而是一种不依赖第三方，以自身分布式节点为基础，构建的以密码技术、Merkle 数、智能合约等技术组合实现的技术方案，同时能进行网络数据的存储、验证、传递、交流，并且不断融入新的技术来创新。简单来说，区块表示数据块，数据块根据时间变化顺序组成一种链式结构，再根据密码学算法将链式结构组成分布式网络，以维护数据库的可靠性。所有数据块按时间顺序连接构成区块链。各项交易或区块（数据块）被传输至数据网络中各个参与者，且由每个参与者所处节点来验证并解决数学问题。一旦区块被验证，该区块将被添加至分布账中。

从会计金融角度看，区块链技术是一种分布式、开放式、去中心化的大型网络记账簿，市场参与者任何时候均能在区块链上添加自己的数据，拓展区块链以适应不断变化的数据输入要求。从数据角度看，区块链不能被更改；从信息角度看，要实现分类账技术的创新，需要通过各方监督，从而确保其完整性并降低其对中心机构的需求。也就是说，不同的区块和交易由宿主区块链的多台计算机验证并确认有效。

### 6.4.1.2　区块链关键技术

区块链关键技术包括分布式账本、共识机制、智能合约和密码学等。其中，分布式账本是一种去中心化的数据存储技术，能在多个网络节点、物理地址和组织构成的网络中进行数据分享、同步和复制。另外，为解决系统内各网络节点中的账本一致性，保障系统的运作顺序、稳健性和公平性，为提供资源维护区块链的使用者构建奖励机制，也为恶意危害者建立惩罚机制，因此构建了共识机制。区块链智能合约是在区块链上运行的，是在一定条件满足的情况下，能自动驱动的计算机程序，其实质是通过计算机软硬件实现合约内容数字化。

### 6.4.1.3　区块链技术的特性

区块链技术的特性如表 6-3 所示。

表 6-3　　　　　　　　　　　区块链技术的特性

| 特性 | 主要内容 |
| --- | --- |
| 去中心化 | 区块链的优势在于其摒弃了由中心化组织机构管理、记录并存储数据的传统模式，这是由于传统模式需要耗费大量人、财、物力以维持数据的稳定性、公平性、安全性，若任意一个数据节点受攻击均会对整个系统的正常运转产生负面影响。但区块链技术采用的分布式共识机制能让数据区块在传递数据的同时完成记录并存储和备份，该分布式结构保障所有节点共同参与数据、信息和资产的交易，单一节点的瘫痪并不会对整个系统的运转造成影响，增强了数据库的稳定性和安全性 |

续表

| 特性 | 主要内容 |
| --- | --- |
| 去信任化 | 通过去中心化的分布式共识机制能保障数据交互信任背书的实现，同时还能通过任一节点查看对应的系统数据，从而使节点之间构建信任关系，以保障各节点之间在无中心管理机构情况下实现信任交易 |
| 自治性 | 由于区块链的去中心化的分布式共识机制极大降低了人工参与度和因人工干预产生的高额成本，协商一致的规则和协议依靠机器实现了形式化，在避免人为干预情况下，系统中所有节点均能安全交易、记录、存储，这样的系统自治性确保了人们的信任 |
| 难以篡改性 | 考虑到数据存在被篡改的风险，当前区块链存在两套加密机制：一是采用默克尔树来进行加密，每个区块均使用默克尔数来表示交易中的摘要，其能高效汇总、验证数据集的完整性；二是区块之间的连接方式，当节点接收新区块时，需要对其进行验证，新区块与旧区块形成链接关系，因此若想改动区块的数据，需要对之前的所有哈希值及交易记录进行计算，计算量较为庞大，且随着区块数量的增加，被篡改的可能性会越来越低。因此，区块链数据具有较强的稳定性和可靠性 |
| 可追溯性 | 考虑到区块链技术采取的数据区块＋链结构，数据区块中存储的数据将不会被删除，同时时间戳的技术手段让每个数据区块形成具体时间的同时实现存储，也就是说区块内部的内容、记录时间、变动内容、时间等信息均具有可追溯性且能被准确记录 |
| 公开透明性 | 区块链技术采取统一的密码学技术，使其存储在数据区块上的信息具有较高的透明性，且节点接入的方式、运行程序、规则也有较高的透明性，这些机制保障了区块链中记录的数据具有较强的可追溯性，也确保了其公开透明性 |

## 6.4.2 区块链技术用于数据确权的原理与实际案例

基于当前互联网环境下数字确权面临的确权困难等问题，区块链技术的运用在技术革新和变革的背景下起到了重要推动作用。

作为在技术革新和变革背景下起重要推动作用的区块链技术，其技术特性已被广泛运用于多个领域。其中，区块链技术与数据领域紧密相关，区块链技术的发展为数据确权提供了新的思路和方法。传统的数据资产确权是通过资产拥有方将纸质证明提交至公证处，由公证处签发资产证明。该确权流程存在许多问题，首先，该流程将耗费大量人力物力，流程慢、周期长；其次，仅由单一机构确定数据资产的所有权归属，存在一定的主观性，且可能存在因机构权力过于集中导致的流程不透明现象。针对传统数据确权方式带来的问题，区块链技术利用其去中心化的特点，实现链上确权登记，通过对区块链的分布式节点进行审核，确保数据确权、登记全过程公开透明、方便快捷。在区块链技术中，数据块根据时间变化顺序组成一种链式结构，再根据密码学算法将链式结构组成分布式网络，以电子存证记录方式为主，能对数据进行即时确权，同时具有不可篡改性和可追溯性，不仅能解决数据确权难的问题，还具有降低成本、安全可靠等特点。区块链技术能以数字签名（ECDSA）和哈希算法对新闻作品版权进行精准跟踪，从确权、用权、维权三个环节完整记录新闻作品版权流转过程。

### 6.4.2.1 区块链用于数据确权的原理

前文在数据确权的概念和权属类型中提到，数据归属可能是个人、核心企业、研发机构、政府机关等多个市场主体。在区块链技术下，市场主体提供的数据资源能在区块链系统中进行存储和标识，且根据区块链的分布式账本的特性，每一个分布式账本均完整地保存了数据资产的副本，从而确保数据资产所有者的唯一性，进而解决了数据确权难的问题以实现对数据拥有者的产权保护。

不同的数据类型均可通过区块链技术实现数据要素的保护。具体来看，数据库的数值数据、图片、视频、句子、段落均可通过区块链技术实现识别、确权和追溯，同时还能通过分布式技术来实现分级保护，通过其去中心化的特征实现安全存储。

### 6.4.2.2 基于区块链技术的数据确权步骤

数据拥有者要想实现数据共享和价值交换，首先要对拥有的数据进行确权登记。在确权登记唯一编号标识的数据后才能进行后续的流通和共享。具体的确权流程如下。

第一步是数据组装，在数据采集者将数据成功登录到系统后，需要对数据进行组装，即数据拥有者所采集的原始数据在数据产生的源头组装成可以被区块链模型所使用的数据结构，其中包含数据指纹、数据采集者对该数据的签名、使用数据采集者公钥加密该数据后的密文等。

第二步是数据存储，通过系统的申请确权功能，数据采集者提交其确权表单，然后系统会将带有数据拥有者签名或公钥加密的数据确权申请提交至区块链的分布式账本中。将加密或者具有数据签名的数据存储在区块链上或分布式存储系统中，并在区块链上记录数据的存储信息，可以通过链上保护的数据指纹或者数据的存储信息访问原始加密数据。

第三步是数据上链，系统根据智能合约的执行结果对确权登记状态进行修改并上链存证。数据上链是数据采集者与数据所有者通过构造交易区块，借助共识算法，将存储后的数据指纹或者存储信息记录在区块链上，使得数据确权的同时变成有价格的链上通证，方便数据拥有者持有、管理和使用该数据。

区块链网络中的审核节点在对确权申请进行审核时，首先，根据数据拥有者传过来的公钥验证该数据签名的有效性，并恢复数据指纹。若签名验证不通过，则确权审核终止。其次，审核节点先获取与该数据指纹相关的确权记录，若没有获取到则证明该数据还没有被确权；若获取到了相关确权记录，则确权终止。最后，审核节点对待确权数据重新计算其经哈希算法得出的哈希值，并与数据拥有者提供的数据指纹进行比对。若相同，则证明该数据拥有者确实掌握着该数据的所有权，审核者通过调用确权登记审核智能合约，设置确权状态为已完成。

第四步是数据流通，是将有价值的原始数据在区块链上转化成有价格的链上通证后，数据的权限可以方便地进行转移，并且数据所有者可以方便地享受数据流通所带来的收益，从而达到数据共享和流通的目的。

### 6.4.2.3　基于区块链技术的数据确权案例

2018 年，杭州华泰一媒文化传媒有限公司（以下简称"华泰公司"）认为深圳市道同科技发展有限公司（以下简称"道同公司"）未经许可在道同公司运营的"第一女性时尚网"中发表华泰公司享有著作权的作品，侵害了华泰公司享有的信息网络传播权，华泰公司通过第三方存证平台对侵权事实予以取证，并将相关数据计算成哈希值上传至比特币区块链和 Factom 区块链中形成区块链存证，以此向法院请求判令道同公司承担侵权责任。

针对该案件，主要争议点在于区块链存证是否能被证明被控侵权的事实。杭州互联网法院经审理认为，根据电子证据审查标准，作为华泰公司的第三方存证平台，数秦公司作为独立于当事人的民事主体，其运营的保全网是符合法律规定的第三方存证平台，保全网通过可信度较高的谷歌开源程序对侵权作品等电子数据进行固定，且该技术手段对目标网页进行抓取而形成的网页截图、源码信息、调用日志能相互印证，可清晰反映数据的来源、生成及传递路径，应当认定由此生成的电子数据具有可靠性。同时，保全网采用符合相关标准的区块链技术对上述电子数据进行了存证固定，确保了电子数据的完整性。故确认上述电子数据可以作为认定侵权的依据，认定道同公司侵害了华泰公司享有的信息网络传播权，判令道同公司赔偿华泰公司经济损失。

作为全国首例区块链技术电子存证著作权侵权案，该案件判决通过审查存证平台的资格、侵权网页取证技术手段可信度和区块链电子证据保存的完整性，明确了区块链这一新型电子证据的认定效力，并根据电子签名法的规定总结了这类电子证据认定效力的基本规则。人民法院明确利用区块链技术手段固定证据，应重点审核电子数据来源和内容的完整性、技术手段的安全性、方法的可靠性、证据形成的合法性和相关证据的关联性，并根据电子数据的相关法律规定综合判断其证据效力。在信息网络技术迅猛发展的环境下，对人民法院如何运用新型电子证据认定侵权事实，如何完善我国电子证据认定规则，如何促进智慧法院建设与区块链技术发展，该案件判决都具有重要示范意义。

随着区块链技术的发展，以区块链技术为基础的知识产权保护平台纷纷启动和落地，各地也纷纷根据区块链技术建立数据确权机制，如国外的 Blockai、SingularDTV，国内的亿书、纸贵、原本、版权印等，围绕数字版权保护推出了一系列应用。海口市运用"区块链＋电子保函"拓宽投标担保渠道，开具 603 单电子保函，为企业减少资金占有约 2.19 亿元，成功入选第一批优化营商环境示范案例，海口市公共资源交易中心着力推动、建设、使用"区块链＋电子保函"应用系统，于 2021 年 1 月 18 日正式上线运行，实现了企业资信的共享互认，做到一次准入、平台内多中心移动端开具电子保函，有效打破"信息孤岛"。另外，2021 年最高法加强智慧法院建设，司法区块链上链存证 17.1 亿条，形成经济社会运行大数据报告 220 份，"数助决策"服务社会治理。四川成都市基于"蜀信链"建设成渝公共信息资源共享的应用，在国内率先建立公共信息资源标识和确权体系，针对民政、工信、公安、税务、财政等各政府部门用户，开展成渝政务数据资源的标识、整理和确权工作，实现数据要素流通中数据唯一确权，数据交易真实可信，提升资产交割效率。河北雄安新区基于区块链技术建设了覆盖城市全行业的产业互联网平台，为企业在雄安云上建立"企业数据保险箱"，企业自主管理数据，自动生成企业画像，实现产业政策与企业精准匹配，为企业减少重复申报工作，实现不同阶段的政策滴灌。

## 6.4.3　区块链运用于数据确权面临的挑战

当前区块链技术处于发展初期,在公众认知、行业监管、技术实操、人才培养等方面均有所缺失。

### 6.4.3.1　区块链技术运用落地实践少,需要确立更细化的制度规范

2016 年,政府部门第一次将区块链写入"十三五"规划,自此以来,国家出台一系列政策和措施以鼓励区块链技术的发展和运用。具体政策文件如表 6 - 4 所示。

表 6 - 4　　　　　　　　　区块链技术的政策文件

| 年度 | 政策名称 | 主要内容 |
|---|---|---|
| 2016 | 《中国区块链技术和应用发展白皮书(2016)》 | 总结了区块链发展现状和趋势,分析了核心关键技术及典型应用场景,首次提出了我国区块链技术发展的标准化路线图 |
| 2016 | 《"十三五"国家信息化规划》 | 到 2020 年,"数字中国"建设取得显著成效,信息化能力跻身国际前列。其中,区块链技术首次被列入《国家信息化规划》 |
| 2017 | 《区块链参考框架》 | 给出了区块链相关的重要术语和定义,在国际上填补了区块链参考架构标准的空白。系统描述了区块链的生态系统,帮助业界建立对区块链的共识,对各行业选择、开发和应用区块链具有重要的指导和参考价值 |
| 2017 | 《区块链数据格式规范》 | 详细规定了区块链的数据格式规范,该标准是首个政府指导下的国内区块链基础标准,有助于为区块链系统的数据结构设计提供参考,为区块链行业应用提供统一的数据标准 |
| 2018 | 《2018 年信息化和软件服务业标准化工作要点》 | 首次提出推动组建全国区块链和分布式记账技术标准化委员会 |
| 2019 | 经国家互联网信息办公室室务会议审议通过的《区块链信息服务管理规定》 | 旨在明确区块链信息服务提供者的信息安全管理责任,规范和促进区块链技术及相关服务健康发展,规避区块链信息服务安全风险,为区块链信息服务的提供、使用、管理等提供有效的法律依据 |
| 2021 | 黑龙江省人民政府印发《黑龙江省"十四五"知识产权保护和运用规划》 | 推动区块链等新技术在知识产权审判领域的深度运用;加强对区块链等新业态新领域的知识产权保护 |

上述政策体现了政府部门对区块链技术发展的重视，也为推动区块链技术运用的落地起到重要的推动作用。

当前我国的法律体系对区块链技术如何运用于数据资产确权仍处于起步阶段，在推进区块链技术运用落地的进程中，监管的不确定性也带来较大的风险和障碍，区块链赋能数据确权的发展也将面临一定的制度困境。具体来看，制度困境包括以下几个方面。

### 6.4.3.2　高位阶立法缺失

上文罗列的有关区块链技术的政策和法规，大部分是一些部门规章和地方性法规，进入立法和司法体系的政策文件较少。当前，《区块链信息服务管理规定》是区块链技术应用领域唯一具有基本法性质的规定，但该规定对基本问题的界定缺乏一定的准确性，导致适用性和可操作性较差，无法为区块链技术在数据确权领域的运用提供相应的指导。另外，区块链技术如何运用于知识产权案件，2018年最高人民法院肯定了该技术的重要地位，为当事人通过区块链技术进行举证固证提供支持。然而，目前我国还缺乏更高层次的专门立法来细化区块链技术在数据确权领域的运用。《民法典》《档案法》《著作权法》等与知识产权、物权、著作权等数据权利相关的法律并未涉及与区块链技术相关的内容。

### 6.4.3.3　法律监管手段落后

2016年，我国将区块链写入"十三五"规划，标志着国家开始重视区块链技术的发展，但对应的法律制度建设仍较为滞后，缺乏统一的行业技术标准，在区块链技术正快速运用于各个领域的时期，健全统一的行业监管标准、优化法律监管手段已成为区块链技术发展的必由之路。造成法律手段落后的原因包括以下几点。

第一，由于技术标准和法律责任承担主体不明确导致法律主体不明确，进而导致难以建立健全统一的针对区块链技术运用的行业监管标准。具体来看，区块链技术下的公有链①的法律主体很难得到清晰认定，使用者自由出入为监管政策

---

① 公有链（也称非许可链），是一种完全去中心化的区块链类型，允许全世界任何人读取、发送交易且交易能获得有效确认，同时也能参与其中的共识过程。

落地带来了挑战。区别于公有链，对特定组织团队开放的联盟链和对单独个人或实体开放的私有链在"部分去中心化"的基础上使成本较低、监管主体也更为明确，但当涉及明确基础平台、区块链技术服务提供者、区块链技术使用者三者责任的问题上，如何用私有链和联盟链解决公有链存在的法律主体不清晰、监管平台不明确等现实问题上仍面临难题。

第二，区块链技术的"去中心化"特点无固定的中心机构予以监管，虽然能降低成本、提升效率，但也造成市场交易风险较大等问题。区块链技术通过保障数据的完整性和持续溯源性，能够在"确权—用权—维权"的过程中保障数据资产的真实可靠性，然而，正是这些技术特性使得监管机构难以完成准确的分布式节点审查和认证，进而也造成了区块链技术的泛滥化现象。

第三，缺乏专业的监管机构。目前，我国的法律监管体系为以分业监管模式授权各监管部门，各监管部门各司其职，在其涉及的信息产业领域内进行监管。例如，市场监督管理总局主要负责区块链企业的登记注册；工信部负责信息区块链技术研发、产业应用、标准体系建设、政策监管等；中国人民银行负责数字货币的发行、注销、跨机构互联互通和钱包生态管理；国家网信办负责区块链信息服务的监督管理执法工作。但区块链运用于数据确权领域却无专门化的监管机构来统筹，进而造成多个部门之间多重监管或监管缺失等问题，监管效率低下、监管成本高昂等问题也将接踵而至。

# 第7章

# 数据资产评估

数据资产的价值是数据资源使用价值的货币化，但数据的非实体性、依托性、可共享性、可加工性、价值易变性等特征导致数据资产评估存在很大的不确定性。本章从数据资产的特性讲起，重点分析了数据资产的评估要素、基本与前沿方法、评估流程、评估难点等问题。

## 7.1 数据资产价值评估方法

根据中国资产评估协会制定的《数据资产评估指导意见》中第五章提到的评估方法，确定数据资产价值的评估方法包括市场法、成本法、收益法三种基本方法及其衍生方法。资产评估专业人员应当根据评估目的、评估对象、价值类型、资料收集等情况分析上述三种方法的适用性，选择评估方法。

### 7.1.1 市场法

市场法是在活跃、公开的交易市场中寻找可比资产，即寻找市场上与被评估资产一样的或类似的近期交易资产作为比较对象。通过分析比较对象的交易价格、属性特点、价值指标，对价值影响因素和交易存在的差异作出合理的修正，从而确定被评估资产价值的评估方法。市场法是根据替代原理，采用比较或者类似的思路或方法估测资产价值的评估技术方法。

#### 7.1.1.1  应当遵循的原则

参考中评协发布的《数据资产评估指导意见》，采用市场法评估数据资产时应当遵循以下原则。

（1）具备活跃的公开市场。考虑该数据资产或者类似数据资产是否存在合法合规的、活跃的公开交易市场，是否存在适当数量的可比案例。

（2）根据该数据资产的特点，选择合适的可比案例。例如，选择数据权利类型、数据交易市场及交易方式、数据规模、应用领域、应用区域及剩余年限等相同或者近似的数据资产。

（3）可比的资产和交易活动。可比体现在功能、市场条件、成交时间三方面可比。因此，在采用市场法评估数据资产时，首先，需要收集市场上与评估对象相似或相近的可参照数据资产；其次，选择对评估对象的价值产生较大影响的因素作为评估对象与可参照数据资产间的比较因素；再次，注意对比两者的比较因素并进行适当调整；最后，综合分析数据资产的评价结果从而估计评估对象的价值。

#### 7.1.1.2  市场法相关模型

市场法可以采用分解成数据集后与参照数据集进行对比调整的方式，具体模型如下[①]：

$$P = \sum_{i=1}^{n} (Q_i \times \mid X_{i1} \times X_{i2} \times X_{i3} \times X_{i4} \times X_{i5}) \qquad (7.1)$$

其中，P——被评估数据资产价值；n——被评估数据资产所分解成的数据集的个数；i——被评估数据资产所分解成的数据集的序号；$Q_i$——参照数据集的价值；$X_{i1}$——质量调整系数；$X_{i2}$——供求调整系数；$X_{i3}$——期日调整系数；$X_{i4}$——容量调整系数；$X_{i5}$——其他调整系数。

#### 7.1.1.3  系数说明情况

（1）质量调整系数是指在估算被评估数据资产价值时，综合考虑数据质量对其价值影响的调整系数。

---

① 中国资产评估协会.《数据资产评估指导意见》（中评协〔2023〕17 号）［EB/OL］.（2023 - 09 - 08）. https://www.cas.org.cn/fgzd/pgzc/cd884ef9c8aa4c88adf1e12ecc7cc038.htm.

（2）供求调整系数是指在估算被评估数据资产价值时，综合考虑数据资产的市场规模、稀缺性及价值密度等因素对其价值影响的调整系数。

（3）期日调整系数是指在估算被评估数据资产价值时，综合考虑各可比案例在其交易时点的居民消费价格指数、行业价格指数等与被评估数据资产交易时点同口径指数的差异情况对其价值影响的调整系数。

（4）容量调整系数是指在估算被评估数据资产价值时，综合考虑数据容量对其价值影响的调整系数。

（5）其他调整系数主要是指在估算被评估数据资产价值时，综合考虑其他因素对其价值影响的调整系数，如数据资产的应用场景不同、适用范围不同等也会对其价值产生相应影响，可以根据实际情况考虑可比案例差异，选择可量化的其他调整系数。

### 7.1.1.4　方法评价

市场法在个人数据价值评估领域已有一些较好的实践，使用市场法评估数据资产价值的优点在于能客观反映资产的市场情况，相对公允、真实、可靠。然而也存在一些缺点：第一，需要公开市场，第三方作为基础；第二，不同行业需要修正系数进行评估。

## 7.1.2　成本法

成本法是指先估测被评估资产的重置成本，同时估算已经存在的各种贬损因素，并且在重置成本中扣除各项贬值，然后得出被评估资产价值的评估方法。

### 7.1.2.1　应当遵循的原则

参考中评协发布的《数据资产评估指导意见》，采用成本法评估数据资产时应当遵循以下原则。

（1）根据形成数据资产所需的全部投入，分析数据资产价值与成本的相关程度，考虑成本法的适用性。

（2）确定数据资产的重置成本，包括前期费用、直接成本、间接成本、机会成本和相关税费等。

（3）确定数据资产价值调整系数，例如，对于需要进行质量因素调整的数据资产，可以结合相应质量因素综合确定调整系数；对于可以直接确定剩余经济寿命的数据资产，也可以结合剩余经济寿命确定调整系数。

#### 7.1.2.2　成本法相关模型

$$P = C \times \delta \qquad (7.2)$$

其中，P——被评估数据资产价值。C——数据资产的重置成本，主要包括前期费用、直接成本、间接成本、机会成本和相关税费等。前期费用包括前期规划成本，直接成本包括数据从采集至加工形成资产过程中持续投入的成本，间接成本包括与数据资产直接相关的或者可以进行合理分摊的软硬件采购、基础设施成本及公共管理成本。δ——价值调整系数。价值调整系数是对数据资产全部投入对应的期望状况与评估基准日数据资产实际状况之间所存在的差异进行调整的系数。

#### 7.1.2.3　方法评价

成本法的优点在于容易理解、计算方式简单。另外，需要对数据资产的特征、结构、功能等各方面有充分的认识和掌握，估算其价值贬损的全面性存在一定难度。

### 7.1.3　收　益　法

收益法是指预计评估对象的预期寿命，选取合适的折现率，将其预期收益折现以确定现值的一种资产评估方法。收益法较适合整体资产评估和以投资为目的的资产评估，侧重考虑资产的未来收益能力。

#### 7.1.3.1　应当遵循的原则

参考中评协发布的《数据资产评估指导意见》，采用收益法评估数据资产时应当遵循以下原则。

（1）根据数据资产的历史应用情况及未来应用前景，结合应用或者拟应用数据资产的企业经营状况，重点分析数据资产经济收益的可预测性，考虑收益法的适用性。

（2）保持预期收益口径与数据权利类型口径一致。

（3）在估算数据资产带来的预期收益时，根据适用性可以选择采用直接收益预测、分成收益预测、超额收益预测和增量收益预测等方式。

（4）区分数据资产和其他资产所获得的收益，分析与数据资产收益有关的预期变动、收益期限，与收益有关的成本费用、配套资产、现金流量、风险因素。

（5）根据数据资产应用过程中的管理风险、流通风险、数据安全风险、监管风险等因素估算折现率。

（6）保持折现率口径与预期收益口径一致。

（7）综合考虑数据资产的法律有效期限、相关合同有效期限、数据资产的更新时间、数据资产的时效性、数据资产的权利状况以及相关产品生命周期等因素，合理确定经济寿命或者收益期限，并关注数据资产在收益期限内的贡献情况。

### 7.1.3.2　收益法相关模型

收益法的相关模型包括直接收益预测、分成收益预测、超额收益预测、增量收益预测。

（1）直接收益预测。直接收益预测是对利用被评估数据资产直接获取的收益进行预测的方式。参考公式如下：

$$F_t = R_t \qquad\qquad (7.3)$$

其中，$F_t$——预测第 t 期数据资产的收益额；$R_t$——预测第 t 期数据资产的息税前利润。

直接收益预测通常适用于被评估数据资产的应用场景及商业模式相对独立，且数据资产对应服务或者产品为企业带来的直接收益可以合理预测的情形。

（2）分成收益预测。分成收益预测是采用分成率计算数据资产预期收益的方式。具体思路是，首先计算总收益，然后将其在被评估数据资产和产生总收益过程中作出贡献的其他资产之间进行分成。分成率通常包括收入提成率和利润分成率两种。参考公式如下：

采用收入提成率时：

$$F_t = R_t \times K_{tl} \qquad\qquad (7.4)$$

采用利润分成率时：

$$F_t = R_t \times K_{t2} \tag{7.5}$$

其中，$F_t$——预测第 t 期数据资产的收益额；$R_t$——预测第 t 期总收入或者息税前利润；$K_{t1}$——预测第 t 期数据资产的收入提成率；$K_{t2}$——预测第 t 期数据资产的净利润分成率。

分成收益预测通常适用于软件开发服务、数据平台对接服务、数据分析服务等数据资产应用场景，当其他相关资产要素所产生的收益不可单独计量时可以采用此方法。

（3）超额收益预测。超额收益预测是将归属于被评估数据资产所创造的超额收益作为该项数据资产预期收益的方式。具体思路是，首先测算数据资产与其他相关贡献资产共同创造的整体收益，然后在整体收益中扣除其他相关贡献资产的收益，将剩余收益确定为超额收益。除数据资产以外，相关贡献资产通常包括流动资产、固定资产、无形资产和组合劳动力等。参考公式如下：

$$F_t = R_t - \sum_{i=1}^{n} C_{ti} \tag{7.6}$$

其中，$F_t$——预测第 t 期数据资产的收益额；$R_t$——数据资产与其他相关贡献资产共同产生的整体收益额；n——其他相关贡献资产的种类；i——其他相关贡献资产的序号；$C_{ti}$——预测第 t 期其他相关贡献资产的收益额。

超额收益预测通常适用于被评估数据资产可以与资产组中的其他数据资产、无形资产、有形资产的贡献进行合理分割，且贡献之和与企业整体或者资产组正常收益相比后仍有剩余的情形。尤其是数据资产产生的收益占整体业务比重较高，且其他资产要素对收益的贡献能够明确计量的数据服务公司。

（4）增量收益预测。增量收益预测是基于未来增量收益的预期而确定数据资产预期收益的方式。该增量收益来源于对被评估数据资产所在的主体和不具有该项数据资产的主体的经营业绩进行对比，即通过对比使用该项数据资产所得到的利润或者现金流量，与没有使用该项数据资产所得到的利润或者现金流量，将二者的差异作为被评估数据资产所对应的增量收益。参考公式如下：

$$F_t = RY_t - RN_t \tag{7.7}$$

其中，$F_t$——预测第 t 期数据资产的增量收益额；$RY_t$——预测第 t 期采用数据资产的息税前利润；$RN_t$——预测第 t 期未采用数据资产的息税前利润。

增量收益预测通常适用于以下两种情形下的数据资产评估：一是可以使应用数据资产主体产生额外的可计量的现金流量或者利润的情形，如通过启用数据资产能够直接有效地开辟新业务或者赋能提高当前业务所带来的额外现金流量或者利润；二是可以使应用数据资产主体获得可计量的成本节约的情形，如通过嵌入大数据分析模型带来的成本费用的降低。

增量收益预测是假定其他资产因素不变的情况下，为获取数据资产收益预测而进行人为模拟的预测途径。在实务中，应用数据资产产生的收益是各种资产共同发挥作用的结果。资产评估专业人员应当根据实际情况，进行综合性的核查验证并合理运用数据资产的增量收益预测。

采用收益法评估数据资产时，可以通过以上四种方法获得收益预测，也可以结合数据资产的实际情况，对上述方法进行调整或者拓展。

### 7.1.3.3　方法评价

随着时间的推移，数据资产有一定的升值空间，这使得数据资产具备了成为优良投资资产的潜力。但由于数据资产的类别众多、形态丰富，其计量存在一定的困难。采用收益法进行价值评估，大部分是从数据资产买方的角度出发，需要对数据资产的未来收益、预期收益所对应的风险以及预期寿命予以预测和计量，但对未来收益的估算存在较大的困难和主观性。

## 7.2　数据资产价值评估流程

### 7.2.1　数据资产价值评估目的

根据《数据资产评估指导意见》，数据资产评估是指资产评估机构及其资产评估专业人员遵守法律、行政法规和资产评估准则，根据委托对评估基准日特定目的下的数据资产价值进行评定和估算并出具资产评估报告的专业服务行为。数据资产评估是一项系统性的活动，旨在通过定性与定量分析方法，全面评估组织内部数据资产的现状、品质及其经济价值。此过程需严格遵循既定的业务操作规范，以确保评估工作的专业性与准确性，为评估专家在执行任务时提供坚实的技术指导框架，数据资产价值评估模型如图 7 - 1 所示。

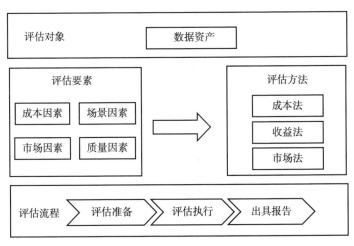

**图 7 - 1　数据资产价值评估模型**

数据资产评估的目的，是明确数据资产评估行为及结果的使用要求和具体用途。按企业战略需求，无形资产评估的目的可分为以下几种。

（1）资产管理的需要。完善企业资产管理。作为企业资产管理的重要环节，以披露财务报表供分析师、审计师、投资者了解公司财务信息为目的的无形资产评估已成为企业财务管理的关键阶段。以财务报告为目的的无形资产评估成为企业资产管理的重要环节。对固定资产的评估、管理与应用，以《企业会计准则第4 号——固定资产》为依据，多年来企业自身已形成了一套集有效性、科学性、合理性于一体的制度标准。

（2）品牌建设的需要。随着品牌营销时代的到来，企业除需向外界公开披露企业战略、经营状况、发展趋势等基本面信息外，还需向员工和社会各界传达品牌信息，培养员工对企业的忠诚度、树立员工对企业的凝聚力。无形资产的价值传播是企业建设品牌、鼓励引导员工、增强企业凝聚力、提升企业品牌声誉的有效方式。通过对品牌的设计、宣传、维护，如品牌定位、品牌规划、品牌形象、品牌扩张，能够帮助企业提升竞争力、提升市场价值、增加客户粘性和信任度。

（3）资本运作的需求。利用无形资产增资扩股、对外投资、作价入股，实现低成本扩张。在投资行为开展之前，企业需要保障投资行为的合理性，必须对企业无形资产的现时价值做出合理的评估。在企业合营、联营、增资扩股、并购、重组、上市等经济活动中以专利、商标、技术等无形资产进行投资已成为较为普遍的现象。对实际出资方来说，使用无形资产投资可以降低现金支出，获得更大的投资收益；对被投资者来说，在接受商标、专利、技术等无形资产投资后，可以扩大具有商标的产品和项目的生产、建设规模，进而提升商标价值，为提升产品竞争力提供基础。无形资产评估的结果既是出资方与被投资者之间进行商务谈判的重要依据，同时也是被投资方确定无形资产入账价值的判断标准。

## 7.2.2 数据资产评估假设

数据资产评估假设是依据现有知识和有限事实，通过逻辑推理，对数据资产评估所依托的事实或前提做出的推断。数据资产假设是数据资产评估结论的前提条件，在评估过程中可起到提高评估工作效率的目的。常见的评估假设包括交易假设、公开市场假设、持续使用假设、清算假设等。

（1）交易假设。交易假设是资产评估得以进行的一个最基本的前提假设，它假定所有待评资产已经处在交易过程中，评估师根据待评估资产的交易条件等模拟市场进行估价。交易假设一方面为资产评估得以进行创造了条件；另一方面它明确限定了资产评估外部环境，即资产被置于市场交易之中。资产评估不能脱离市场条件而单独进行。

（2）公开市场假设。就数据资产评估而言，公开市场是指充分发达与完善的市场条件，在这个市场上，买卖双方地位平等，交易行为自愿。其价格高低取决于一定市场的供给状况下买卖双方对数据资产的价值判断。公开市场假说旨在说明一种充分竞争的市场环境，在该种环境下，数据资产的交换价值受市场机制限制并由市场行情决定。

（3）持续使用假设。持续使用假设也是对资产拟进入的市场条件，以及在这样的市场条件下的资产状态的一种假定性描述或说明。持续使用假设又可细分为三种具体情况：一是在用续用；二是转用续用；三是移地续用。在用续用是指处于使用中的被评估资产在产权发生变动或资产业务发生后，将按其现行正在使用的用途及方式继续使用下去。转用续用则是指被评估资产将在产权发生变动后或资产业务发生后，改变资产现时的使用用途，调换新的用途继续使用下去。移地续用则是指被评估资产将在产权变动发生后或资产业务发生后，改变资产现在的空间位置、转移到其他空间位置上继续使用。

（4）清算假设。清算假设是对数据资产在非公开市场条件下被迫出售或快速变现条件的假定说明。基于被评估数据资产面临清算和潜在被清算的事实和可能性，根据相应数据资料推定被评估资产处于被迫出售和快速变现的状态。

### 7.2.3　数据资产评估要素

数据资产评估框架的设计，借鉴了传统资产评估和无形资产评估的方法论体系，但有待结合数据的特性进行完善和设计，以更具备数据资产评估的场景适应性和目标实现性。因此，数据资产评估框架从梳理影响评估的关键因素出发，将评估数据要素的维度归纳为成本因素、场景因素、质量因素、市场因素。评估要素从规则框架、评估内容、评估指标和备选参数等方面为评估方法的设计提供思路和依据。

（1）成本因素。

评估要素中的成本因素包括前期成本、直接成本、间接成本、管理成本、其他成本，具体的成本类型和内容如表 7 - 1 所示。

表 7 - 1　　　　　　　　　数据资产评估成本要素

| 类型 | 名称 | 具体内容 |
| --- | --- | --- |
| 前期成本 | | 数据资产前期规划阶段所形成的成本，包含前期投入的人员薪资、咨询费用及相关资源成本等 |
| 直接成本（数据资产在开发过程中所涉及的费用等） | 数据采集和处理成本 | 包括从数据源获取数据的成本、对数据进行清理和加工的成本，以及对数据进行脱敏、去标识化等保护隐私和安全的成本 |
| | 数据产品开发成本 | 包括数据应用所涉及的模型算法的开发、测试、迭代等成本 |

131

| 类型 | 名称 | 具体内容 |
| --- | --- | --- |
| 直接成本<br>（数据资产在开发过程中所涉及的费用等） | 人力成本 | 包括相关研发和技术人员的薪酬、福利以及相关的培训和人力资源成本 |
| | 市场调研成本 | 包括对市场需求、竞争对手、目标用户等进行调研和分析的成本 |
| | 其他相关成本 | 包括与数据开发相关的所有其他费用和成本 |
| 间接成本<br>（数据资产的检测、维护等业务操作费用和技术运维费用） | 数据资产检测费用 | 包括识别问题等费用 |
| | 数据资产优化费用 | 包括数据汇聚、数据维护、数据传输、数据调整、更新、脱敏等费用 |
| | 数据资产台账维护费用 | 包括数据备份、应急处置、设备折旧等费用 |
| 管理成本<br>（在数据资产的管理过程中涉及的费用） | 数据管理人员成本 | |
| | 机房、场地建设或租赁费用 | |
| | 水电、网络、通信、办公等费用 | |
| 其他成本<br>（其他涉及数据资产的成本项） | 数据资产的开发、使用和销售过程中需支付的相关税费 | |
| | 为了选择开发某种数据资产而放弃的其他可能的机会所对应的收益或机会成本 | |

（2）场景因素。

第一，适用范围。明确数据资产在不同领域和行业中的适用范围。在确定其适用性时，应充分考虑各领域和行业的特点、需求以及应用环境等因素。适用范围可以按照行业、领域、区域进行区分，分别是数据可应用的行业；数据可应用的区域、应用场景等，如行政区域等。

第二，应用场景。应对数据资产在不同应用场景下的适用性和效果进行评估。针对具体的场景需求，如数据分析、决策支持、客户画像和精准营销等，应分析数据资产是否能够满足这些场景的要求，并评估其在实际应用中的可行性和效果。同样的数据在不同的使用场景下会产生不同的使用价值。

第三，商业模式。在评估数据资产的价值时，应关注其商业模式和盈利模式。针对数据资产不同的商业模式，应明确各自的定价策略、推广方式和使用方式，并评估其可行性和收益前景。

第四，需求变化趋势。通过对市场环境的调研和分析，可以了解数据资产在市场中的需求潜力以及未来的发展趋势，从而对其未来发展潜力和投资价值进行综合评估。预期收益主要包括在数据资产使用过程中产生的经济价值和社会价值。

第五，财务预测。在评估数据资产的价值时，评估数据资产的盈利能力和投资价值将为决策提供可靠的财务依据。同时，应针对公司财务指标进行分析，并预测未来一定期间内的财务状况和经营成果。

第六，应用风险。数据资产的价值还包括其应用风险和管理难度。针对可能存在的风险因素，如数据泄露、数据失真或数据分析错误等，进行全面的风险评估和管理，以确保数据资产的安全和有效应用。应用风险包括管理风险、流通风险、数据安全风险、权属风险、敏感性风险和监管风险等。

（3）质量因素。

质量因素是数据资产在特定业务环境中符合数据应用程序的程度。数据要素评估维度包括准确性、一致性、完整性、规范性、及时性、可访问性。准确性是指数据资产与真实事件的接近程度；一致性是指在不同数据集间描述相同事物的相同程度；完整性是指数据资产管理人获取的数据资产与实际应用之间的实际时间长度；可访问性是指数据使用者可以清楚地识别和使用数据资产的难易程度。

（4）市场因素。

第一，交易市场。数据资产的主要交易市场的情况，包括但不限于交易市场规模、交易量、交易频率和其他特征，对数据资产主要交易市场的关注，旨在评估数据资产的流通性和市场需求。对于具有较高交易量和活跃度的市场，数据资产的价值可能更高。

第二，数据稀缺性。数据资产提供方对数据的独占程度，稀缺数据资产背后潜在的商业信息能更加凸显数据价值。

第三，供求关系。供求关系是指稀缺性和市场规模，供求关系的变化影响数据的价格波动。供求关系包括：首先，数据需方不唯一时，随着数据需方数量增多，数据资产价值会受影响；其次，数据资产权属发生转移时，数据资产价值表现会受到影响。

### 7.2.4 数据资产评估流程

#### 7.2.4.1 评估准备

第一，需要明确评估对象。专业评估机构在进行数据资产价值评估时，根据被评估主体的愿景、战略目标和业务发展需求等方面，明确评估对象、评估基准日、评估范围和价值类型，并在此基础上明确数据资产的权属、敏感信息和安全合规要求等。

第二，需要明确评估目的。在评估实施前，数据产生方将具体目标和应用场景，包括但不限于转让、收购、作价出资、授权许可、质押融资、财务目的、税务目的、司法目的、资产证券化、企业清算等金融活动。

第三，选择评估方法。根据不同的目标和应用场景，选择适当的评估方法。具备数据交易所资产凭证的数据资产，宜首选市场法或收益法进行评估。

第四，选择适用的数据产品。企业自行选择已经在市场中完成交易的数据产品，用于资产评估。企业应确保这些数据产品具有已成交的价格和相应的凭证，以便进行价值评估计算。

第五，对项目做背景调查及订立业务委托合同。对数据资产质量和价值评估所需的工作量进行判断，并规范数据资产评估委托合同的订立、履行等行为，数据资产评估机构受理评估业务应与委托人依法订立资产评估委托合同，约定双方的权利、义务、违约责任和争议解决等内容，并收集对质量和价值评估工作量进行判断的基本信息。

第六，编制评估计划。数据资产评估计划涵盖众多内容，数据资产专业评估人应当根据评估业务性质和复杂程度确定评估计划的繁简程度。数据资产专业评估人编制评估计划应当涵盖评估业务全过程，并根据评估业务性质和复杂程度、委托方和相关当事方的要求合理考虑评估进度、人员安排和费用预算等。

#### 7.2.4.2 评估执行

（1）资产现场勘查。资产评估师应当通过询问、核对、勘查、检查等方式进行调查，获取评估业务需要的基础资料，核实评估对象存在性和完整性，勘查评估对象品质和使用状况，查验评估对象法律权属资料。现场调查是突出强调在执行评估业务过程中应当对评估对象进行实地调查，现场调查的职能容易与收集评估资料职能相混淆。数据资产评估机构及其数据资产评估专业人员应当与委托方和资产占有方等相关当事方进行沟通，根据评估对象的特点约定适当的勘查时间和方式。

（2）收集评估资料。收集评估资料是在现场调查的基础上，根据评估业务具体情况全面收集执行评估业务需要的评估资料。现场调查虽然承担了部分收集评估资料的职能，但其侧重点在于相关资产基础情况的调查。数据资产评估机构及其数据资产评估专业人员执行资产评估业务，应当充分、独立收集与评估业务相关的信息资料，并确信资料内容的合理性、相关性和完整性以及资料来源的可靠性。

（3）评定估算及确定评估方法。确定评估方法是指根据具体评估目的、评估对象特征、选用价值类型，综合资料的可获得性、法律法规及评估规范的具体要求，确定适当的评估办法。

### 7.2.4.3　编制评估报告

数据资产评估机构及其数据资产评估专业人员应该将评估报告初稿呈交至委托方并提出建议，并对委托方提出的建议进行确认，在不影响评估结论的前提下提前作出判断。

数据资产评估机构及数据资产评估专业人员就委托方交换意见修改报告并重新履行内部审核程序，出具评估报告，并告知委托人或其他评估报告使用人合理运用评估报告。

### 7.2.4.4　工作底稿归档

数据资产评估师在提交评估报告后，应当按照国家法律法规和资产评估准则的要求对评估工作底稿进行分类整理，形成评估档案并及时归档。

## 7.3　数据资产评估的难点

2023 年 8 月，财政部《企业数据资源相关会计处理暂行规定》中指出，自

2024 年 1 月 1 日起施行，明确数字资产的相关会计处理。在财政部的指导下，2023 年 9 月 8 日中评协发布《数据资产评估指导意见》，数据价值评估上升到执行的准则层面。2023 年 12 月，财政部发布关于印发《关于加强数据资产管理的指导意见》的通知，构建"市场主导、政府引导、多方共建"的数据资产治理模式。这三个政策文件是当前数据资产评估中涉及的主要政策文件，但由于数据本身的特性导致数据资产评估仍然存在较多的难点。

### 7.3.1　数据资产确权面临的困境

第一，保护数据产权方面的法律条文尚未完善。《中华人民共和国民法典》对数据的物权性质作了较为明确的规定，但是对数据的财产权问题却没有作出明确的规定。

第二，数据所有权无法进行有效区分。数据资产的权属包括占有权、使用权、管理权、收益权、共享权和跨境传输权等，权利主体可能同时拥有多个权利，这些权利的约束条件不同，导致数据资产价值存在差异。然而，国内对数据资产权属的法律认可和界定尚不充分，权属模糊的数据广泛存在，增加了数据资产评估的难度和风险。

### 7.3.2　数据产生的价值确定存在困难

第一，数据资产的价值无法明确表现在会计体系中。数据资产不完全符合会计准则中对于资产及无形资产的定义，因此部分数据资产目前尚未体现在企业的财务报表上。

第二，数据资产的价值不稳定。数据资产的价值，一部分来源于数据的流通和用户的使用，并且会随着数据规模变化而变化。此外，同一项数据资产可以应用到不同场景之中，其价值也不同，评估人员很难掌握全部应用场景，甚至可能应用到意想不到的领域，也很难评估其潜在价值。

第三，数据流通的限制。数据流通是数据资产价值实现的重要途径，但当前数据流通受到诸多限制。一方面，隐私保护和数据安全法规对数据流通提出了严格要求，企业需要确保在合法合规的前提下进行数据流通；另一方面，数据垄断和数据壁垒现象普遍存在，一些在市场上具有数据资源支配地位的企业可能会采取措施限制竞争对手获取数据，进一步加剧了数据流通的难度。

第四，数据资产意识的淡薄。尽管数据已成为企业和组织的重要资产类型，但并非所有人都充分认识到数据及其作为资产的价值。数据资产意识的淡薄不仅影响了数据资源的有效利用和共享，也制约了数据资产评估工作的开展。

第五，市场成熟度不足。数据资产交易市场尚处于初级阶段，缺乏成熟的市场机制和交易规则。这使得评估人员难以通过市场法等方式获取准确的市场价格信息，增加了评估的难度和不确定性。此外，市场的不成熟也导致了数据资产交易的活跃度较低，限制了数据资产价值的充分发挥。

第六，数据安全与隐私保护。在数据资产评估过程中，数据安全和隐私保护是不可忽视的重要问题。数据平台在处理和存储大量数据的过程中，面临着数据泄露、篡改和滥用的风险。因此，在评估过程中需要采取加密、身份验证、授权等安全措施来确保数据的安全性和隐私性。

## 7.3.3　获取评估资料存在较大困难

我国的数据资产评估业务还处于起步阶段，大众对于数据资产的认知尚浅，会计准则也未能从定义、计量、估值、核算等方面对其进行规范，无法建立公开、有效的交易市场，难以找到与数据资产相关的数值。此外，在数据的存储、传输、使用过程中，企业通常会采用一些比较先进的数据保护技术，所以即使发生了与研究评估业务类似的交易，评估工作人员依旧很难获取数据贸易价值信息和数据内容。

## 7.3.4　数据资产处理困难

第一，数据资产类型繁多且复杂。数据资产广泛分布于电信、金融、政府、医疗和工业等多个行业。不同行业、不同来源的数据在格式、结构和处理需求上差异显著，导致数据资产的分类、组织和管理难度增加。此外，半结构化或非结构化数据占比日益上升，进一步加剧了数据处理的复杂性。

第二，技术与人才短缺。目前市场上具备专业技能和经验的专业人才相对匮乏，难以满足评估工作的需求。

第三，数据标准不统一。目前，数据资源的组织标准尚未形成广泛认可的权威规范。原生数据需经过加工处理才能产生价值，但缺乏统一的数据标准使得数据资产治理和评估变得复杂。

### 7.3.5 评价体系影响结果的准确性和可靠性

第一，评估方法的多样性与评估结果的差异性。数据资产评估方法多样，每种方法都有其适用范围和局限性。不同评估机构在评估流程、数据处理模式以及经济技术参数的选择上存在差异，导致评估结果可能产生较大差异。

第二，数据质量评价的科学性不足。目前数据质量的评估体系尚不完善，评估标准和方法缺乏科学性和统一性。

# 7.4 数据资产评估的案例分析

## 7.4.1 案例：××电网有限责任公司*

### 7.4.1.1 基本情况

××电网有限责任公司是中国南方电网公司的全资子公司，负责××省内电网的规划、建设、运营、管理。肩负保障××省电力可靠供应的使命，致力于为经济社会发展提供清洁低碳、安全高效的能源供应。××电网有限责任公司的主营业务是建设和运营××电网，负责全省的电力调度和配售电业务。

数据资产情况如下：

---

\* 海南大数据管理局.《数据资产评估场景化案例手册（第一期）》［EB/OL］.（2024－02－07）. https：//dsj. hainan. gov. cn/sjzy/sjcpcs/zxdt/202402/t20240208_ 3592817. html.

（1）规上企业用电数据。

电力数据作为工业经济的"晴雨表"，有效反映着地方经济的发展趋势。为实现工业企业用电量与工业经济指标的相关性分析，切实做好规模以上工业企业的经济运行分析，通过获取全省规模以上工业企业用电数据，实现规上工业企业用电数据汇总、同比、环比分析，同时开展工业企业用电量与工业经济的关联性分析、用电预测等应用，为经济发展和调整提供依据。

产品服务能力方面，基于该产品可实现规上工业企业用电数据汇总、同比、环比分析，同时开展工业企业用电量与工业经济的关联性分析、用电预测等应用。

该规上企业用电数据如表 7-2 所示。

表 7-2                                    规上企业用电数据

| 字段 | 名称 | 类型 | 格式/单位 | 是否必须 | 默认值 | 相关逻辑描述 |
|---|---|---|---|---|---|---|
| SJSJ | 时间 | date | yyyy - mm - dd | 是 | | 入参 |
| ZZJG | 组织机构代码 | varchar | 字符串 | 是 | | 出参 |
| QYMC | 企业名称 | varchar | 字符串 | 是 | | 出参 |
| HYDM | 行业编码 | varchar | 字符串 | 是 | | 出参 |
| HYMC | 行业名称 | varchar | 字符串 | 是 | | 出参 |
| SX | 市县 | varchar | 字符串 | 是 | | 出参 |
| SJSJ | 数据时间 | date | yyyy - mm - dd | 是 | | 出参 |
| DL1 | 电量 | Numeric (12, 3) | 万千瓦 | 是 | | 出参（日） |
| DL2 | 电量 | Numeric (12, 3) | 万千瓦 | 是 | | 出参（15 分钟） |

注：数据范围为全省规模以上工业企业电力数据。
资料来源：国家统计局、国家能源局、发改委发布的电力数据。

（2）电力信用等级评价产品。

电力信用等级评价是××电网开发的一款基于用电信息，对客户信用进行评估的工具，××电网的电力信用等级评价产品如表 7-3 所示。利用本产品可以辅助贷前评估和贷后管理工作。帮助金融企业解决当下小微企业信用难以评估的问题，协助企业融资贷款政策落地。

表7-3                    电力信用等级评价产品

| 名称 | 长度 | 是否必须 | 默认值 | 相关逻辑描述 |
|---|---|---|---|---|
| 证号号码 | 32 | 是 | | 入参 |
| 电网户号 | 32 | 是 | | 入参 |
| 用户名称 | 32 | 是 | | 出参 |
| 用电类别 | 32 | 是 | | 出参 |
| 地区地方名 | 32 | 是 | | 出参 |

注：数据范围为全省用电用户。
资料来源：国家统计局、国家能源局、发改委发布的电力数据。

（3）电力贷产品。

"××电力贷"是一款突破传统信贷模式，充分利用大数据技术，深度挖掘企业用电数据背后蕴含的经营状况和信用价值的产品，如表7-4所示。通过对企业的用电量、缴费历史、业扩记录、电费支付行为等关键指标进行分析，构建了"电力贷—贷前反欺诈""电力贷—贷中授信辅助""电力贷—贷后风险预警""电力贷—空壳企业监控"四套业务场景模型，全面反映企业信用水平，银行和其他金融机构可以更准确地判断企业的偿债能力和信誉度，从而为符合条件的企业提供贷款服务。

表7-4                    电力贷—贷前反欺诈

| 字段中文名 | 相关逻辑描述 | 字段中文名 | 相关逻辑描述 |
|---|---|---|---|
| 电费年月 | 入参 | 停电反馈度—业扩类工单分数 | 出参 |
| 分省编码 | 出参 | 用电差异度—用电行业指数 | 出参 |
| 地市编码 | 出参 | 用电差异度—用电差异度 | 出参 |
| 地区编码 | 出参 | 电费缴纳水平—缴费积极性 | 出参 |
| 用户编号 | 出参 | 电费缴纳水平—电费余额水平 | 出参 |
| 用户名称 | 出参 | 用电量增长率 | 出参 |
| 统一社会信用代码 | 入参 | 违约用电—欠费分数 | 出参 |
| 用户行业分类代码 | 出参 | 违约用电—违约用电分数 | 出参 |
| 用户行业分类名称 | 出参 | 违约用电—窃电分数 | 出参 |
| 开工验证 | 出参 | — | |

注：数据范围为全省用电用户。
资料来源：国家统计局、国家能源局、发改委发布的电力数据。

### 7.4.1.2　评估目的

为××电网有限责任公司入表提供价值参考依据：××电网有限责任公司主营业务为供电服务，在经营主营业务服务时，该公司获取了相关企业供电数据，具有海量、实时、可信、高附加值等特点。同时，该企业利用这些供电数据对外提供咨询服务，并形成了相关生产工具产品，包括企业用电监测数据产品、电力信用等级评价数据产品和电力贷数据产品等。××电网有限责任公司利用这些数据产品对外提供咨询服务，客户包括金融企业以及其他相关企业，获取咨询收益。因此，与该咨询收益相匹配，这些相关数据资产产品的相关成本可以入表。

### 7.4.1.3　数据资产类型确定

根据财政部关于印发《企业数据资源相关会计处理暂行规定》的通知，该案例涉及的数据产品及应用场景主要是××电网有限责任公司自用以及利用数据资产形成的电力数据产品向客户提供咨询服务，符合《企业会计准则第 6 号——无形资产》规定的定义和确认条件的，应当确认为无形资产类数据资产。

### 7.4.1.4　评估价值类型

评估价值类型应当与评估目的相匹配，本案例评估目的是为无形资产类数据资产入表提供价值参考依据，根据《企业会计准则第 6 号——无形资产》的规定，无形资产初始入账需要遵循历史成本原则，即需要采用历史成本进行无形资产初始计量，但是企业历史成本的初始计量凭证灭失，因此需要选择与历史成本近似的会计计量属性——以重置成本扣减贬值后的净重置成本，因此评估价值类型应为净重置成本。重置成本是指以现时价格水平重新购置或者重新建造与评估对象数据资产相同或者具有同等功能的全新数据资产所发生的全部成本。重置成本分为复原重置成本和更新重置成本。

### 7.4.1.5　评估方法

（1）选取评估方法。由于本案例评估目的是为电力数据资产入表提供价值参考依据，自用或者利用数据资产为客户提供相关服务，因此只能根据历史成本原则，选取成本法进行评估。

成本法，采用成本法评估数据资产一般是按照重置该项数据资产所发生的成本作为确定评估对象价值的基础，扣除相关贬值，以此确定评估对象数据资产价值的评估方法。

（2）评估模型。成本法评估模型计算公式为：

$$P = (C - D) \times \delta2 \ 或 \ P = C \times (1 - \delta1) \times \delta2 \tag{7.8}$$

其中，

P——数据资产评估价值。

C——重置成本，其中包括 C1 前期费用、C2 直接重置成本、C3 间接重置成本、C4 利润、C5 相关税费。C1——数据资产的前期费用主要是规划成本，即对数据生命周期整体进行规划设计，形成满足需求的数据解决方案所投入的人员薪资、咨询费用及相关资源成本等，本案例前期规划成本即针对某项数据资产项目进行规划设计发生的上述相关成本费用，如无该项费用即按 0 计。C2——与数据资产形成相关的直接重置成本，主要包括数据建设阶段的成本（数据采集、数据汇聚、数据存储、数据开发、数据应用等成本），以及数据运营维护阶段的成本与数据安全维护的成本等。C3——与数据资产形成相关的间接重置成本，主要包括为采集、清洗、整理和分析数据所使用的场地、软硬件、水电和办公等分摊的公共管理成本费用。

直接成本和间接成本又分为外购成本和内部开发支出成本两种类型。入表于"无形资产"科目的数据资产的成本包括以下两点。

第一，企业通过外购方式取得确认为无形资产的数据资源，其直接成本包括购买价款、相关税费，直接归属于使该项无形资产达到预定用途所发生的数据脱敏、清洗、标注、整合、分析、可视化等加工过程所发生的有关支出，以及数据权属鉴证、质量评估、登记结算、安全管理等成本费用。

第二，企业内部数据资源研究开发项目的支出，应当区分研究阶段支出与开发阶段支出。研究阶段的支出，应当于发生时计入当期损益。开发阶段的支出，只有满足《企业会计准则第 6 号——无形资产》第九条规定的有关条件的，才能确认为无形资产。

C4——合理利润，由于本次评估目的是为电力数据资产入表提供价值参考依据，故该项利润可不考虑，即按 0 计。

C5——相关税费，主要包括数据资产形成过程中需要按规定缴纳的不可抵扣的税费，如对数据采集、清洗、整理和分析，需要按规定缴纳的不可抵扣的税费等。

D——贬值额。$\delta_1$——贬值率。

数据资产的贬值率计算主要有专家评价方法和剩余经济寿命法。

第一，专家评价方法综合考虑数据质量、数据应用价值和数据实现风险等贬值影响因素，并应用层次分析和德尔菲等方法对影响因素进行赋权，进而计算得出数据资产贬值率。

第二，剩余经济寿命法是通过对数据资产剩余经济寿命的预测或者判断来确定贬值率的一种方法。

$\delta_2$——质量因素调整系数。

数据质量评价专业团队参考《信息技术数据质量评价指标》（GB/T36344—2018）和《数据资产评估指导意见》，在将规范性、完整性、准确性、一致性、时效性和可访问性作为数据质量评价的六个维度的基础上，对数据准确性和一致性评价维度的检测指标进行重点考量。对于数据的可访问性，检测对象数据集是副本数据，可以访问并执行数据质量评价，达到可访问的要求。本次评价所选择的测量指标如表7-5所示。

表7-5　　　　　　　　　基于数据质量评价指标体系的指标选择

| 一级指标 | 指标含义 | 二级指标 | 本次评价适用指标 |
| --- | --- | --- | --- |
| 规范性 | 数据符合数据标准、数据模型和元数据定义的度量 | 数据标准规范性 | |
| | | 数据模型规范性 | |
| | | 元数据规范性 | √ |
| | | 业务规则规范性 | |
| | | 权威参考数据规范性 | |
| | | 安全规范性 | |
| 完整性 | 按照业务规则要求，数据集中应被赋值的数据元素的赋值程度 | 数据元素完整性 | √ |
| | | 数据记录完整性 | |
| 准确性 | 表示数据值符合其实际 | 数据内容正确性 | √ |

（3）评估结论。经实施访谈调研、市场调查和评定估算等评估程序，基于为电力数据资产入表提供价值参考依据的评估目的，采用成本法，对××电网公司持有的电力数据资产于评估基准日的评估值为×××万元。

## 7.4.2　案例：××信息技术有限公司[*]

### 7.4.2.1　公司基本情况

××信息技术有限公司成立于 2014 年 12 月，注册资本×××万元，主营业务为旅游大数据、人工智能、软件开发等，所属行业为信息传输、计算机服务和软件业。公司旅游大数据产品商业模式主要为政府部门提供旅游大数据平台开发及运营、旅游数据分析及统计等，并且可以复制到交通、公安等领域，为政府提供决策、民生、安全等管理手段。

### 7.4.2.2　数据资产情况

基于数据质量评价指标体系的指标选择如表 7-6 所示。

表 7-6　　　　　　　　基于数据质量评价指标体系的指标选择

| 数据来源 | 类型 | 可应用的行业领域 | 可应用的区域 | 使用场景 |
|---|---|---|---|---|
| 旅游大数据业务平台 | 旅游行业统计数据，包括景区、住宿、乡村、餐饮、购物运营数据、客流数据、收入数据等 | 旅游行业统计、监管、服务 | 海南省各市县 | （1）提供数据服务的方式，API、访问接口；（2）数据的开发分类，有条件开放；（3）系统自上线以来，数据在既定时段内被访问、浏览次数约为 200 万次 |
| 旅游大数据业务平台 | 文化场所客流统计、监管 | 博物馆客流监管、服务、宣传等 | 海南省博物馆 | （1）提供数据服务的方式，API、访问接口；（2）数据的开发分类，有条件开放；（3）系统自上线以来，数据在既定时段内被访问、浏览次数约为 10 万次 |

---

[*]　海南大数据管理局.《数据资产评估场景化案例手册（第一期）》［EB/OL］.（2024-02-07）. https：//dsj. hainan. gov. cn/sjzy/sjcpcs/zxdt/202402/t20240208_ 3592817. html.

数据应用场景及服务对象：该企业通过购买相关的数据，生成分析报告和服务，向需要的企业转让出售相应的服务或平台。

### 7.4.2.3　评估目的

旅游数据资产评估的过程通常涉及对数据的质量、可靠性、时效性、覆盖范围和相关市场需求进行分析，通过对旅游数据资产进行评估，可以确定其价值和潜在的市场需求，从而为数据产品的交易及定价提供参考依据。

### 7.4.2.4　数据产品应用场景

一般经营旅游行业的旅游公司、平台企业、投资公司，以及政府部门对相关旅游信息统计数据和旅游产品开发、销售、受欢迎程度等方面的统计数据有了解和掌握的需求，××信息技术有限公司有能力和渠道收集这些旅游信息数据，并且通过对这些数据进行加工和利用后形成数据深度分析报告，服务的方式包括：会员制、向上述客户群体销售旅游数据深度分析报告。

### 7.4.2.5　数据资产类型确定

根据财政部关于印发《企业数据资源相关会计处理暂行规定》的通知有关规定，本案例涉及数据产品及应用场景主要是××信息技术有限公司利用数据资产形成的旅游数据产品对外提供咨询服务，符合《企业会计准则第 6 号——无形资产》规定的定义和确认条件，因此，本案例评估的数据资产产品属于企业自用或者利用数据资源对客户提供相关服务，应当确认为无形资产类数据资产。

### 7.4.2.6　评估价值类型

评估价值类型应当与评估目的相匹配，本案例评估的目的是为确定数据产品的交易定价提供价值参考依据，因此评估价值类型应为市场价值。

市场价值是指自愿买方和自愿卖方在各自理性行事且未受任何强迫的情况下，评估对象在评估基准日进行正常公平交易的价值估计数额。

### 7.4.2.7　评估方法

（1）评估方法的选取。本案例评估对象为旅游数据资产，由于目前国内外不存在十分活跃的相类似数据资产交易的公开交易，市场交易实例较少，且有关交易的必要信息难以获得，考虑到市场法需要活跃的交易市场和可比的交易案例为支撑，故不可采用市场法进行评估。旅游数据资产可以应用到服务企业，其未来收益可以合理预期并用货币计量、预期收益所对应的风险能够度量且收益期限能够确定或者合理预期，故可采用收益法进行评估。

收益法是通过测算该项数据资产所产生的未来预期收益并折算成现值，进而确定被评估数据资产的价值的一种评估方法。选择和使用收益法时应考虑的前提条件包括：评估对象的未来收益可合理预期并用货币计量；预期收益所对应的风险能够度量；预期收益期限能够确定或合理预期。

（2）评估模型。收益法的基本计算模型为：

$$P = \sum_{i=1}^{n} \frac{A_i}{(1+R)^i} \tag{7.9}$$

其中，P——数据资产评估价值；$A_i$——数据资产未来第$A_i$个收益期的收益额；i——未来第 i 年；R——折现率；n——未来收益期限。

（3）具体评估步骤。第一，收益额的测算。数据资产的预期收益是指数据资产在特定的使用场景下使用的收益。通过对企业顾客群体细分、模拟实境、个性化精准推荐、数据搜索，合理区分并剔除与委托评估的数据资产无关的业务产生的收益，合理预测数据资产能为接受服务的客户带来多少超额收益，或者能帮助客户节约多少成本费用，可采用直接收益预测、分成收益预测、超额收益预测和增量收益预测等方式。

根据本案例旅游数据资产的经营历史以及未来市场发展等，估算其未来预期的数据资产直接收益额。具体预测方式有如下几种：

①数据资产未来预期收益

＝数据资产产品销售收入×数据资产销售收入提成率；

②数据资产未来预期收益

＝数据资产产品销售收益×数据资产销售收益分成率；

③数据资产未来预期收益

＝包含数据资产的业务资产组整体收益 – 固定资产贡献额（包含 Return On 和 Return Of）– 流动资产贡献额（即 Return Of）– 其他无形资产贡献额（包含 Return On 和 Return Of）– 组合劳动力成本贡献（即 Return On）– 数据资产本身预

期补充、更新需要的资本性支出。

第二，未来收益期限预测。使用收益法进行数据资产评估时，需要综合考虑法律有效期限、相关合同有效期限、数据资产自身的经济寿命年限、数据资产的更新时间、数据资产的时效性以及数据资产的权利状况等因素，合理确定收益期限。收益期限的选择需要考虑使评估对象达到稳定收益的期限、周期性等，且不超出产品或者服务的合理收益期。并且还要考虑被评估数据资产在其未来收益期限内是否存在衰减的情况，如果数据资产明显存在未来因广泛传播、更新迭代、下游市场需求下降等导致其价值出现降低的情况，则在预测未来收益时应予以充分考虑这种衰减对未来各年预期收益产生的影响。

第三，折现率。通过分析评估基准日的利率、投资回报率，以及数据资产权利实施过程中的管理、流通、数据安全等风险因素确定。本项目采用风险累加法确定折现率，公式如下：

$$折现率 = 无风险报酬率 + 风险报酬率$$

无风险报酬率的确定方面，无风险报酬率即安全报酬率，可选取评估基准日一年期中国国债收益率作为无风险报酬率。

风险报酬率的确定方面，本案例属于无形资产类数据资产，折现率则应该参照无形资产的风险报酬率确定。

通常情况下，数据资产可以分为存货类数据资产和无形资产类数据资产。对于存货类数据资产，风险报酬率一般包含流动资产的风险报酬率，也就是对存货类数据资产，折现率可以参考流动资产的风险报酬率确定；对无形资产类数据资产，折现率则应该参照无形资产的风险报酬率确定。

数据资产应用过程中涉及的风险包括很多：数据资产管理风险、数据资产流通风险、数据资产安全风险、数据资产监管风险等。对上述风险归并后实质就是两类风险，一是数据资产的经营风险，二是数据资产的变现风险。所谓数据资产的经营风险是指数据资产在标的企业未来经营中获取未来收益不确定性产生的风险；所谓变现风险是指数据资产在标的企业未来经营中，一旦企业不再持续经营而需要变现该资产所可能产生的不确定性风险。

一项数据资产为企业产生的未来预期收益而不是经营收益，就是变现收益（或称销售收益）即企业通过数据资产的交易获得的收益，因此上述两类风险溢价就构成数据资产折现率的风险溢价，将上述两类风险报酬溢价率累加，就得出风险报酬率。

### 7.4.2.8  评估结论

经实施访谈调研、市场调查和评定估算等评估程序，基于为了确定旅游行业数据产品的交易定价提供价值参考依据的评估目的，采用收益法，对××信息技术有限公司持有的旅游数据资产于评估基准日的评估值为×××万元。

# 第 8 章

# 数据资产入表

数据资产入表是数据要素资产化的关键步骤，也是数据要素货币化的重要路径。本章围绕数据资产入表中的基本概念、基础理论、基本原则、参与主体、流程路线以及数据资源入表面临的机遇与挑战讨论了应该如何进行数据资产入表，并通过案例分析呈现了数据资产入表对财务报表的影响。

## 8.1 数据资源入表现状

2023 年 8 月 21 日，财政部发布《企业数据资源相关会计处理暂行规定》（以下简称《暂行规定》），自 2024 年 1 月 1 日起开始施行，意味着企业数据资产入表正式提上日程，也进一步说明数据资产在符合会计准则相关确认条件后有可能被确认为资产负债表中的"资产"项，在财务报表中可显性化相关投入。《暂行规定》具体内容如表 8 – 1 所示。

2023 年 9 月 8 日，在财政部指导下，中国资产评估协会印发《数据资产评估指导意见》（以下简称《指导意见》），自 2023 年 10 月 1 日起施行。《指导意见》确定了数据资产价值的评估方法，为数据资产评估实务提供指引，也能引导相关市场主体积极参与数据资源入表的探索。

表 8 - 1                         《暂行规定》具体内容

| 适用范围 | 适用于企业按照企业会计准则相关规定确认为无形资产或存货等资产类别的数据资源，以及因不符合企业会计准则相关资产确认条件而未确认为资产的数据资源的相关会计处理，企业合法拥有或控制的、预计会给企业带来经济利益的数据资源 |
|---|---|
| 确认与计量 | (1) 确认：数据资源按照企业会计准则分别确认为数据资源无形资产和数据资源存货。具体根据无形资产（或存货）的定义和确认条件予以确认。<br>(2) 计量：根据无形资产（或存货）准则，计量以下情景的数据资源：通过外购方式取得的数据资源无形资产、自行开发形成的数据资源无形资产、通过外购方式取得的数据资源存货、通过数据加工取得的数据资源存货 |
| 列报 | (1) 在资产负债表进行列报。<br>(2) 根据企业的实际情况并结合重要性原则，在"存货"下增设"数据资源"项目；在"无形资产"下增设"数据资源"项目；在"开发支出"下增设"数据资源"项目 |
| 披露 | 创新采取"强制披露加自愿披露"方式，企业可根据实际情况，对数据资源的应用场景或业务模式、对企业创造价值的影响方式、与数据资源应用场景相关的宏观经济和行业领域前景等相关信息进行自愿披露 |

数据资产入表的其他政策依据与标准文件如表 8 - 2 和表 8 - 3 所示。

表 8 - 2                         数据资产入表相关政策文件

| 文件名称 | 发布机构 | 发布时间 |
|---|---|---|
| 《关于加强行政事业单位数据资产管理的通知》 | 财政部 | 2024 年 2 月 8 日 |
| 《关于加强数据资产管理的指导意见》 | 财政部 | 2023 年 12 月 31 日 |
| 《"数据要素×"三年行动计划（2024—2026 年）》 | 国家数据局等 17 个部门 | 2023 年 12 月 31 日 |
| 《数字中国建设整体布局规划》 | 中共中央、国务院 | 2023 年 2 月 27 日 |
| 《关于构建数据基础制度更好发挥数据要素作用的意见》 | 中共中央、国务院 | 2022 年 12 月 2 日 |

表 8 - 3                         数据资产入表相关标准文件

| 文件类型 | 文件名称 | 标准代号 |
|---|---|---|
| 推荐性国家标准 | 《信息安全技术个人信息去标识化效果评估指南》 | GB/T42460—2023 |
| | 《信息技术数据质量评价指标》 | GB/T36344—2018 |
| | 《信息技术一大数据一数据分类指南》 | GB/T38667—2020 |
| | 《信息安全技术数据交易服务安全要求》 | GB/T37932—2019 |
| | 《电子商务数据资产评价指标体系》 | GB/T37550—2019 |

续表

| 文件类型 | 文件名称 | 标准代号 |
|---|---|---|
| 团体标准 | 《资源管理 数据资产管理指南》 | T/NSSQ023—2022 |
| | 《资源管理 数据资产建设通用要求》 | T/NSSQ024—2022 |
| | 《资源管理 数据资产确权登记导则》 | T/NSSQ025—2022 |
| | 《资产管理 数据资产运营人员能力要求》 | T/NSSQ025—2022 |
| 征求意见稿 | 《数据交易流通活动（征求意见稿）》 | 截至2024年1月14日 |
| | 《数据产品登记业务流程规范（征求意见稿）》 | |
| | 《数据产品登记信息描述规范（征求意见稿)》 | |
| | 《数据确权风险控制通则（征求意见稿)》 | |
| | 《数据确权风险控制通则（征求意见稿)》 | |

# 8.2 相关概念界定

## 8.2.1 数据资源与数据资产

前文已详细介绍数据资产的概念，本部分重点介绍数据资源的概念及数据资源如何转化成数据资产。

数据资源并非传统的会计概念，目前实践层面针对数据资源较为权威的解释来源于中国大数据技术标准推进委员会发布的《数据资产管理实践白皮书》（以下简称《白皮书》）。根据《白皮书》，原始数据资源经过加工、确权、评估等数据管理实践活动，被赋予一定的价值后就称为数据资源。《白皮书》提到，原始数据通过资源化形成数据资源，再资产化形成数据资产。因此，数据资产一定属于数据资源，但并不是所有的数据资源都能成为数据资产。只有企业能够拥有或控制且预期会给企业带来经济利益并符合资产确认条件的数据资源，才能称为数据资产[1]。

---

[1] 《数据资产管理实践白皮书》中把数据资产定义为"企业拥有或者控制的，能够为企业带来现实或潜在经济利益的数据资源"。

本书将数据资产定义为：企业拥有或控制的，预期会给企业带来经济利益，以数据为主要内容和服务的可辨认非货币资产。数据资产具有多样性，包括数据来源和使用主体的多样性。数据来源包括政府、个人等形成的数据。数据资产的使用者包括数据采集者，给数据资产提供加工、服务的企业或机构，以及利用数据资产进行分析、决策的市场主体。

## 8.2.2  数据资源如何转化为数据资产

作为生产要素，数据在政府机关、企业或组织、个人之间有序流通，数据也能与人才、资金、技术、产业等其他生产要素联动，即"围绕产业链、整合数据链、联接创新链、激活资金链、培育人才链"等环节，通过与其他生产要素的协同机制以提高生产效率。企业或组织通过对内数据服务或共享、对外流通或交易来实现数据由数据资源化到资源产品化再到产品资本化的过渡，为企业或其他数据要素生产链参与者创造更高的价值或收益。根据普华永道与上海数据交易所联合发布的《数据要素视角下的数据资产化研究报告》，数据资产的形成路径包括数据资源化、数据产品化、数据资产化三个阶段，如图 8-1 所示。

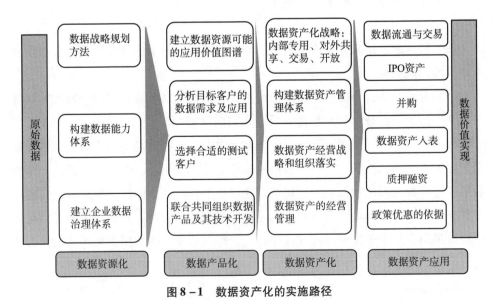

**图 8-1  数据资产化的实施路径**

注：上海数据交易所与普华永道．《数据要素视角下的数据资产化研究报告》［EB/OL］．（2022-11-26）．https：//www.pwccn.com/zh/research - and - insights/data - capitalisation - nov2022.html.

学术界也对数据资源价值变现的过程及对应的操作流程进行了研究。例如，黄丽华等（2023）提出了数据要素流通的价值链拓展模型，该模型理清了数据生产、流通、使用过程，由拓展模型可以看出数据资产凭证生成需要的三个步骤，分别是数据资源化、数据产品化、产品资产化，如图 8 - 2 所示。

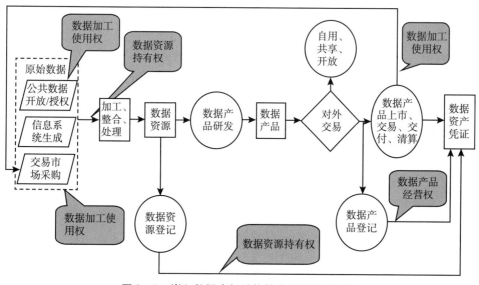

**图 8 - 2  嵌入数据产权结构性分置的数据要素**

资料来源：黄丽华、杜万里、吴蔽余：《基于数据要素流通价值链的数据产权结构性分置》，载《大数据》2023 年第 9 卷第 2 期。

数据资产凭证是一种电子凭证，用于记录数据资产的交易、交付和权属等信息。由图 8 - 2 可知，一方面，数据资产凭证的形成步骤包括从公共数据的开放和授权、信息系统生成、交易市场采购等方面获取原始数据，此后再进行加工、整合和处理以形成数据资源，在对数据资源进行登记后形成数据资产凭证；另一方面，数据资源还可以通过数据产品研发、对外交易、数据产品上市/交易/交付/清算等步骤形成数据资产凭证。数据资产凭证内容通常主要包含：（1）详细记录数据产品的登记信息；（2）详细记录每一次链上交易情况，如电子订单、数字签名、发票、交易合同、交付情况以及清算和结算等相关情况；（3）记载包括价格、交易量、复购率、使用场景和用户评价、权属、质量等参数的指标清单。这些信息为后续数据要素市场的构建提供可追溯且可靠的证据，确保数据产品交易的完整性、真实性和相关性，为数据交易参与者提供信任和保障。

### 8.2.2.1 数据资源化

作为一般性的会计准则，《暂行规定》使用"数据资源"一词确定企业数据资产入表的范畴是一种较为严谨的做法，与"数据二十条"中的数据资源保持高度一致。

从来源看，企业可能通过公共数据授权、信息系统生成、交易市场采购等多种渠道获取数据资源。推进以数据分类分级确权授权制度为基础的数据资源入表，是有效提高数据要素市场化流通效率、促进数据使用价值充分释放的重要基础。

数据资源化是企业挖掘原始数据使用价值的关键步骤，也是企业数据资源实现资产化的第一步。数据资源化的过程是企业通过公共数据授权、信息系统生成、交易市场采购等方式结合获取的初始数据，经过脱敏、清洗、整合、分析、可视化等加工处理步骤，经过数据归集后达到一定规模，整合可获取、可交易的数据集合，接着形成数据资源，即数据能够被理解和运用时，原始数据就成为数据资源。数据资源化的主要目的是提升数据质量，即按照用户的需求对原始数据进行标准化、结构化处理，整合出高质量、有潜力的数据类型，以可采、可见、标准、互通、可信的形式管理、存储和共享这些数据的过程。大部分情况下，数据资源化过程可能处于企业数据产品的研究阶段，也有可能处于企业数据资产的开发阶段，其所处的不同阶段取决于企业在具体产品研发之前是否进行对相关应用场景的分析与研判。数据资源之所以能成为生产要素，不仅是因为能被生产数据的企业自身所用，还能通过流通渠道被外部企业所用，这就需要将数据资源进一步转化为可流通、可交易的数据产品。

### 8.2.2.2 数据产品化

企业数据资产化的第二步是数据产品化，即数据资源到数据产品的转变过程，是数据资源为企业创造交换价值的核心环节。

数据产品化的过程是在数据资源化后，在明确的产品应用场景中，梳理数据集、数据信息服务和数据应用的形式与分类，将有价值的数据内容通过与服务终端或算法相结合，并根据应用场景开发相应的服务终端或算法程序，形成数据产品后通过内部使用或对外交付给客户使用。

　　数据产品的生命周期阶段与传统产品类似，均会经历导入期、成长期、成熟期和衰退期。区别于传统产品，数据产品在导入期和成长期就可批量生产，这是由于数据自身具有可迭代性、可重塑性等特征，不受制于传统产品规模经济的特点，边际成本基本为零。区别于传统产品生命周期的特点，数据产品生命周期具有跳跃式、价值时变性等特点。

　　数据产品实现价值的方式按照持有目的的不同可分为自用、共享、开放以及对外交易。由于数据产品是在特定应用场景下产生的，通过数据资产化、数据产品化形成的数据产品具有可重复使用的功能，针对客户定制化的需求面向客户整体出售，满足不同客户的需求。根据数据需求特征和服务方式，数据产品可以分为以下几种类型：（1）数据集，是以数据库的形式满足客户个性化、模型化需求的数据产品；（2）数据信息服务，是以数据资源库为基础，为客户提供满足其特定需求的信息类服务；（3）数据应用，通过应用程序的方式，基于统一的用户界面，提供基于数据资源和模型应用的数据产品。

### 8.2.2.3　数据资产化

　　经过数据资源化、资源产品化后，下一步是数据资产化。数据资产化是数据产品形成价值和价值兑现的重要参考依据。数据资产化的实施路径如下：（1）企业首先需要建立明确的数据资产化战略，即明确数据资产的用途。目前有四种主要的数据资产化战略——内部专用、对外分享、数据交易和对外开放。一是内部专用，企业可以借助客观数据了解和改善公司的经营状况，还可以提取数据的特征值用于开发新的业务。二是对外共享，企业可以与供应商、客户等供应链上下游市场主体共享数据，这种数据共享可以促进数据资产持续释放市场价值，帮助供应链各市场参与主体改善产品，为客户提供一体化的服务体验。三是数据交易，企业可以在场内和场外进行数据交易，场内交易能更好地保障合规性与公允性；场外交易更容易解决定制化的问题。不同数据购买者对数据的使用目的以及加工、挖掘能力存在较大差异，因此政府监管机构、资产采集者、资产买家、投资者和竞争对手可接受的交易价格存在较大不同。四是对外开放，企业可以借助社交媒体、电商等平台通过开放数据将买卖双方联系起来。（2）企业需要构建数据资产管理体系。在建立了数据资产化战略的前提下，企业以数据生命周期为主导，构建包括数据确权、登记、价值评估、资产处置和隐私保护等一整套数据资产管理体系。(3) 企业需要谋求数据资产的经营战略。(4) 建立全面、跨部门、跨层级的数据资产管理组织架构，是数据资产化的重要一环，是实施组织统一、专业化数据资产管理的基础，也是数据资产管理责任落实的保障。(5) 企业需要执行数据资产经营管理。数据资产经营管理的步骤包括：一是考虑数据产品的定价机制和服务模式选择；二是明确数据营销渠道和促销方式；三是制定数据交付技术方案；四是确认收益分配和激励机制。

在微观视角下，上述数据资产化实施路径可以为企业内部研发数据资产的会计处理方法提供思路。一般来说，内部研发数据资产可以参照无形资产的定义和确认条件进行会计处理。《企业会计准则第 6 号——无形资产》(2006) 第七条规定"企业内部研究开发项目的支出，应当区分研究阶段支出与开发阶段支出"。第八条规定"企业内部研究开发项目研究阶段的支出，应当于发生时计入当期损益"。第九条规定"企业内部研究开发项目开发阶段的支出，同时满足下列条件的，才能确认为无形资产"：(1) 完成该无形资产以使其能够使用或出售在技术上具有可行性；(2) 具有完成该无形资产并使用或出售的意图；(3) 无形资产产生经济利益的方式，包括能够证明运用该无形资产生产的产品存在市场或无形资产自身存在市场，无形资产将在内部使用的，应当证明其有用性；(4) 有足够的技术、财务资源和其他资源支持，以完成该无形资产的开发，并有能力使用或出售该无形资产；(5) 归属于该无形资产开发阶段的支出能够可靠地计量。由此可见，企业在数据产品化阶段的支出可以比照研究阶段的支出，仅计入当期损益（即费用化），而数据资产化阶段的支出在满足一定条件时才能确认为数据资产（即资本化）。依据此标准，本书参考普华永道与上海数据交易所联合发布的《数据要素视角下的数据资产化研究报告》中的会计确认思路。其中，数据资源化形成的主要是经过整理的数据集，因此一般不能确认为资产；数据产品不一定满足资产确认条件，如有的数据产品不能为企业带来经济利益流入，有的数据产品使用方式与无形资产类似，但处于尚在研究阶段的数据产品，因此应当被计入当期损益。数据资产化阶段由于其形态为进入开发阶段的数据产品，因此当满足资产确认条件时，可被确认为数据资产，如表 8 - 4 所示。

表 8 – 4　　　　　　　　　　　　　会计确认思路

| 产生阶段 | 主要形态 | 会计确认思路 |
|---|---|---|
| 数据资源化 | 经过整理的数据集 | 一般不能确认为资产 |
| 数据产品化 | 尚在研究阶段的数据产品 | 计入当期损益 |
| 数据资产化 | 进入开发阶段的数据产品 | 满足资本化条件的确认为数据资产 |

# 8.3　数据资产入表的基本原则、参与主体和流程路线

## 8.3.1　数据资产入表的基本原则

### 8.3.1.1　合法合规原则

数据资产入表应遵循合法合规原则，企业在将数据资产入表时，需要遵守相关法律法规和企业会计准则，确保数据的合法性、真实性、完整性和安全性。具体的内容包括以下几点。

（1）数据内容合法合规。企业存储数据的内容需真实、合法、合规，不得存储法律法规不允许采集或存储的违法数据，如企业私自存储未依法获取授权的国家机密数据、商业秘密等。

（2）数据处理合规。企业处理数据行为不违反国家法律相关规定，符合合法、正当、必要原则。

（3）数据交易合规。遵循"数据二十条"，在数据产品交易中构建合规高效、场内外一体化的数据要素流通与交易体系。

（4）数据安全合规。企业采取必要的技术和管理措施，保障数据的安全性和保密性，防止数据泄露、丢失或被滥用。

（5）数据核算合规。数据资产入表需要遵循《企业数据资源相关会计处理暂行规定》相关要求。

#### 8.3.1.2 谨慎性原则

企业在将数据资源纳入财务报表时，需根据企业会计准则的规定进行判断，确保其真实性、完整性和可靠性。同时，需要事先规划，结合有效的数据资源治理和管理，配套建立统一合理的数据资源成本归集和分摊机制，通过数据血缘<sup>①</sup>分析能力，明确数据资产化过程中所占用的企业资源，形成准确的数据血缘图谱。数据资产入表需谨防财务报表"粉饰"，不能造成资产膨胀和"泡沫"。

#### 8.3.1.3 商业秘密保护原则

《暂行规定》综合考虑信息需求、成本效益和商业秘密保护等内容，提出自愿披露的方式。首先，企业应主动、自愿按企业会计准则和《暂行规定》的数据资源披露要求，持续加强企业信息主动披露工作，从而全面反映数据资源对企业财务状况和经营成果的影响。其次，在自愿公开数据资源的情况下，有效保护商业机密，降低因信息公开导致的商业损失。最后，必须在法律允许范围内进行，加强国家涉密经济数据保密管理，确保机密信息的保密性与安全性。

### 8.3.2 数据资产入表的参与主体

对于企业来说，数据资产入表是企业一项重要战略工作，具体实施需要内部数据部门、IT 部门、财务部门和业务部门的共同参与；同时，也需要外部单位的协同参与。数据资产内部参与部门如表 8−5 所示。

表 8−5 数据资产内部参与部门

| 参与主体类型 | | 主要工作内容 |
| --- | --- | --- |
| 内部参与部门 | 决策部门 | 主要为董事会 |
| | 数据部门 | 专门开展数据资产管理 |
| | 财务部门 | 完成入表、数据资产金融化 |

---

① 数据血缘是指数据的全生命周期中，数据从产生、处理、加工、融合、流转到最终消亡，数据之间自然形成一种关系。其记录了数据产生的链路关系，这些关系与人类的血缘关系比较相似，所以被称为数据血缘关系。

续表

| 参与主体类型 | | 主要工作内容 |
|---|---|---|
| 内部参与部门 | IT 部门 | 推动数据产品开发 |
| | 业务部门 | 数据作为无形资产或存货对外销售 |

数据资产外部参与机构主要包括数据交易机构、大数据厂商、律师事务所、会计师事务所、数据资产评估机构、数据安全厂商、银行等金融机构、科研院校等。其中，数据交易机构为数据提供方、数据接受方提供交易渠道，是专门负责组织、协调和管理数据资产交易的机构。大数据厂商主要围绕数据全生命周期管理，主要将聚焦数据存储、治理、登记确权及质量评价等全流程核心工作；律师事务所通过对数据权属和法律属性进行数据合规审查，制定数据合规评估指南；会计师事务所提供初始计量、后续计量、列报披露以及案例实证四个模块的全生命周期价值计量模型；数据资产评估机构将会从专业角度出具价值评估报告，结合大数据厂商出具的数据质量评价结论形成完整的数据资产评估报告并提供咨询服务；数据安全厂商将从安全监管角度助力数据资产安全性评估，明确提出数据安全管理和隐私保护要求；银行等金融机构在数据资源变现时，提供融资渠道，激活数据要素价值，实现数据资产金融化；科研院校提供数据要素规划与设计，推进数据资产入表研究，参与全流程的数据资产入表政策咨询和个性化案例服务工作。

## 8.3.3 数据资产入表的流程路线

### 8.3.3.1 《暂行规定》解读

2023 年 8 月 21 日，财政部发布《企业数据资源相关会计处理暂行规定》，自 2024 年 1 月 1 日起开始实施。《暂行规定》依照《中华人民共和国会计法》和企业会计准则等相关规定，首次明确数据资源的适用范围、会计处理标准以及披露要求等内容。

根据《暂行规定》，有两类符合条件的数据资源可以入表：一是满足资产确认条件，可以确认为无形资产或存货的数据资源，可以纳入资产负债表；二是不满足资产确认条件，但企业拥有或控制、预期能给企业带来经济利益流入的数据资源，可以在企业财务报告中予以披露。

《暂行规定》按数据资源有关的经济利益的预期消耗方式，根据企业持有对客户提供服务、日常持有以备出售等不同业务模式，将数据资源分类为无形资产和存货科目进行确认、计量和报告。此外，《暂行规定》对数据资源的列示与披露均做出了细化规定。列示方面，企业需根据重要性原则和企业实际情况在资产负债表中以报表子项目的形式单独列示。具体操作时，企业可根据重要性原则并结合本企业的实际情况，在"存货"项目下增设"其中：数据资源"项目，反映资产负债表日确认为存货的数据资源的期末账面价值；在"无形资产"项目下增设"其中：数据资源"项目，反映资产负债表日确认为无形资产的数据资源的期末账面价值；在"开发支出"项目下增设"其中：数据资源"项目，反映资产负债表日正在进行数据资源研究开发项目满足资本化条件的支出金额。披露方面，《暂行规定》创新性地对数据资源采取"强制披露加自愿披露"方式，企业需强制披露数据资源的取得方式、期间变动情况与相关会计政策、会计估计，还可根据实际情况自愿披露数据资源（含未作为无形资产或存货确认的数据资源）的应用场景或业务模式、原始数据类型来源、加工维护和安全保护情况、涉及的重大交易事项、相关权利失效和受限等相关信息。《暂行规定》还对相关披露提出了具体的格式要求。根据《数据资产入表及估值实践与操作指南》，数据资产入表的主要特征如表 8-6 所示。

表 8-6　　　　　　　　　　　　数据资产入表的主要特征

| 类别 | 特点 |
| --- | --- |
| 是否涉及会计政策变更 | 否 |
| 入表涉及的资产科目 | 无形资产：使用的数据资产<br>存货：日常持有以备出售的数据资产 |
| 初始计量原则 | 历史成本观 |
| 后续计量原则 | （1）数据资源无形资产：使用寿命有限的需要摊销；期末计量按照账面价值与可收回金额孰低原则；<br>（2）数据资源存货：如果可变现净值低于成本则需计提存货跌价准备；期末计量按成本与可变现净值孰低原则 |

续表

| 类别 | 特点 |
|---|---|
| 处置或出售计量原则 | （1）数据资源无形资产：直接计入当期资产处置损益；<br>（2）数据资源存货：确认营业收入和营业成本 |
| 披露方式 | 表内披露＋表外披露，存货、无形资产和开发支出科目下设数据资源二级科目，并在附注中列示具体情况 |
| 披露模式 | 强制＋自愿模式，对报表有重要影响的强制披露 |
| 是否需要追溯调整 | 否，采用未来适用法 |

### 8.3.3.2　费用化与资本化的区别*

企业数据资产费用化与资产化的主要区别如图 8 - 3 所示。

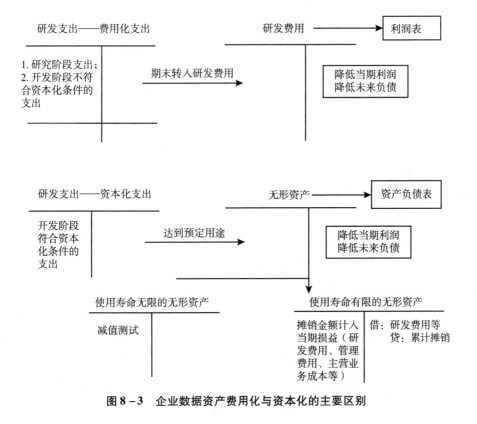

图 8 - 3　企业数据资产费用化与资本化的主要区别

---

＊ 上海数据交易所.《数据资产入表及估值实践与操作指南》［EB/OL］.（2024 - 04 - 08）. https：//max. book118. com/html/2024/0408/8115105020006055. shtm.

现有会计理论及会计准则框架下，企业内部使用的数据资源及对外交易的数据资源，均在相关成本发生时费用化，数据资产入表即对数据资产相关成本予以资本化，形成无形资产、存货等数据相关资产。在数据资源入表的框架下，企业使用的数据资源，符合《企业会计准则第 6 号——无形资产》定义和确认条件的，确认为无形资产。企业日常活动中持有、最终目的用于出售的数据资源，符合《企业会计准则第 1 号——存货》（以下简称"存货准则"）规定的定义和确认条件的，应当确认为存货。

按照企业研发活动形成的数据资产的形成方式，可分为企业为定制化产品开发形成的数据资产以及企业内部前瞻性研发活动形成的数据资产。

企业定制化产品开发形成的数据资源，系企业按照客户需求进行数据资产产品设计与研发，最终形成研发成果。企业应综合考虑历史经验、行业惯例、法律法规等因素，在有充分证据表明能够控制相关研发成果，并且预期能够带来经济利益流入后，按照无形资产准则相关规定将符合条件的研发支出予以资本化。企业为定制化产品开发形成的无形资产，采用与该资产相关的收入确认相同的基础进行摊销，计入当期损益。若企业无法控制相关研发成果，如研发成果仅可用于该合同，无法用于其他合同，应作为对外交易的数据资源，按照《企业会计准则第 1 号——存货》进行确认、计量、报告及披露，在出售时将其成本结转为当期损益，同时按照收入准则等规定确认相关收入。

企业通过内部研发活动形成的数据资源，应根据《企业会计准则第 6 号——无形资产》进行确定是否形成无形资产。企业内部研究开发项目的支出，应当区分研究阶段支出与开发阶段支出。

研究是指为获取并理解新的科学或技术知识而进行的独创性、计划性、探索性的调查，为后续开发活动进行前期资料准备，已进行的研究活动将来是否会转入开发、开发后是否会形成无形资产等均具有较大的不确定性。例如，旨在获取知识而进行的活动，研究成果或其他知识的应用研究、评价和最终选择，材料、设备、产品、工序、系统或服务替代品的研究，新的或经改进的材料、设备、产品、工序、系统或服务的可能替代品的配制、设计、评价和最终选择等，均属于研究活动。企业内部研究开发项目研究阶段的支出，应当费用化，于发生时计入当期损益。

开发是指在进行商业性生产或使用前，将研究成果或其他知识应用于某项计划或设计,以生产出新的或具有实质性改进的材料、装置、产品等,相对于研究阶段,开发阶段是已完成研究阶段的工作,较大程度上具备形成一项新产品或新技术的基本条件。例如,生产前或使用前的原型和模型的设计、建造和测试,不具有商业性生产经济规模的试生产设施的设计、建造和运营等,均属于开发活动。企业内部研究开发项目开发阶段的支出,同时满足技术可行性、利用意图、有用性、资源支持、成本可靠计量五个条件后予以资本化,不能同时满足以上五个条件发生的支出予以费用化,于发生时计入当期损益。

数据资源产品一般为经过按一定逻辑整理的数据集并结合服务终端、界面或算法等整体交付客户并对外提供服务或出售,但在数据资源开发前期,可能由于种种原因不一定能满足上述资产确认条件,如经济利益流入的可能性不够高,公司没有持续的资源支持,数据产品的成本无法单独归集等情况。因此,数据产品化搭建起数据资源向数据资产转变的桥梁。

### 8.3.3.3  企业数据资产会计确认和计量

关于数据资产的会计确认和计量步骤,根据《企业数据资产入表操作指引》提出的数据资产入表全流程,该流程主要分为企业数据资源/资产管理、登记确权、数据流通交易与金融化、会计核算处理,具体流程如图 8 - 4 所示。

根据《暂行规定》,数据资产在进行会计处理前,应根据企业持有目的将其按照无形资产、存货两种方式记入财务报表。

企业使用的数据资源,根据《企业会计准则第 6 号——无形资产》规定的定义和确认条件的,应当确定为无形资产。根据无形资产的定义,无形资产是指企业拥有或者控制的没有实物形态的可辨认非货币性资产。资产是由企业过去的交易或事项形成的、由企业拥有或者控制的、预期会给企业带来经济利益的资源。资产满足下列条件之一的,符合无形资产定义中的可辨认性标准:

①能够从企业中分离或者划分出来,并能单独或者与相关合同、资产或负债一起,用于出售、转移、授予许可、租赁或者交换。

②源自合同性权利或其他法定权利,无论这些权利是否可以从企业或其他权利和义务中转移或者分离。

无形资产同时满足下列条件的,才能予以确认:

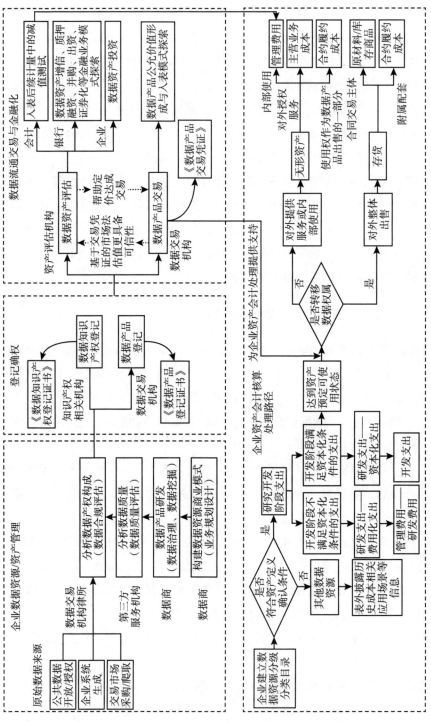

图8-4　数据资产入表流程

①与该无形资产有关的经济利益很可能流入企业；

②该无形资产的成本能够可靠地计量。

根据对无形资产的定义，某些数据资产由于不符合企业拥有或控制的特征，另一些数据虽符合资产的定义，但不满足无形资产的确认条件，两种资产均不能作为无形资产入表，下文分析数据资产入表的条件。

第一，由企业拥有或控制。根据资产的定义，需要企业对其"拥有或者控制"。现代美国会计理论之父威廉·安德鲁·佩顿曾在 1922 年《会计理论》一书中提到资产是归属于某一企业并被其有效控制的因素和要素，且需要具备一定的经济价值，如企业附近河流中流淌的水无法作为资产被计入报表。关于资产定义中提到的"企业拥有和控制"，从政府部门发布的政策指引来看，"数据二十条"创新数据产权观念，淡化所有权、强调使用权，聚焦数据使用权流通。国际会计准则也对"控制"进行了定义，由国际会计准则理事会颁布的《财务报告概念框架》约定了评价"控制"的方式，即主体能主导一项经济资源的使用，且可能获得该经济资源带来的经济利益，主体就控制了该经济资源。也就是说，国际准则也强调"控制"并非"拥有"，而是主导经济资源的使用。

企业在生产经营过程中都需要大量数据，部分数据通过自身技术或实地调研采集获得，部分数据通过生产经营过程产生，也有数据通过外购方式获取，这些通过合法渠道获取的数据均归企业持有、控制，满足资产的"拥有或者控制"的要求，若符合资产定义中的其他要求，应当被确认为资产。

第二，很可能导致经济利益流入企业。针对"经济利益很可能流入企业"有三点核心要求：其一，"很可能"的概率分布在 50% 到 95% 区间；其二，根据 2018 年版本的《IASB 概念框架》，经济利益的流入包括单独流入和与其他资源相结合的整体流入；其三，针对不同的企业类型，经济利益流入具有较大差异，如从事财务数据产品开发的科技型企业，会对高新技术行业的数据进行汇集，并形成对特定行业的细分分析工具，但该高新技术行业发展面临较大不确定性，暂未有统一的行业标准，导致该企业开发的相关分析工具需求量较少，并不能满足"经济利益很可能流入企业"的资产确认条件。对数据要素型企业来说，数据资源带来的经济利益流入是显而易见的；而对非要素型企业来说，数据资源对传统行业的赋能作用在分析经济利益流入上更为重要。例如，淘宝、京东、唯品会等电商平台在获取用户浏览数据（包括用户个人信息、产品偏好种类、数量、商家停留时间、购买力）时，运用大数据、物联网等技术进行深入挖掘，实现精准推送，提升配送效率。

第三，价值能够可靠计量。"价值能够可靠计量"来自会计基本假设中的货币计量，若资产难以量化，则无法实现数据资产入表。在数据资产评估章节中提到，数据资产评估方式包括成本法、收益法以及市场法。在《暂行规定》作为政策指引的前提下，根据数据资产持有目的，将其确认为无形资产或存货，进而确认为表内资产。就数据资产估值原则看，初始计量层面涉及成本的归集与分摊，后续计量涉及摊销与减值测试。

### 8.3.3.4 数据资产入表流入路径分析

（1）拟作为无形资产入表的数据资产。根据《暂行规定》第二部分第 1~3 点，作为无形资产入表的数据资产主要包括以下两类。

第一，自用型。企业基于数据处理、使用来优化自身管理决策，以提升盈利能力。例如，互联网购物平台利用所采集数据勾勒用户画像并实施精准营销。又如，互联网出行平台深度分析活跃用户数据后借助物联网优化匹配服务。此类场合经济利益流入路径为数据处理分析对企业利润的边际贡献。

第二，许可他人使用型。基于许可方式可再分类为独占许可、排他许可和普通许可。其中，独占许可的被许可方是唯一使用权人，许可方与任何第三方均不得使用数据资产，故经济利益流入企业的路径是许可方向被许可方收取许可费；排他许可中，许可方仅负有不得再向其他第三方许可使用的义务，但其自身仍可使用该项数据资产，故经济利益流入企业的路径是"自己用益＋收取许可费（限于既存使用许可）"；而普通许可的许可方不负有不得再向其他第三方许可使用的义务，且其自身仍可使用该项数据资产，故经济利益流入企业的路径是"自己用益＋收取许可费（不限于既存使用许可）"。

（2）拟作为存货入表的数据资产。根据《暂行规定》第二部分第 4 点，作为存货入表的数据资产指企业日常活动中持有、最终目的用于出售的数据资源。值得注意的是，实践中常出现"将同一数据源不断产生的数据打包出售给不同需求主体"情形，其行为表征虽为"出售"，但应确认为无形资产，而非存货。根据《企业会计准则第 1 号——存货》（以下简称《存货会计准则》）第 14 条第 4 款，存货出售时应将其账面价值结转当期损益（营业成本），存货资产出表。而

"将数据打包出售给不同需求主体"并未导致企业丧失对存货资产的控制，此种情形的实质为普通许可使用，并且企业持有数据通常超过一个会计年度（只要不删除且存储得当，理论上数据可无限存续），已然与存货的流动资产定位相悖。从《暂行规定》制定沿革看，其征求意见稿曾以内部使用/对外交易作为区分无形资产与存货的标准但此种界定后被删除，核心原因在于"企业利用所持有数据资源为客户提供服务（如许可使用）"是对外交易常见应用场景，但此种情形不符合《企业会计准则第 1 号——存货》关于存货的定义。因此，《暂行规定》对作为存货确认的数据资产采取了较为严格的界定，严格来讲唯有买断式数据出售方可纳入其规范。在域外层面，国际财务报告准则解释委员会于 2019 年就加密货币会计处理拟定动议时亦指出，除因用于出售而适用《国际会计准则第 2 号——存货》外，其余情形适用《国际会计准则第 38 号——无形资产》处理。

#### 8.3.3.5  列报与披露细则

企业应当按照会计准则相关规定，根据数据资源的持有目的、形成方式、业务模式，以及与数据资源有关的经济利益的预期消耗方式等，对数据资源相关交易和事项进行会计确认、计量和报告。

（1）确认为无形资产的数据资源相关披露。

第一，披露主体使用的数据资源，符合《企业会计准则第 6 号——无形资产》规定的定义和确认条件的，应当确认为无形资产，并根据取得方式，按照外购无形资产、自行开发无形资产、其他方式取得的无形资产类别，分别披露相应资产的期初、期末余额，以及报告期内的变动情况。

第二，企业应当按照无形资产准则、《〈企业会计准则第 6 号——无形资产〉应用指南》等规定，对报告期内确认为无形资产的数据资源进行初始计量，初始计量的方法可以选择实际成本法。实际成本指的是企业取得无形资产并使之达到预定用途而发生的全部支出，通过外购方式取得确认为无形资产相关数据资源的成本，成本部分包括购买价款、相关税费，以及直接归属于使该项无形资产达到预定用途所发生的数据采集、脱敏、清洗、标注、整合、分析、可视化等服务所发生的有关支出，以及数据权属鉴证、质量评估、登记结算、安全管理等费用。

第三，披露主体在内部数据资源研究开发项目的支出，应当区分研究阶段支出与开发阶段支出。研究阶段的支出，应当于发生时计入当期损益。开发阶段的支出，披露主体应当按照《企业会计准则第 6 号——无形资产》的规定，判断相应数据资源是否满足以下无形资产确认条件：（1）完成该无形资产以使其能够使用或出售在技术上具有可行性；（2）具有完成该无形资产并使用或出售的意图；无形资产产生经济利益的方式，包括能够证明运用该无形资产生产的产品存在市场或无形资产自身存在市场，无形资产将在内部使用的，应当证明其有用性；（3）有足够的技术、财务资源和其他资源支持，以完成该无形资产的开发，并有能力使用或出售该无形资产，归属于该无形资产开发阶段的支出能够可靠地计量。

第四，披露主体在对相关无形资产进行后续计量、处置和报废等相关会计处理时，应当充分考虑数据资源相关业务模式、权利限制、数据时效性、有关产品或技术迭代等因素，披露不同类别无形资产后续计量方法：对于使用寿命有限的数据资源无形资产，企业应当披露其使用寿命的估计情况及摊销方法；对于使用寿命不确定的数据资源无形资产，企业应当披露其账面价值及使用寿命不确定的判断依据。

第五，披露主体应当按照《企业会计准则第 28 号——会计政策、会计估计变更和差错更正》的规定，披露对数据资源无形资产的摊销期、摊销方法或残值的变更内容、原因以及对当期和未来期间的影响数。

第六，披露主体应当单独披露对企业财务报表具有重要影响的单项数据资源无形资产的内容、账面价值和剩余摊销期限。

第七，披露主体应当披露所有权或使用权受到限制的数据资源无形资产，以及用于担保的数据资源无形资产的账面价值、当期摊销额等情况。

第八，披露主体应当披露计入当期损益和确认为无形资产的数据资源研究开发支出金额。

第九，披露主体应当按照《企业会计准则第 8 号——资产减值》等规定，披露与数据资产无形资产减值有关的信息。

第十，披露主体应当按照《企业会计准则第 42 号——持有待售的非流动资产、处置组和终止经营》等规定，披露划分为持有待售类别的数据资源无形资产有关信息。

（2）确认为存货的数据资源相关披露。

第一，披露主体日常活动中持有、最终目的用于出售的数据资源，符合《企业会计准则第 1 号——存货》规定的定义和确认条件的，应当确认为存货，并根据取得方式，按照外购存货、自行开发存货、其他方式取得的存货类别，分别披露相应资产的期初、期末余额，以及报告期内变化的原因。

第二，企业通过外购方式取得确认为存货的数据资源，其采购成本包括购买价款、相关税费、保险费，以及数据权属鉴证、质量评估、登记结算、安全管理等所发生的其他可归属于存货采购成本的费用。企业通过数据加工取得确认为存货的数据资源，其成本包括采购成本，数据采集、脱敏、清洗、标注、整合、分析、可视化等加工成本和使存货达到目前场所和状态所发生的其他支出。

第三，对于存货，披露主体应当披露主要的存货类别及相应金额，如原材料、在研产品等，并披露数据资源存货成本所采用的方法。

第四，披露主体应当披露数据资源存货可变现净值的确认依据、存货跌价准备的计提方法、当期计提的存货跌价准备的金额、当期转回的存货跌价准备的金额，以及计提和转回的有关情况。

第五，披露主体应当单独披露对企业财务报表具有重要影响的单项数据资源存货的内容、账面价值和可变现净值。

第六，披露主体应当披露所有权或使用权受到限制的数据资源存货，以及用于担保的数据资源存货的账面价值等情况。

（3）其他自愿披露。

第一，披露主体应当披露数据资源的应用场景或业务模式、对企业创造价值的影响方式、与数据资源应用场景相关的宏观经济和行业领域前景等。建议披露主体应当披露所属行业的基本特点、发展状况、公司在行业中的地位等，并结合主体商业模式、竞争优势等进行分析和讨论。

第二，用于形成相关数据资源的原始数据的类型、规模、来源、权属、质量等信息。

第三，企业对数据资源的加工维护和安全保护情况，以及相关人才、关键技术等的持有和投入情况。

第四，数据资源的应用情况，包括数据资源相关产品或服务等的运营应用、作价出资、流通交易、服务计费方式等情况。

第五，重大交易事项中涉及的数据资源对该交易事项的影响及风险分析，重大交易事项包括但不限于企业的经营活动、投融资活动、质押融资、关联方及关联交易、承诺事项、或有事项、债务重组、资产置换等。其中，重大事项可以参考审计报告中的披露说明。

第六，数据资源相关权利的失效情况及失效事由、对企业的影响及风险分析等，如数据资源已确认为资产的，还包括相关资产的账面原值及数据资源无形资产的累计摊销、失效部分的会计处理。

第七，数据资源转让、许可或应用所涉及的地域限制、领域限制及法律法规限制等权利限制。披露主体可以按表格形式说明相关情况。

第八，企业认为有必要披露的其他数据资源相关信息。

## 8.4　数据资产入表的难点

数据资产入表虽是客观的会计核算过程，满足资产确认条件的数据资产即可根据《暂行规定》以成本法进行列报与披露，但其确认却涉及更为复杂的法律问题。

### 8.4.1　数据权属问题

数据确权是数据资产入表面临的首要难题，是数据立法亟待解决的关键问题。数据在生产过程中不会被消耗且可以无限复制给多方使用，因此数据产业链所涉及的多个主体均享有数据资产的部分权利。这种非稀缺性和非排他性使得各数据主体之间的冲突难以调和，导致数据权属模糊。

从数据资产入表的角度看，企业首先需要在持有权层面确定其掌握的数据资源，数据资源本身不足以构成可入表的数据资产，只有经过处理以后才具备入表条件。进一步来说，对于企业通过外购等方式取得的数据资源，即使企业不拥有所有权，但是在遵守相关法律法规的前提下，企业依然可以享有数据资源持有权、数据加工使用权以及对合法拥有或控制的数据资源进行开发形成的衍生数据或数据产品的合法权利。在满足其他资产确认条件的前提下，这些数据资源便可依照相关会计处理规定入表。当前阶段,企业利用数据释放价值,首要前提是确定"数据二十条"框架下的"持有权"问题。只有确定了合法持有,才能进一步加工使用,以及进行数据资产入表。《企业会计准则——基本准则》第二十条第三款就规定,由企业拥有或者控制,是指企业享有某项资源的所有权,或者虽然不享有某项资源的所有权,但该资源能被企业所控制。由于无法对数据进行所有权层面的绝对确权,因此重点应该放在数据资源能否被企业控制上。

### 8.4.2 数据安全问题

企业对数据资源的控制事关重大,如何平衡数据利用和数据安全成为一个难题。于个人,数据主体多样化导致侵权手段多样化,个人隐私难以得到有效保护;于企业,数据密集型企业可能会利用平台流量、算法和数据等优势开发掠夺性业务并形成垄断地位,通过价格操纵、合谋协议、排他性交易、恶意并购等手段进行恶性竞争;于国家,数据跨境流动会增加数据外泄风险,可能会损害国家的经济利益甚至威胁国家安全。

### 8.4.3 数据合规问题

数据合规与数据安全息息相关。如前所述,可以被确认为企业资产的数据资源首先需要满足"由企业拥有或控制"的前提条件,虽然"数据二十条"提出的三权分置机制为解决数据权属问题提供了初步路径,但企业在实际经营中依然需要重点关注数据合规方面的问题。同数据无法进行所有权意义的确权道理相仿,数据合规也不能阻止第三方主张数据权利或者干涉数据持有,其主要作用是判断企业处理数据的合法性,以及识别数据处理过程中的潜在风险。换言之,因为在法律层面没有对数据进行确权,数据处理者对其数据不享有所有权意义的权利,所以必须通过数据合规来确认潜在的风险,以防止或缓释其他人的权利挑战,从而稳固数据持有权的基础。数据合规使得数据持有权具备了实践意义,能够支撑后续的数据加工使用权、数据产品经营权等的行使,为数据资源入表扫清源头上的障碍。

### 8.4.4　资产确认问题

（1）与该资源有关的经济利益很可能流入企业。实务中的"很可能"意味着经济利益流入企业的概率超过50%。但是如何论证数据资源是否很可能给企业带来经济利益在特定情形下往往较为困难。其一，数据资产与其他产品和服务的关联性高，通常与算法、人力资本和实物资产等共同带来经济利益，不易单独观察。其二，与数据资产有关的经济利益流入很大程度上与其他服务和产品相关，价值创造形式可以是产品升级、降本增效和科学决策等，经济利益难以单独识别。

（2）该资源的成本或者价值能够可靠地计量。数据资产价值具有易变性，其价值随应用场景、用户数量等的变化而变化。与其他类型的资源相比，数据资源通常伴随企业日常经营活动产生，因此在数据资源相关成本归集与分摊过程中，往往难以对企业经营成本与数据资源研究开发成本进行明确区分，这也是目前实务中数据资源成本计量的难点。

## 8.5　数据资产入表的案例

### 8.5.1　基本情况

A公司是一家致力于物联网技术创新的领军企业，成立20年来始终深耕于物联网技术的研发与应用，在物联网的感知层、平台层和应用层，公司积累了领先的核心技术，并在实践中获得了丰富的实施经验。A公司以数据为核心、依托强大的平台作为载体和中枢，通过建设工业互联网标识解析二级节点，从而实现物联网平台数据的互通与共享，最大化发挥数据价值。A公司为各个垂直行业提供专业的物联网数据服务，并通过构建全价值链的物联网云链大数据平台，推动行业数字化转型与升级。A公司物联网云链大数据平台从20×4年初开始建造，在20×4年4月底达到预定可使用状态，拟采用直线法进行摊销，摊销年限为5

年，预计无残值。物联网云链大数据平台在研究阶段发生相关支出 300 万元；在开发阶段发生支出 900 万元，其中按照无形资产准则相关规定符合资本化条件的支出为 500 万元。为了给物联网相关数据提供数据存储的功能，A 公司在 20×4 年 3 月开始了一项数据库研究开发项目，该项目预计 20×4 年底可以达到预定可使用状态。截至 20×4 年 6 月底，研究阶段发生相关支出 70 万元；开发阶段发生支出 400 万元，其中按照无形资产准则相关规定符合资本化条件的支出为 250 万元。此外，A 公司在 20×4 年初还花 800 万元从外部购买了两套同样的智能化推荐算法工具，准备未来出售给有关公司。B 公司于 20×4 年 6 月 1 日向 A 公司支付 500 万元购买了其中一套智能化推荐算法工具。A 公司所适用的所得税税率为 25%，本案例不考虑其他相关税费的影响。

## 8.5.2　案例分析

在本案例中，A 公司自建的物联网云链大数据平台和外购的智能化推荐算法工具这两项数据资源都符合资产确认条件，可以将其作为数据资产核算。

A 公司自建的物联网云链大数据平台在 20×4 年总共发生的支出为 1200 万元，当中符合资本化条件的支出为 500 万元，所以在 20×4 年 4 月底该物联网云链大数据平台达到预定可使用状态之后，可以将资本化支出 500 万元确认为无形资产，同时对该无形资产进行摊销。数据库研究开发项目在 20×4 年 6 月底还未达到预定可使用状态，因此无法将其确认为无形资产，但是在开发阶段满足资本化条件的支出 250 万元可以在开发支出科目中进行反映。外购的智能化推荐算法工具持有目的是出售，可以将其确认为存货，相关的购买支出计入营业成本。当 B 公司向 A 公司支付 500 万元购买了一套智能化推荐算法工具时，可以将这笔收入确认为营业收入。

就本案例而言，如果企业 A 在 2024 年上半年不按照《暂行规定》进行入表处理，A 公司在 2024 年上半年的收入为 30000 万元，资产规模为 100000 万元，经营活动产生的现金流量净额为 1500 万元。数据资产入表会给三大财务报表带来什么影响呢？（具体的变动情况见表 8-7 至表 8-9，仅列示了由于数据资产入表使各报表产生的变动）

首先是资产负债表。A 公司自建的物联网云链大数据平台满足无形资产的确认条件，应当反映在"无形资产"项目下增设的二级科目"数据资源"中，该二级科目的账面价值增加475万元（已扣除4月至6月的摊销额）。数据库研究开发项目可资本化资产250万元反映在"开发支出"项目下增设的二级科目"数据资源"中。持有目的是出售的智能化推荐算法工具的期末账面价值400万元应当反映在"存货"项目下增设的二级科目"数据资源"中。

其次是利润表。自建的物联网云链大数据平台和数据库研究开发项目应当费用化的支出920万元依旧反映在"研发费用"项目当中，符合资本化条件的支出750万元会导致研发费用的下降。其4月至6月的摊销额25万元计入"管理费用"当中。A公司外部购买智能化推荐算法工具已出售部分应确认相关的成本400万元和收入500万元，将其分别反映在"营业成本"和"营业收入"科目，入表前后无变化。

最后是现金流量表。自建的物联网云链大数据平台和数据库研究开发项目费用化支出920万元体现在经营活动产生的现金流量中，计入"支付其他与经营活动有关的现金"；可资本化的支出750万元体现在投资活动产生的现金流量中，计入"购建固定资产、无形资产和其他长期资产支付的现金"。外购智能化推荐算法工具支付的价款800万元体现在经营活动产生的现金流量中，计入"购买商品、接受劳务支付的现金"，向B公司出售外购智能化推荐算法工具产生的现金流入500万元将体现在经营活动产生的现金流量中，计入"销售商品、提供劳务收到的现金"，入表前后无变化。

表8-7　　　　　　　　　资产负债表

编制单位：A公司　　　　　　　20×4年6月30日　　　　　　单位：万元

| 资产 | 入表前20×4年6月30日 | 入表后20×4年6月30日 | 差异 |
|---|---|---|---|
| 流动资产： | | | |
| 存货 | 17600 | 18000 | 400 |
| 其中：数据资源 | 0 | 400 | 400 |
| …… | | | |
| 其他流动资产 | 400 | 0 | -400 |

续表

| 资产 | 入表前 20×4 年 6 月 30 日 | 入表后 20×4 年 6 月 30 日 | 差异 |
|---|---|---|---|
| 流动资产合计 | 18000 | 18000 | 0 |
| | | | |
| 非流动资产： | | | |
| 　固定资产 | 80000 | 80000 | 0 |
| 　无形资产 | 2000 | 2475 | 475 |
| 　　其中：数据资源 | 0 | 475 | 475 |
| 　开发支出 | 0 | 250 | 250 |
| 　　其中：数据资源 | 0 | 250 | 250 |
| 　　…… | | | |
| 　其他非流动资产 | 0 | 0 | 0 |
| 非流动资产合计 | 82000 | 82725 | 725 |
| | | | |
| 资产总计 | 100000 | 100725 | 725 |
| | | | |
| 　负债和所有者权益（或股东权益） | | | |
| 流动负债： | | | |
| 　应付账款 | 13750 | 13750 | 0 |
| 　应交税费 | 1250 | 1431.25 | 181.25 |
| 　　…… | | | |
| 流动负债合计 | 15000 | 15181.25 | 181.25 |
| | | | |
| 非流动负债： | | | |
| 　租赁负债 | 20000 | 20000 | 0 |
| 　　…… | | | |
| | | | |
| 非流动负债合计 | 20000 | 20000 | 0 |
| | | | |
| 负债合计 | 35000 | 35181.25 | 181.25 |
| | | | |

数据管理与数据资产化 --------------------------------------------------------

续表

| 资产 | 入表前 20×4 年 6 月 30 日 | 入表后 20×4 年 6 月 30 日 | 差异 |
|---|---|---|---|
| 所有者权益（或股东权益）： | | | |
|     未分配利润 | 65000 | 65543.75 | 543.75 |
|     …… | | | |
| 所有者权益（或股东权益）合计 | 65000 | 65543.75 | 543.75 |
| | | | |
| 负债和所有者权益（或股东权益）总计 | 100000 | 100725 | 725 |

**表 8–8**　　　　　　　　　　　　**利润表**

编制单位：A 公司　　　　　　　　20×4 年 6 月 30 日　　　　　　　　单位：万元

| 项目 | 入表前 20×4 半年度 | 入表后 20×4 半年度 | 差异 |
|---|---|---|---|
| 一、营业收入 | 30000 | 30000 | 0 |
| 减：营业成本 | 15000 | 15000 | 0 |
| 税金及附加 | 0 | 0 | 0 |
| 销售费用 | 0 | 0 | 0 |
| 管理费用 | 6500 | 6525 | 25 |
| 研发费用 | 3500 | 2750 | −750 |
| 财务费用 | 0 | 0 | 0 |
| …… | | | |
| 加：其他收益 | 0 | 0 | 0 |
| 投资收益（损失以"−"号填列） | 0 | 0 | 0 |
| 公允价值变动收益（损失以"−"号填列） | 0 | 0 | 0 |
| 资产处置收益（损失以"−"号填列） | 0 | 0 | 0 |
| …… | | | |
| 二、营业利润（亏损以"−"号填列） | 5000 | 5725 | 725 |
| 加：营业外收入 | 0 | | |
| 减：营业外支出 | 0 | | |
| 三、利润总额（亏损总额以"−"号填列） | 5000 | 5725 | 725 |
| 减：所得税费用 | 1250 | 1431.25 | 181.25 |
| 四、净利润（净亏损以"−"号填列） | 3750 | 4293.75 | 543.75 |
| （一）持续经营净利润（净亏损以"−"号填列） | 3750 | 4293.75 | 543.75 |
| （二）终止经营净利润（净亏损以"−"号填列） | | | |

**表 8 - 9**　　　　　　　　　　　　**现金流量表（部分）**

编制单位：A 公司　　　　　　　　　20×4 年 6 月 30 日　　　　　　　　单位：万元

| 项目 | 入表前 20×4 半年度 | 入表后 20×4 半年度 | 差异 |
|---|---|---|---|
| 一、经营活动产生的现金流量： | | | |
| 　销售商品、提供劳务收到的现金 | 500 | 500 | 0 |
| 　收到的税费返还 | 0 | 0 | 0 |
| 　收到其他与经营活动有关的现金 | 5220 | 5220 | 0 |
| 　　经营活动现金流入小计 | 5720 | 5720 | 0 |
| 　购买商品、接受劳务支付的现金 | 800 | 800 | 0 |
| 　支付给职工以及为职工支付的现金 | 500 | 500 | 0 |
| 　支付的各项税费 | 1250 | 1431.25 | 181.25 |
| 　支付其他与经营活动有关的现金 | 1670 | 920 | -750 |
| 　　经营活动现金流出小计 | 3720 | 3151.25 | -568.75 |
| 　　经营活动产生的现金流量净额 | 1500 | 2068.75 | 568.75 |
| 二、投资活动产生的现金流量： | | | |
| 　收回投资收到的现金 | 0 | 0 | 0 |
| 　取得投资收益收到的现金 | 0 | 0 | 0 |
| 　处置固定资产、无形资产和其他长期资产收回的现金净额 | 0 | 0 | 0 |
| 　收到其他与投资活动有关的现金 | 0 | 0 | 0 |
| 　　投资活动现金流入小计 | 0 | 0 | 0 |
| 　购建固定资产、无形资产和其他长期资产支付的现金 | 0 | 750 | 750 |
| 　投资支付的现金 | 0 | 0 | 0 |
| 　支付其他与投资活动有关的现金 | 0 | 0 | 0 |
| 　　投资活动现金流出小计 | 0 | 750 | 750 |
| 　　投资活动产生的现金流量净额 | 0 | -750 | -750 |
| 　……… | | | |

# 第9章

# 数据资产的流通与交易

数据的流通和交易是构建数据要素市场的重要环节，数据在流通和交易方面的难易程度决定了数据资产价值的高低。为了畅通数据要素的流通渠道，中国成立了超过50余家数据交易所为数据交易提供包括数据登记、撮合交易、数据评估、数据金融服务等功能，目的是提升数据要素的流通性，推动数据要素市场的建立。本章主要围绕数据资产的登记与流动、数据资产交易等问题展开论述。

## 9.1　数据资产的登记与流通

### 9.1.1　数据资产的登记

#### 9.1.1.1　我国数据资产登记制度现状和存在的问题

目前，我国已有许多与资产相关的登记制度，部分典型企业资产登记制度见表 9 - 1。从表中可以看出，与企业资产有关的登记基本上以全国统一的登记制度作为登记依据，在分管部门的领导下由行政机构或委托机构来担任登记机构。这些登记制度设立的目的和功能也具有一定的共性，包括权属确认、监督管理、市场效率、政策依据、公开公示及统计汇总等功能。

表 9-1　　　　　　　　　　　　　企业资产登记制度

| 登记类型 | 登记依据 | 登记机构 | 登记目的 | 登记者 | 登记对象 | 登记载体 |
|---|---|---|---|---|---|---|
| 不动产统一登记 | 《不动产登记暂行条例》 | 各级不动产登记机构 | 权属界定、汇总统计 | 当事人或其他代理人 | 土地、海域及房屋、林木等定着物 | 不动产登记簿(电子介质)、不动产登记信息管理基础平台 |
| 自然资源统一确权登记 | 《自然资源统一确权登记暂行办法》 | 自然资源主管部门 | 权属界定、汇总统计 | 省级及省级以下登记机构 | 水流、森林、山岭、草原、荒地、滩涂、海域、无居民海岛及探明储量的矿产资源等自然资源的所有权和所有自然生态空间 | 自然资源登记簿(电子介质)、自然资源登记信息系统 |
| 动产融资统一登记公示 | 《动产和权利担保统一登记办法》 | 人民银行征信中心 | 公开公示、监督管理、市场效率 | 担保人或委托人 | 生产设备、原材料、应收账款质押、存款单、融资租赁、保理等 | 动产融资统一登记公示系统 |
| 证券登记结算 | 《证券登记结算管理办法》 | 中国证券登记结算有限公司 | 市场监督、防范风险、汇总统计 | 上市证券的发行人 | 股票、债券、债券投资基金份额等证券及证券衍生品种 | 证券持有人名册 |
| 市场主体登记 | 《中华人民共和国市场主体登记管理条例》 | 市场监督管理部门 | 入市资格、监督管理、公开公示、统计汇总 | 市场主体或委托中介机构 | 公司、个人独资企业、农民专业合作社、个体工商户、外国公司分支机构、其他 | 国家企业信用信息公示系统 |
| 信托登记 | 《信托登记管理办法》 | 中国信托登记有限责任公司 | 监督管理、市场效率、汇总统计 | 信托机构 | 信托产品及其受益权信息和变动情况 | 信托登记系统 |
| 软件著作权登记 | 《计算机软件保护条例》《计算机软件著作登记办法》 | 中国版权保护中心 | 拓展界定、统计汇总 | 著作权人及其他相关人 | 软件著作权、软件著作权专有许可合同、转让合同 | 中国版权保护中心著作权登记系统 |
| 软件产品登记 | 《软件产品管理》 | 软件产业主管部门授权软件产品登记机构 | 市场准入、市场监管、落实政策、公示公开 | 软件著作权人 | 国产软件产品、进口软件产品 | 软件产品登记系统 |
| 专利质押登记 | 《专利权质押登记办法》 | 国家知识产权局 | 市场效率、权属界定、汇总统计 | 单位、个人、专利代理机构 | 专利权 | 专利登记簿 |

目前，数据资产登记工作的探索具有创新性，但仍存在三个主要问题。

（1）数据资产登记的概念及定位不明确。从已有的实践来看，数据资产登记工作基本上沿袭了政务数据资源目录登记体系的做法，尽管在认识上把数据资产登记作为数据流通交易的一个"前道工序"来对待，但是没有体现数据资产登记作为权属登记、促进市场交易、加强监督管理的主要功能。

（2）数据资产登记的制度体系尚未建立。尽管部分省市和地方政府推出了关于数据资产登记的建设任务，但是关于数据资产登记者及其基本条件、数据资产登记机构及其权威性、数据资产登记对象及其认定标准、数据资产登记平台及其登记办法、数据资产登记证书等诸要素还没有完全确立起来。

（3）参与数据资产登记的机构积极性不高。从实践及相关报道来看，目前参与数据资产登记的机构还不多，尤其是企业参与数据资产登记工作存在着认识不足、驱动力不足、能力不足的问题。

### 9.1.1.2 数据资产登记的概念

数据资产登记是指对数据要素、数据产品及其权属进行登记的行为。数据资产登记的主体（登记者）是各类经济主体、组织和个人，一般是数据资源物权的权利人、利益相关人或持有人。登记对象是登记者持有和控制的、经过一定审核程序以后可以认定的资源性数据资产和经营性数据资产。登记机构根据登记者的申请登记内容，依据法定的程序对申请进行实质性审查，最终实现向权利人以外的人公示数据资产的内容及其权利状态和其他事项。一个有效的数据资产登记体系建设需要遵守"七统一"的原则——统一登记依据、统一登记机构、统一登记载体（平台系统）、统一登记程序、统一审查规则、统一登记证书、统一登记效力。

基于数据资产的分类，数据资产登记也可以分为资源性数据资产登记和经营性数据资产登记，其中资源性数据资产登记可称为数据要素登记，经营性数据资产登记可称为数据产品登记，二者的差异性如表9-2所示。

表9-2　　　　　　　　　　不同类型数据资产登记要素

| 要素 | 资源性数据资产登记 | 经营性数据资产登记 |
| --- | --- | --- |
| 登记目的 | 以事实记录、权属界定、资产评估、统计汇总为主 | 以权属界定、流通交易、监督管理为主。特别是作为流通交易过程的重要组成部分 |

续表

| 要素 | 资源性数据资产登记 | 经营性数据资产登记 |
|---|---|---|
| 登记对象 | 数据要素资源性资产，一般是静态资产，登记基本单位尚需界定，需要在实践中探索 | 经营性数据资产，伴随着数据产品的交易和流通而动态变化的资产 |
| 登记机构 | 具有权威性的国家级机构或各地政府授权的专门从事数据资产登记的机构 | 具有权威性的国家级机构或各地政府授权的数据交易机构或专门从事数据资产登记的机构 |
| 登记载体 | 需要国家权威部门发布登记的内容和集中或一体化的登记系统 | 以满足登记目的为核心的登记内容，并可以由交易机构或登记机构独立设计 |
| 登记者 | 持有数据要素资源的企业或机构，覆盖面广 | 数据产品的供方（持有方） |
| 登记者的优势 | 可以对数据资源事实、权属做认定，便于以后开发数据产品 | 参与市场流通交易，实现数据资产的变现，并为今后数据资本化提供基础 |

## 9.1.2 数据资产的流通

学术层面，学者们也针对数据流通利用展开丰富的探讨。孙静和王建冬（2024）提出数据要素实现市场化配置要经历资源化、资产化和资本化三个发展阶段。从数据资产的流通逻辑看，数据作为继资本、土地、劳动力、技术等生产要素后的又一关键要素，要使其实现自由流通，需要构建数据要素市场，为数据经济发展带来新机遇（于施洋等，2024）。

### 9.1.2.1 公共数据开放

（1）现实背景。政府数据实现流通的主要途径包括数据共享、数据开放和数据交易。2017年12月，习近平总书记在中共中央政治局就实施国家大数据战略的第二次集体学习中强调，"推进数据资源整合和开放共享""加强政企合作、多方参与，加快公共服务领域数据集中和共享"。2022年12月发布的"数据二十条"提出"对各级党政机关、企事业单位依法履职或提供公共服务过程中产生的公共数据，加强汇聚共享和开放开发"。根据《2023中国地方公共数据开放利用报告（省域）》，截至2023年8月，我国已有226个省级和城市的地方政府上线了数据开放平台，其中，省级平台22个（不含直辖市和港澳台），城市平台 204 个；与 2022 年下半年相比新增了 18 个地方平台。而相较于开始有公开数据的 2017 年，全国地级及以上公共数据开放平台数量更是增长了 10 倍之多。

（2）公共数据定义与内涵。从我国发布的政策文件看，对公共数据概念的论述差异不大。2021 年发布的《深圳经济特区数据条例》提到，公共数据是指公共管理和服务机构在依法履行公共管理职责或者提供公共服务过程中产生、处理的数据；公共数据开放是指公共管理和服务机构通过公共数据开放平台向社会提供可机器读取的公共数据的活动。随后，《上海市数据条例》发布，针对公共数据定义在原有主体（公共管理和服务机构）的基础上增加了供水、供电、供气、公共交通等提供公共服务的组织。

国内外学者们对公共数据的定义也展开了丰富的研究。例如，郑磊（2015）区分了开放政府数据、开放数据和公共数据，其中，开放数据对象包括政府、企业和社会组织等多部门；公共数据的数据类型更广，不仅包括政府数据，还包括公共事业部门的数据和信息，如图书馆、档案馆等所搜集、整理或保管的相关信息。王本刚和马海群（2022）通过对国内外开放数据相关政策和报告分析发现，基于公共部门的公共数据定义可以称为狭义的公共数据，而基于公共领域的公共数据定义可以称为广义的公共数据。斯卡娅等（2022）对开放数据的定义更为广泛，即除个人数据（脱敏脱密前）、第三方专有数据、机密或商业敏感数据外，任何数据均可开放，同时，作者还提出现有开放数据侧重点在于公共部门数据，未来的研究中还需关注数据重用后的新生数据，以及第三方使用自动化程序、从网络平台提取的可公开访问的数据。

基于上述国内外政策文件和学术界的研究的梳理，本书参考欧阳日辉和杜青青（2023）对公共开放数据的广义和狭义定义，对其定义如下：狭义公共开放数据是指公共管理和服务机构面向社会各界免费获取、可机读、可重复使用的数据集，其中，政府开放数据是公共开放数据的一大重要组成部分。广义公共开放数据是指可以在公共领域免费获取、可机读、可重复使用的所有数据，数据提供者包括政府机构、科研院所、企事业单位、专业机构、社会团体等。数据开放是指在确保网络安全和数据安全的前提下，政府向社会公开一定范围内的数据，供公众查询和使用。这不仅有助于增强公众对政府工作的透明度和信任度，还能够促进数商企业基于公开数据进行产品开发和应用，推动数字经济的发展。开放数据与公共数据组成部分如图 9 - 1 所示。

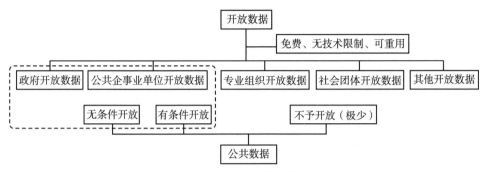

**图 9 - 1　开放数据与公共数据组成部分**

### 9.1.2.2　公共数据授权经营

随着数字政府建设不断深入和持续推进，催生了范围广泛、数据庞大的公共数据，这些公共数据不仅是数据治理资源，也是构成数据要素市场的重要一环，还可作为继劳动力、人口、技术等生产要素后的又一生产要素，赋能数字经济。前述提到公共数据的市场化自由流通可选择免费、特许授权经营和申请授权使用，现阶段大部分数据以免费开放方式进入市场，然而，这部分免费开放的数据十分有限，可能面临数据质量差、安全风险高等问题，导致公共数据催生的经济价值并未得到充分发挥（胡业飞和田时雨，2019）。

根据南都大数据研究统计的数据，截至 2024 年 6 月底，各地至少已公布 50 份公共数据授权运营专门政策文件，部分政策文件如表 9 - 3 所示。其中，96% 涌现在中共中央、国务院印发《关于构建数据基础制度更好发挥数据要素作用的意见》之后。不过在广东，无论省级层面还是广州、深圳等市级层面，暂时未有公共数据授权运营的专门管理办法或者实施细则。

表 9 -3　　　　　　　　　省级和地级市公共数据授权政策

| 时间 | 政策 |
| --- | --- |
| 2020 年 10 月 | 《成都市公共数据运营服务管理方法》 |
| 2023 年 7 月 | 《长沙市政务数据运营暂行管理办法（征求意见稿）》 |

| 时间 | 政策 |
|---|---|
| 2023 年 8 月 | 《浙江省公共数据授权运营管理办法（试行）》 |
| | 《长春市公共数据授权运营管理办法》 |
| 2023 年 9 月 | 《杭州市公共数据授权运营实施方案（试行）》 |
| 2023 年 10 月 | 《济南市公共数据授权运营办法》 |
| 2023 年 12 月 | 《北京市公共数据专区授权运营管理办法（试行）》 |
| 2024 年 1 月 | 《天津市公共数据授权运营试点管理暂行办法》 |
| | 《银川市公共数据授权运营试点实施方案（2024－2025 年）（试行）》 |
| | 《沈阳市公共数据授权运营工作指南（试行）》 |
| | 《石家庄市公共数据运营管理办法（征求意见稿）》 |
| 2024 年 3 月 | 《南京市公共数据授权运营管理暂行办法（征求意见稿）》 |
| 2024 年 4 月 | 《南京市公共数据授权运营管理暂行办法》 |

现有的公共数据授权运营主要模式包括统一授权运营模式、分场景授权模式和分级授权模式。

统一授权：数据管理部门将某一地区或某一领域内的所有公共数据统一授权给一个或多个指定运营主体进行开发、运营和生态建设，如福建和山西等。统一授权并不意味着独家授权。统一授权的特点为操作简便、能迅速整合资源从而形成规模效应，然而由于授权主体的能力过强或责任过于重大，可能会存在垄断和资源浪费的情况。

分场景授权：数据管理部门区分应用场景将公共数据授权给运营主体进行运营平台建设和产品研发，如北京的金融专区授权、浙江的医疗数据授权等。分场景授权不意味着独家授权，如浙江将公共医疗数据授权给了阿里健康、温州卓健、国数联仁等多个运营主体进行运营。

分级授权：首先由数据管理部门将属地公共数据授权给综合运营方进行建设运营，其次由数据来源部门区分场景交给数据开发方进行产品研发，如济南、厦门等。此模式既保证了运营环节的效率，也发挥了开发环节的市场化作用。

### 9.1.2.3　数据共享与数据要素流通的区别

数据共享是指在不同的组织、机构或个人之间，按一定的规则和标准，相互开放和交换数据资源的过程，其目的是提高数据的利用效率，打破"信息孤岛"，促进跨部门、跨领域、跨地区的合作与协同。

数据要素流通是指将数据作为产品进行分类定价、流通和买卖，是数据要素价值和作用发挥的重要途径，包括数据的确权、交易、使用及监测等环节。数据要素流通的市场环境涉及数据供需、数据安全、数据授权和数据交易规则等多方面因素。数据共享重点关注机密性、完整性、访问控制，支持跨系统协同、移动办公等。数据要素流通重点关注权属确定、权益转移、使用验证、争议仲裁等。

数据交易是数据需求方通过支付费用从数据提供方获取数据的过程。数据交易涵盖了数据要素交易方、监测方在要素价值、数据权属、交易内容、契约细节、履约验证等方面的交易关联内容。数据要素频繁流通会因保管不善、越权滥用、脱敏防护不够等因素导致隐私泄露。数据交易的安全则主要涉及交易攸关方的匿名性、可认证性、权限控制，交易内容的机密性、完整性、不可否认性，交易契约的不可篡改性、可验证性等内容。

### 9.1.2.4　数据要素流通模型及主要环节

数据要素流通是在网络通信基础设施、数据流通基础设施上确保数据符合预期的交易与使用，数据要素流通模型如图9-2所示，其环节包括采集与治理、数据确权、数据资产发布、数据交易与安全交付、数据使用、数据销毁、流通存证与仲裁。其中，采集与治理是数据持有者对数据进行清洗、分类分级、元数据管理等操作，便于后续的数据流通利用；数据确权由权威机构确定数据归属，并在数据所有权和收益权纠纷时，利害关系人可以通过仲裁的方式解决争议，其关键技术包括权属属性提取、权属可信登记、权属离线验证、抗毁的权属仲裁等；数据资产发布是将确权后的数据资产在交易平台发布，从而方便数据要素的交易，其关键技术包括数据目录可信构建、资产价值估值等；数据交易与安全交付是指在数据交易过程中有关方依据交易方意愿磋商交易契约，并根据契约准确完整及时地把数据交付给数据使用方，其关键技术包括与有关方信誉评估、交易智能撮合、履约自动核验、交易数据安全撤销、权属回退等；数据使用是指数据使用方根据契约约定对数据进行加工利用，实现数据增值，数据使用应确保在流转全流程中按照契约约束实现使用控制，并能对使用过程进行远程验证，数据可以根据契约再次发布并实现二次交易，加工后的衍生数据可以再次确权进入数据要素流通；数据销毁是在数据达到使用目的后根据契约或者数据所有者要求销毁数据；流通存证与仲裁是在数据要素流通的全流程中实现存证，并且在发生纠纷时利害关系人可以通过仲裁的方式解决争议。

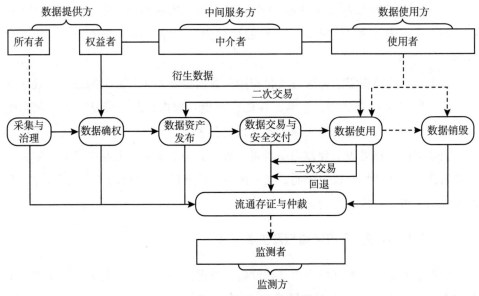

图 9 - 2　数据要素流通模型和环节

## 9.2　数据资产交易

### 9.2.1　交易的数据资产形成路径

数据流动的形式包括数据共享、数据开放、数据交易等。一方面，数据共享的使用场景较少，原因在于数据具有可复制性、可重复使用等特点，若企业依靠数据产品获利，数据共享的形式将会使企业利润降低。但另一方面，企业之间或企业与政府机构实现数据共享可破除"数据孤岛"，企业之间将形成战略互补。但数据共享的限制条件较多，当法律条款和道德标准能保障数据的安全性时，企业可能会进行数据共享。大部分数据共享的数据主体是政府机构，提升公开数据的透明性和政府执政的公信力。数据开放在数据流通章节已充分论述，本节不再赘述。数据交易是当前数据流动的重要形式，是数据资产形成的必要路径，同时还是释放数据要素价值的关键途径。数据交易是数据供方和需方之间以数据商品作为交易对象，进行的以货币或货币等价物交换数据商品的行为。

当前，可交易的数据资产形成路径包括以下三种类型：第一，数据生产方交易其生产的数据；第二，数据采集方通过不同渠道获取数据并交易；第三，数据购买方购买数据并进行二次交易。

## 9.2.2 数据资产交易现状

近年来政府部门发布多项与数据资产交易相关的政策支持，不断完善数据交易和流通相关规则，旨在以高新技术为手段，建立数据交易中心，建立数据资产的交易标准和数据资产的市场流通规则，完善数据交易流程从而规范数据要素市场。相关政策文件如表9-4所示。

表9-4 相关政策文件及内容

| 时间 | 政策文件 | 内容 |
| --- | --- | --- |
| 2020年5月 | 《工业和信息化部关于工业大数据发展的指导意见》 | 构建工业大数据资产价值评估体系，研究制定公平、开放、透明的数据交易规则，加强市场监管和行业自律，开展数据资产交易试点，培育工业数据市场 |
| 2020年9月 | 《国务院关于印发北京、湖南、安徽自由贸易试验区总体方案及浙江自由贸易试验区扩展区域方案的通知》 | 探索创新数据确权、数据资产、数据服务等交易标准及数据交易流通的定价、结算、质量认证等服务体系，规范交易行为 |
| 2020年12月 | 《关于加快构建全国一体化大数据中心协同创新体系的指导意见》 | 完善覆盖原始数据、脱敏处理数据、模型化数据和人工智能化数据等不同数据开发层级的新型大数据综合交易机制 |

续表

| 时间 | 政策文件 | 内容 |
|---|---|---|
| 2021 年 4 月 | 《重庆市服务业扩大开放综合试点总体方案》 | 探索创新数据确权、数据资产、数据服务等交易标准及数据交易流通的定价、结算、质量认证等服务体系，规范交易行为 |
| 2022 年 1 月 | 《国务院办公厅关于印发要素市场化配置综合改革试点总体方案的通知》 | 规范培育数据交易市场主体，发展数据资产评估、登记结算、交易、争议仲裁等市场运营体系，稳妥探索开展数据资产化服务 |
| 2022 年 1 月 | 《国务院关于印发"十四五"数字经济发展规划的通知》 | 规范数据交易管理，培育规范的数据交易平台和市场主体，建立健全数据资产评估、登记结算、交易撮合、争议仲裁等市场运营体系，提升数据交易效率。严厉打击数据黑市交易、营造安全有序的市场环境 |
| 2022 年 1 月 | 《国家发展改革委等部门关于推动平台经济规范健康持续发展的若干意见》 | 从严管控非必要采集数据行为，依法依规打击黑市数据交易、大数据杀熟等数据滥用行为 |
| 2022 年 1 月 | 《国务院关于支持贵州在新时代西部大开发上闯新路的意见》 | 支持贵阳大数据交易所建设，促进数据要素流通 |
| 2022 年 1 月 | 《关于深圳建设中国特色社会主义先行示范区放宽市场准入若干特别措施的意见》 | 以人民币结算为主，研究推出一批需求明确、交易高频和数据标准化程度高的数据资产交易产品，利用区块链、量子信息等先进技术实现数据可交易，流向可追溯、安全有保障，探索建立数据要素交易领域相关标准体系 |
| 2022 年 12 月 | 《中共中央、国务院关于构建数据基础制度更好发挥数据要素作用的意见》 | 提出要充分发挥我国海量数字规模和丰富应用场景优势，建立合规高效、场内外结合的数据要素流通和交易制度，激活数据要素潜能 |
| 2023 年 12 月 | 《"数据要素×"三年行动计划（2024—2026 年)》 | 进一步明确目标，"数据产业年均增速超过 20%，数据交易规模增长 1 倍，场内交易规模大幅提升" |
| 2023 年 12 月 | 国家发展改革委、国家数据局等五部门《深入实施"东数西算"工程 加快构建全国一体化算力网的实施意见》 | 提出依托国家枢纽节点布局，差异化统筹布局行业特征突出的数据集群，促进行业数据要素有序流通，打造一批涵盖算力利用与数据开发的行业数据应用空间，服务行业大模型的基础实验及商业化应用。推动各级各类数据流通交易平台利用国家枢纽节点算力资源开展数据流通应用服务，促进数据要素关键信息登记上链、存证备份、追溯溯源 |

　　数据资产交易可分为两个阶段，分别是 1.0 阶段和 2.0 阶段。（1）1.0 阶段：2015 年至 2017 年，第一波"爆发期"：自 2015 年贵阳大数据交易所正式挂牌运营以来，先后有近 20 家数据交易所成立。由于缺少强力法律保障和独特优势，无法打败数据灰产交易，部分交易所已经处于名存实亡状态。（2）2.0 阶段：2020 年之后，北京和上海等地成立了新一批数据交易所，且未来还会有多个交易所准备落地。2.0 阶段数据交易所更注重国有股权和生态建设，目前处于蓬勃发展和活跃探索阶段。数据交易平台类型、来源主体和提供的数据服务如表9 - 5 所示。

表 9 - 5　　　　　　　　　　　　　　数据平台分类

| 项目 | | 分类 | 备注 |
|---|---|---|---|
| 平台类型 | 业务性质 | 第三方交易平台 | 提供撮合服务为主，主要提供数据买卖、查询以及需求发布等服务 |
| | | 综合性数据交易平台 | 提供撮合服务，也提供数据采集、处理、存储和定制等综合类服务 |
| | 建设主体 | 以企业为主导的交易平台 | 如阿里云、京东万象、浪潮天元数据 |
| | | 以国资委主导探索建设的交易中心 | 如贵阳大数据交易所、上海数据交易中心、深圳数据交易所、广州数据交易所 |
| 数据来源主体 | 政府公开数据 | | 行政机关在履行相应职责过程中生产、采集、加工、使用和管理的数据，具有数量大、增长快、权威性、公共性、经济和社会价值大等特点 |
| | 企业数据 | | 企业数据泛指所有与企业经营相关的信息、资料，包括公司概况、产品信息、经营数据、研究成果等 |
| | 个人数据 | | 个人数据是指任何已识别或可识别到特定个人的信息，包括姓名、身份证件号码、出生日期、联系方式、住址、通讯信息、行踪轨迹、财产信息、住宿信息或者生理信息等 |
| 提供的数据服务 | 提供直接的数据产品 | | API 接口、数据包 |
| | 提供定制服务 | | 根据客户需求提供解决方案或开发数据产品 |
| | 提供技术服务 | | 云存储 |
| | 提供培训服务 | | 数据工程师、分析师等培训 |

### 9.2.3 数据交易分类

近年来，我国数据交易行业迅猛增长，各地数据交易所建设如火如荼。人民数据库显示，截至 2023 年 12 月底，我国经营状态为存续的数据交易类企业（交易所、数商）数量约 154030 家，其中，约 30% 成立于 1 年以内。

数据交易市场目前分为场内交易和场外交易。其中，场内交易是指通过数据交易所或数据交易中心进行的数据交易，场外交易则是由企业或个人之间自主产生的数据交易，又称为自主交易市场。由于目前法律层面并未严格要求所有的数据交易都要在特定地点进行，交易双方可以在数据交易所交易，也可以在数据交易所之外的任何场合自行交易。据中国信通院数据要素市场研究团队发布的《数据价值化与数据要素市场发展报告（2023 年）》，目前我国数据流通交易仍以场外交易为主，场内数据交易只占数据交易市场总规模的 4%，其余均为场外零散的"点对点"交易。据国家发展改革委价格监测中心对国内主要 16 家数据交易场所统计，2023 年我国数据市场场内交易总额不到 150 亿元，占整个数据市场份额不足 10%。同时，也存在场景释放不够、数据供给不足、流通机制不畅等问题。当前数据交易场外过热、场内交易冷清的现象折射出国内数据合规交易方式不清晰和未完善、合规交易通道尚未普及的问题，数据场外交易的快速发展为非法数据交易的滋生提供了温床，从数据来源来看主要集中于泄露及攻击行为，前者主要是单位内部数据保护管理的缺失，使得员工有机会贩卖所接触的数据，后者主要通过爬虫对数据进行爬取或通过技术对计算机系统进行攻击而获取数据。

因此，发展场内交易的必要性日益凸显。各大数据交易所正在通过多种形式，通过数据登记和技术加强数据权益使用等方式，努力解决数据确权困境，以确保数据交易的合法合规。场内交易持续发掘创新的数据应用场景，其行业范围正在逐渐拓展至金融、医疗、交通、工业等领域。随着国家数据安全监管要求不断的深入以及数据交易流通技术的日益成熟，场内交易市场占有份额将会得到进一步的提高。如此一来，数据要素的安全流通才能得以更好的实现。因为许多地区都采用了法定的方式来规定公共数据必须参与交易，因此公共数据逐渐成为数据交易平台的重要来源之一。与此同时，数据交易平台的公共价值也变得越来越明显，为数据产业的发展提供了支持。在这种情况下，数据交易产业链逐步形

---

成，未来有望构建一个完整的商业生态系统。

## 9.2.4　数据交易流程

数据交易是数据要素市场体系的核心环节，也是数字经济发展的重要构成。随着我国数据要素资源规模持续扩大，数据交易市场也日趋繁荣，自 2015 年成立全国首个大数据交易所以来，在数据要素市场建设相关政策的推动下，各地数据交易平台、数据交易中心、数据交易所不断涌现出来。根据零壹智库《全国 44 家数据交易所规模、股权、标的、模式分析》报告，全国数据交易场所的模式可能有所差异，但总体流程上可总结为 "数据交易七步法"，如图 9 - 3 所示。

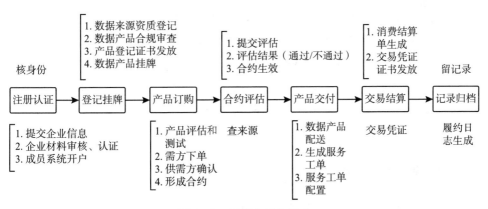

**图 9 - 3　数据交易七步法**

结合现有文献和研究报告，本书将数据交易的流程归纳如下。

首先，企业应该对数据资源进行筛选。考虑到数据资源价值未知，数据主体需要以数据资产特征和价值要素为基础，分别从数据规模、相关性、时效性、用户需求性来判断数据价值。筛选数据后，需要保留有价值的数据，对有价值数据资源进行进一步挖掘、归纳、整理、加工、分析，同时淘汰无价值的数据资源，这部分数据资源随着政策和宏观环境的变化，将会重新获得价值并进行资本化。

其次，进行数据资产确权，即以解决市场主体实际问题为导向，突破传统权利框架、淡化所有权、强化使用权，按照数据生产、流通、使用过程的不同场景确定不同市场主体在数据利用各个环节中的权利。在完成数据确权后进行数据登记。数据资产登记不同于不动产、注册商标或者专利登记，登记本身并不产生实体法上的确权效力，数据资产登记凭证的效力也都仅限于对数据资产的证明性登记，本身不起到确权的法律效力。之后便可进入市场进行流通。对数据资产进行数据登记时，需要按照数据类型、使用场景进行分类，制定数据资产类别编码，避免数据资产在流通过程中因属性、类型等问题而造成分歧。

最后，有数据资产交易需求的数据资产使用者经过身份识别、验证等入场检验进入市场，数据供应商和数据采集者双方进行交易，形成系列交易数据，进而形成闭合循环。此外，数据资产使用者在入场时要进行用户登记、身份查验。

## 9.2.5　数据流通与交易的主要模式

物联网、人工智能、5G 技术的应运而生标志着数据经济时代的到来，数字经济是继农业经济、工业经济之后出现的数据形态，以数据资源为关键要素，以现代信息网络为主要载体。数据资源已成为继土地、劳动力、资本后的又一大生产要素。发挥数据价值的关键在于数据流通。但由于法律法规不健全、数据交易市场管理体系不完善、数据交易平台和技术不完善等原因，导致数据流通过程中存在显著的问题和挑战，解决数据流通问题刻不容缓。

### 9.2.5.1　美国数据交易模式

2024 年 4 月 24 日，美国总统拜登正式签署《阻止外国对手获取美国人数据法案》（*The Protecting Americans' Data from Foreign Adversaries Act of* 2024，PADFA）。根据 PADFA 的定义，数据经纪人是指通过收集个人数据，然后创建个人数据文档，接着向他人出售、出租、提供访问渠道等方式分享这些数据的公司，数据交易的过程需要支付一定的对价（valuable consideration），而并非直接将收集的数据转移给他人。

数据经纪人可以是单边数据提供模式中的数据产品提供商、数据服务提供商，也可以是数据交易平台模式中的数据交易平台，还可以是数据管理系统模式下的数据管理系统。根据买卖双方的不同身份和不同的交易关系，可将数据经纪人分成三类：（1）消费者对企业（Customer to Business，C2B）分销模式。个人用户将个人信息数据提供给数据经销商，数据平台向用户给付一定数额的商品、货币、服务等物或者优惠、打折、积分等对价利益，然后形成个人数据文档，并将个人数据文档出租、出售给数据买方。（2）企业对企业（Business to Business，B2B）集中销售模式。此种模式下数据经纪人发挥数据交易平台的作用：以中间代理人身份为数据提供方和数据购买方提供数据交易撮合服务，包括数据查询、订阅、购买、预览等活动。数据提供方、数据购买方都是经交易平台审核认证、自愿从事数据买卖的实体公司；数据提供方往往选择一种交易平台支持的交易方式对数据自行定价出售，并按特定交易方式设定数据售卖期限及使用和转让条件。（3）数据平台 B2B2C 分销集销混合模式。数据平台以数据经纪商（data broker）身份，收集用户个人数据并将其转让、共享于他人。在美国数据交易的三种主要模式中，第三种数据平台 B2B2C 分销集销混合模式发展迅速，目前已经形成相当市场规模，塑造了在美国数据产业中占据重要地位的数据经纪产业。

虽然数据经纪人行业在美国发展较为成熟，但作为新兴行业，数据经纪人行业仍存在消费者数据权利缺位、行业透明度低、潜在的消费者歧视等风险和问题，为保障数据交易平稳运行，美国政府和行业协会分别从政府监管和行业自律两方面采取相应措施。

### 9.2.5.2　中国数据交易模式

（1）交易撮合模式。交易撮合模式与国外的数据交易平台模式类似，以国内数据交易所作为数据交易的平台，允许数据买卖双方之间进行交易。作为国内第一家数据交易所，贵阳大数据交易所早期采用"撮合交易""直接交易"模式，即交易所与数据卖家协商制定，数据内容与交易价格在平台网站挂出。买家看中，在平台上拍下就算交易成功。在交易撮合模式下，由数据交易所搭建数据交易的第三方中介机构，数据交易所不存储和分析数据，数据交易系统中的数据处理模块仅需要对数据交易平台上采集的业务数据进行清洗、脱敏、分析等处理。此外作为交易渠道，数据交易所通过 API 接口形式为各类用户提供出售、出租数据的服务，实现流程化管理。

（2）单边数据经纪模式。国内的单边数据经济模式与国外数据交易模式中的单边数据提供模式类似，企业可以利用自身数据优势或采取为客户定制数据的方式进行数据交易。

一方面，我国的数据密集型企业（尤其是大型互联网平台企业）利用自身的数据优势主导建立数据交易或服务市场，将企业数据再利用，实现数据的交易。以阿里数据为例，阿里数据利用阿里巴巴集团旗下的数据储备，面向电商企业提供数据分析产品，帮助电商集团预测市场走势，进行物流和仓储等环节优化。

另一方面，一些自身数据持有量不大的数据产品提供商则主要依赖"采销一体"的数据交易模式。这类提供商往往面向特定市场的需要，采集特定资源，根据业务需要组织成数据产品，如万得（Wind）数据、聚合数据、数据堂等。以数据堂为例，数据堂拥有1000家以上合作伙伴涵盖全球50多个国家或地区，配置专业数据采集设备并拥有自主研发的加密数据采集工具。客户只需要提出自己的需求，数据堂就能够为其定制采集方案并采集数据，全程为客户量身定制并确保数据的安全。这种交易模式采取更加市场化的运营模式，门槛相对较低，能够调动数据提供方与需求方的积极性，有利于数据的汇聚和再利用。

### 9.2.6 国内数据交易所发展概况分析

数据交易场所（平台/机构）是指线上或线下的、有相应设备和人才支撑的、已制定相应的交易规范和市场准则的、能聚合大量参与主体使数据自由合法交易的场所，包括数据交易所、数据交易中心和数据交易平台等。中国信息通信研究院的数据显示，截至2022年11月，我国各地先后成立48家数据交易所（中心、平台），其中部分已注销，仍有部分数据交易所正在筹备建设中，具体情况见表9-6。

表9-6 我国数据交易所的名称及地区

| 序号 | 成立年份 | 名称 | 地区 |
| --- | --- | --- | --- |
| 1 | 2014 | 中关村数海大数据交易平台 | 北京 |
| 2 | 2014 | 北京大数据交易服务平台 | 北京 |
| 3 | 2014 | 香港大数据交易所 | 香港特别行政区 |
| 4 | 2015 | 交通大数据交易平台 | 广东深圳 |
| 5 | 2015 | 河北大数据交易中心 | 河北承德 |
| 6 | 2015 | 杭州钱塘大数据交易中心 | 浙江杭州 |

续表

| 序号 | 成立年份 | 名称 | 地区 |
|---|---|---|---|
| 7 | 2015 | 华东江苏大数据交易平台 | 江苏盐城 |
| 8 | 2015 | 华中大数据交易平台 | 湖北武汉 |
| 9 | 2015 | 重庆大数据交易市场 | 重庆 |
| 10 | 2015 | 西咸新区大数据交易所 | 陕西 |
| 11 | 2015 | 武汉东湖大数据交易中心 | 湖北武汉 |
| 12 | 2015 | 武汉长江大数据交易中心 | 湖北武汉 |
| 13 | 2015 | 贵阳大数据交易所 | 贵州贵阳 |
| 14 | 2016 | 亚欧大数据交易中心 | 新疆乌鲁木齐 |
| 15 | 2016 | 丝路辉煌大数据交易中心 | 甘肃兰州 |
| 16 | 2016 | 深圳南方大数据交易中心 | 广东深圳 |
| 17 | 2016 | 浙江大数据交易中心 | 浙江杭州 |
| 18 | 2016 | 上海数据交易中心 | 上海 |
| 19 | 2016 | 哈尔滨数据交易中心 | 黑龙江哈尔滨 |
| 20 | 2016 | 广州数据交易服务平台 | 广东广州 |
| 21 | 2017 | 河南平原大数据交易中心 | 河南新乡 |
| 22 | 2017 | 山东省先行大数据交易中心 | 山东济南 |
| 23 | 2017 | 山东省新动能大数据交易中心 | 山东济南 |
| 24 | 2017 | 潍坊大数据交易中心 | 山东潍坊 |
| 25 | 2017 | 青岛大数据交易中心 | 山东青岛 |
| 26 | 2017 | 河南中原大数据交易中心 | 河南郑州 |
| 27 | 2018 | 东北亚大数据交易服务中心 | 吉林长春 |
| 28 | 2019 | 山东数据交易平台 | 山东济南 |
| 29 | 2020 | 北部湾大数据交易中心 | 广西南宁 |
| 30 | 2020 | 山西数据交易服务平台 | 山西太原 |
| 31 | 2020 | 中关村医药健康大数据交易平台 | 北京 |
| 32 | 2021 | 海南数据产品超市 | 海南海口 |
| 33 | 2021 | 长三角数据要素流通服务平台 | 江苏苏州 |
| 34 | 2021 | 德阳数据交易中心 | 四川德阳 |
| 35 | 2021 | 西部数据交易中心 | 重庆 |

续表

| 序号 | 成立年份 | 名称 | 地区 |
|------|----------|------|------|
| 36 | 2021 | 上海数据交易所 | 上海 |
| 37 | 2021 | 贵州省数据流通交易服务中心 | 贵州贵阳 |
| 38 | 2021 | 合肥数据要素流通平台 | 安徽合肥 |
| 39 | 2021 | 北京国际大数据交易所 | 北京 |
| 40 | 2021 | 华南国际数据交易公司 | 广东佛山 |
| 41 | 2021 | 北方大数据交易中心 | 天津 |
| 42 | 2022 | 深圳数据交易所 | 广东深圳 |
| 43 | 2022 | 郑州数据交易中心 | 河南郑州 |
| 44 | 2022 | 青岛海洋数据交易平台 | 山东青岛 |
| 45 | 2022 | 广州数据交易所 | 广东广州 |
| 46 | 2022 | 无锡大数据交易平台 | 江苏无锡 |
| 47 | 2022 | 福建大数据交易所 | 福建福州 |
| 48 | 2022 | 湖南大数据交易所 | 湖南长沙 |

根据国家工业信息安全发展研究中心对数据交易平台的分类，我国数据交易平台可分为国有资本主导的数据交易平台、私营资本主导的数据交易平台和非公司形式的数据交易平台。

### 9.2.6.1 发展现状

从目前来看，我国数据交易场所的发展呈现出如下特点。

第一，发展经历两大阶段，第一阶段以 2014 年贵阳大数据交易所成立为标志，标志着数据交易机构大量涌现，第二阶段以 2021 年以来北京、上海、深圳等数据交易平台的成立为标志，数据交易机构迎来了第二轮探索期。

第二，平均注册资本金近 1 亿元，华东、华南、华中地区为主要集聚地。2021 年以来，注册成立的数据交易公司融资力量雄厚，如北京国际大数据交易有限公司注册资本为 2 亿元，上海数据交易所有限公司注册资本为 8 亿元。

第三，形成佣金收取、会员制、增值式交易服务等多种盈利模式。通过收取交易手续费创收的佣金模式，优势为门槛低、简单易行，但弊端是可能抑制交易需求，导致交易主体绕开平台交易的现象发生。通过收取会员费创收的会员制模式，有利于催生出企业之间的长期数据合作，交易安全性和交易质量更容易获得保障。在增值式交易服务模式下，数据交易平台部分承担了数据清洗、数据标识、数据挖掘、数据融合处理等数据服务商的职能和角色。当前大部分数据交易平台都提供相应的数据增值服务模式，且该部分业务在平台营收中的占比不低。

### 9.2.6.2 存在的问题

首先，从经营状况上来看，数据交易场所的业务不活跃，甚至出现运营困难等问题。由于前述数据交易配套制度的不完善，交易风险较高，部分平台或机构的交易量极低。总体来看，早期建设的数据交易机构大都没有找到成功的商业模式，多数机构已停止运营或转变经营方向，发展情况未达预期。通过数据交易场所进行交易，理论上可以通过交易场所的管理和监督规范交易，避免数据供需双方的信息不对称与信任问题。但是，目前数据产品仍然无法消除供需双方的信息差。

其次，从全国和区域布局来看，数据交易场所（平台/机构）缺乏规划统筹，尚未形成互联互通机制。现有数据交易机构多集中建设在沿海发达地区和中部省市，可能形成区域壁垒和产业壁垒，造成多个区域分割市场。多数机构为主要面向省内的区域性机构，一省之内多家数据交易机构如果不做好统筹、错位发展，容易出现同质化竞争和资源浪费等问题。各机构对数据交易质量、交易流程和业务规则的标准规范各不相同，从而提高了数据交易成本，在一定程度上抑制了交易的积极性。

最后，数据交易场所（平台/机构）的新技术支撑尚不充分。数据交易机构中设有官方网站、公开运营的并不多，且活跃度不高。另外，隐私计算、区块链等新技术应用范围小，技术成熟度不足，目前主要还是头部数据交易平台在做相应的技术拓展，应用还有待进一步深化。

针对以上问题，近年来新建的一批数据交易机构应从强化技术支撑、完善配套规则入手，增进买卖双方的信任，减少争议。一是搭建"数据可用不可见"的数据可信流通技术平台；二是发布数据交易规则和交易凭证，为交易主体权责划分提供依据，探索解决市场主体互信难的问题。

# 第 10 章

# 数据安全治理

与其他资产不同，数据资产价值的根基是数据的安全性。由于数据具有高度的可复制性和易于传播的特性，数据资产极易受到未经授权访问、数据泄露、篡改或破坏的攻击，这些安全威胁不仅可能导致敏感信息的外泄，还可能损害组织的声誉和财务状况，进而严重影响数据资产的价值。在数字化时代，数据已成为企业的核心资产，其价值体现在数据分析、客户洞察、决策支持等方方面面。因此，做好数据的安全治理对数据资产化的重要性不言而喻。本章将重点梳理数据安全面临的挑战以及数据安全治理框架，并从数据安全战略、数据分类分级、数据安全管理体系、技术体系以及安全监督评价体系等多维度对数据安全治理框架展开论述。

## 10.1  数据安全治理

### 10.1.1  数据安全面临的挑战

在当前数字化和信息化迅猛发展的时代，数据已经成为企业和组织的核心资产。数据的价值不断提升，同时也带来了前所未有的安全风险和挑战。无论是商业数据、用户隐私信息，还是政府和公共机构的数据，都面临被泄露、篡改和滥用的风险。随着云计算、大数据、物联网和人工智能的普及，数据安全的挑战变得更加复杂和多样化。具体而言，目前数据安全风险主要体现在以下几个方面。

### 10.1.1.1　数据资产梳理不清和分级分类不准带来的数据安全问题

随着数据在流通中的形态日益多样化，数据资产梳理和分类分级的难度显著增加，容易形成安全死角。传统数据分析方法和工具难以有效识别非结构化数据中的信息内容和重要性。在规则制定方面，各地区和部门对数据分类分级制度的定位和规则存在差异。此外，数据类别和级别需要根据业务场景动态调整。不同场景下的等级认定及相应的管控或处理技术可能存在差异，导致数据分类分级的持续性难以维持。未经适当分类的数据可能会被赋予不恰当的访问权限，内部和外部人员都能轻易获取敏感信息，缺乏清晰的资产梳理和分类，会导致企业难以实施有效的安全策略和合规措施，无法及时响应安全事件和合规检查，影响企业的数据安全和声誉。

### 10.1.1.2　数据泄露带来的数据安全问题

在数据使用过程中，网络攻击、内部人员疏忽或恶意行为、系统漏洞等都会引发数据泄露风险，数据泄露是目前重要的数据安全问题之一。数据泄露的影响后果严重，可能导致个人隐私被侵犯、企业商业秘密被曝光，进而造成财务损失和声誉受损。此外，泄露的数据可能被用于恶意活动，如身份盗窃和网络诈骗等，进一步增加了安全威胁，企业还可能面临法律诉讼和监管处罚，严重影响企业的运营。

### 10.1.1.3　数据滥用风险带来的数据安全问题

数据滥用风险也是当前数字经济发展急需治理的数据安全问题之一。数据滥用风险是数据收集者不当使用所收集数据的风险。数据滥用风险带来的数据安全问题主要体现在数据被未经授权的用户或应用非法访问、篡改或使用。数据泄露的产生原因包括内部人员的恶意行为、第三方合作方的安全控制薄弱，以及系统或应用程序的安全漏洞。数据滥用可能导致隐私信息暴露、商业机密泄露、财务损失，甚至破坏企业的市场竞争力和声誉。滥用行为还可能引发法律诉讼和监管处罚，对企业的正常运营和信任度造成严重影响。

### 10.1.1.4 场景化应用带来的数据安全问题

"场景化业务应用"作为推进数字化变革的重要应用载体,在"场景化"开发过程中常会碰到因为安全因素考虑不够周全或者缺失或者存在业务逻辑缺陷等导致的自身安全风险,同时也会带来诸如恶意破解、核心代码被窃取、恶意代码注入、数据泄露、内容篡改、互动关联、认证风险等一系列安全问题。

### 10.1.1.5 数据共享交换带来的数据安全风险

数据要素市场建设加速推动了数据共享、交易和使用,尤其在数字政府建设过程中,数据来源多样、权属不同,公众对数据共享的需求十分强烈。数据共享交换带来的数据安全风险主要指在数据共享与交换过程中,由于数据传输渠道、权限管理、数据加密等方面的不足,可能导致数据泄露、未经授权访问和篡改等安全问题,这些风险会导致企业敏感信息的泄露、客户隐私被侵犯、业务数据的非法使用等,进而可能引发经济损失、法律纠纷和企业声誉受损。

### 10.1.1.6 数据 API 带来的数据安全风险

在共同建设信息基础设施、融合基础设施及创新基础设施的背景下,需要连通不同类型的设施和应用,实现各类数据、算力和功能在不同区间内的高效共享。API 作为支撑线上应用连接和数据传输的一种轻量化技术,其应用变得日益普遍。由于通过 API 传输的核心业务数据和个人身份信息等数据具有高度流动性,因此这些数据面临着较大的泄露和滥用风险,成为数据保护的薄弱环节,外部恶意攻击者可能会利用 API 接口批量获取敏感数据。此外,不安全的 API 设计和实施还可能引发身份验证不足、权限控制不当和数据传输加密缺失等问题,从而引发严重的安全隐患。

### 10.1.1.7 新技术应用带来的数据安全风险

新技术应用在推动数字化转型和创新的同时,也带来了新的数据安全风险。新技术如人工智能、物联网和区块链在广泛应用的过程中,由于其复杂性和互联性,增加了侵权案件、隐私泄露事件的发生,降低了恶意攻击成本,增加了隐蔽性。此外,新技术的快速发展往往超前于相关安全标准和法规的制定,使得安全防护措施滞后，增加了数据安全的脆弱性和管理的难度。

## 10.1.2　数据安全治理的概念

理解数据安全质量，首先要厘清数据安全的定义。《数据安全法》明确指出数据安全是"通过采取必要措施，确保数据处于有效保护和合法利用的状态，以及具备保障持续安全状态的能力"。数据安全是数据的质量属性，目标是保障数据资产的保密性、完整性和可用性，也被称为数据安全三要素模型，模型能够帮助企业保护其敏感数据，防止未经授权的访问和数据泄露。

结合数据安全的概念定义，从广义的社会治理角度来看，数据安全治理是指在国家整体数据安全战略指导下，为实现既定目标，依法依规整合多方单位共同参与并协同实施的一系列活动集合。参与的相关组织包括国家、行业、研究机构、组织及个人等多元实体，核心活动包括持续建立和完善相关法律法规及政策标准体系，创新数据安全关键技术，贯彻落实政策法规，培养专业人才，并营造数据安全产业生态等。从狭义的组织层面治理来看，数据安全治理是从自身视角出发，通过多部门协作推动数据合法合规使用的一系列活动，核心工作包括明确数据安全治理团队及其职责，制定相关制度规范，并构建数据安全技术体系等。

数据安全治理需要关注数据在整个生命周期可用性、完整性与机密性的安全保护，以数据业务属性为起点，数据分级分类为核心，基于数据存放位置，构建以数据为中心的安全架构体系。数据安全治理输出包括数据分级分类，安全使用规范，数据可视化、监控和发现要求等，以及最终如何采用技术手段推动人员组织与流程的落地。数据安全治理完成后的结果通常是在同一数据安全策略下，选择不同的技术产品、流程机制来实现针对数据池的安全保护。因此，数据安全治理能力建设需要从决策到技术、制度到工具、组织架构到安全技术的通盘考虑，既要注重"硬实力"的锻造，也要聚焦"软实力"的提升。

# 10.2　数据安全治理框架

在数据安全治理框架中，数据安全管理制度体系是开展多元化安全治理工作的先导，数据安全技术体系是在数据处理活动中落实安全技术需求与工具支撑，数据安全运营体系将管理和技术体系进行有效衔接，实现持续化防护。通过管理、技术、运营体系"三位一体"、有机融合，数据安全治理形成以动态数据安全管控策略为中心、以管理体系为驱动、以运营体系为纽带、以技术体系为落地支撑的治理核心。数据安全监督评价体系则是指对数据安全治理情况进行总体的监督、稽核与评价，从而有效促进规模较大组织的治理水平提升。数据安全治理框架如图 10 − 1 所示。

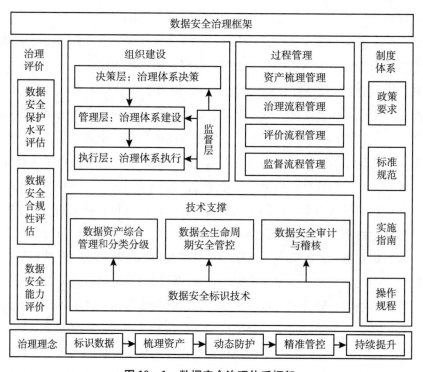

**图 10 − 1　数据安全治理体系框架**

在管理制度方面，需围绕数据处理活动，构建从方针政策、管理制度、流程规范到执行文档的层级全面的制度集合，并伴随治理过程持续进行优化与调整。

在技术体系方面，基于分类分级的结果，建立涵盖通用安全、数据全生命周期安全以及平台安全的技术防护体系，并明确各个层级的安全技术保护要求。

在运营体系方面，需要进行定期的数据安全风险评估，或在特定的数据处理场景下触发该评估。基于经典的 IPDR 理论，从识别、防护、监测、响应处置及优化这四个维度，构建起常态化、集中化、规范化的数据安全运营体系，实现事前预防、事中管控以及事后审计溯源的持续、全面的数据安全防护。

在监督评价体系方面，通过多种活动实现数据安全治理，包括评估认证、监测预警、事件调查处理、监督检查以及纠正问责等。

## 10.3 数据安全战略

在推动数据安全整体工作的过程中，数据安全战略是至关重要的顶层要求。组织在开展数据安全治理工作前，需优先制定积极有效的数据安全战略，并依据该战略指导数据安全防护体系的建设。

设定战略目标和总体任务时，应从经济、系统、长远和动态四个基本观点出发，提高安全价值，这些观点应符合经济学规律，如安全成本、安全收益和安全效益。目标是在有限的安全投入下实现最大的安全效果，同时在达到特定安全水平时尽可能节约安全成本。组织的业务战略、IT 战略、风险容忍度和合规要求是制定数据安全战略的关键要素，其中，业务战略应确保与业务发展战略及数字化转型战略的一致性；IT 战略需与整体信息化战略同步进行；安全风险要评估对数据篡改、泄露、破坏、非法获取和利用的风险容忍度；合规遵从需要满足法律法规、监管措施和标准的合规要求。

## 10.4 数据分类分级

数据分类分级保护是我国数据安全管理的基本制度之一。数据处理者应对数据进行分类分级，并根据数据的敏感度和重要性制定不同的管理和使用策略。应尽量做到有针对性的防护，防止敏感数据保护不足和非敏感数据的过度防护。

数据分类是基于数据的来源、内容和用途进行的；而数据分级则是根据数据的价值、敏感程度、潜在影响及其传播范围来划分不同的敏感级别。数据可以分为一般数据、重要数据和核心数据，这些不同级别的数据应采用相应的保护措施。国家对个人信息和重要数据实施重点保护措施，并对核心数据实行严格的保护政策。

分类和分级的过程主要依赖于标准，用于定义业务数据的性质，是一个涉及研究和审批的过程。数据处理者不应仅依靠创建数据资产清单作为终结，因为数据的动态性和业务的持续变化意味着分类和分级清单也需要不断更新。因此，应该建立一个适应分类分级和审核上报目录的闭环流程，并根据数据的敏感级和密级制定相应的保护策略。

## 10.5 数据安全管理体系

数据安全组织架构的建设和管理是数据安全治理工作的基础。围绕数据为核心，针对业务场景，促进各部门间的纵向和横向协作，合理安排岗位、明确职责与人员分配，为数据安全治理的健康和持续发展奠定坚实基础。

针对数据安全问题，组织内部通常设立数据安全治理委员会或数据安全治理小组，负责数据安全治理的管理、执行和监督，团队的职责包括制定数据分类、分级、保护、使用和管理的原则。团队成员应涵盖内部的数据安全专家以及所有涉及数据安全的部门代表，如 IT 支持、人力资源、法律、财务、业务、市场、运营、维护、知识产权、风险管理、审计、保密等。在一些大型组织中，鉴于数据安全日益成为影响发展的关键因素，数据安全治理委员会或数据安全治理小组可能还包括副总裁、董事会成员等高级管理人员。数据安全治理团队的成员不仅包括数据安全政策和程序的执行者，也包括数据的使用者、管理者、维护者和分发者。只有将这些角色的人员纳入团队，才能确保数据安全政策和规范在实际操作中有效实施。

数据安全治理组织通常分为决策层、管理层和执行层，同时设有一个贯穿整个数据安全治理过程的监督层，负责监督和审计。这些层级的人员不应重叠，即一个人不应同时担任两个不同层级的角色，避免由于利益冲突或便利性问题导致降低标准。每位团队成员应获得执行其职责所需的最小权限，且不应因为管理因素而获得超出其角色范围的权限。关键岗位应建立"双人双岗，权限分离，互相监督"的机制，即相同岗位至少需要两名人员参与，实现权限分离和相互监督，同时对结果承担共同责任。各层级的岗位设置如下。

### 10.5.1　决策层

决策层在数据安全治理组织中担任最高决策职能，是数据安全管理工作的核心决策机构。该层级通常由负责组织数据价值实现的高级管理人员（如首席运营官、首席战略官等）或信息安全领域的最高负责人（如首席信息官、首席信息安全官等）组成。在一些情况下，也可以考虑由推动数字化转型或负责战略性新兴业务拓展的高级副总裁担任决策层的组长。例如，数据安全管理委员会的领导小组建议由负责数据安全的高级管理层和相关部门负责人担任，并作为直接责任人，主导数据安全规划，参与业务发展决策。

### 10.5.2　管理层

管理层在组织数据安全治理中扮演着至关重要的角色。根据决策层提供的战略，管理层负责制定具体的实施方案，确保业务发展与数据安全之间的平衡，保障数据安全措施的全面落地。管理层是开展数据安全工作最核心的部门或岗位，一般由数据安全部门、数据资产管理或者数据治理部门牵头，协调各相关部门开展数据保护工作，监督数据安全管理制度和措施落地执行情况等，主要负责数据分级相关工作的组织、管理、审查、统筹协调等工作。

### 10.5.3　执行层

执行层和管理层紧密配合，负责组织的数据安全场景和分级工作。执行层需协助管理层详细了解并深入理解业务过程中各种数据安全需求，严格执行管理层提出的明确要求，逐一实现设定的流程，就执行情况和重大事项进行汇报。对于管理层制定的数据安全操作规程等制度和方案，执行层需进行细致分析和评估，并将结果反馈给决策层，以支撑其做出明智决策。数据安全制度正式发布后，执行层在日常工作中严格遵守操作规程，积极发现并报告制度中的漏洞和潜在风险，促使管理层及时响应，对制度和措施进行更新和优化。执行层通常由业务部门和数据安全技术保护部门组成，依据数据应用场景的不同，范围可能有所扩展。

### 10.5.4　监督层

数据安全治理工作的顺利开展，依赖于各部门的协同合作以及完善的监督审核机制。监督层人员必须具备独立性，不能与其他管理小组、执行小组人员兼任，以确保审计核查工作不受管理层和执行层利益或动机的影响和干扰，从而保障组织能够及时发现数据安全制度在执行中的问题和风险。监督层定期对管理层和执行层的数据安全工作进行监督，并向决策层汇报。监督层一般由风险管理、内控合规和审计部门组成，负责监督数据安全治理工作的落实。

## 10.6　数据安全技术体系

### 10.6.1　敏感数据识别

有效开展数据安全治理，首先需要明确治理的对象。通过对数据详细梳理，可以了解企业资产的安全现状，识别出敏感数据的分布情况，确定哪些数据属于机密数据、哪些属于敏感数据、哪些是普通数据。此外，还需明确敏感数据的访问方式以及当前的数据访问账号和授权情况，为后续制定切实可行的数据安全治理策略提供重要依据。

### 10.6.2　身份认证

用户身份认证是数据安全领域中的关键访问控制策略，其核心目标是确保系统内的用户身份可信，从而防止未经授权的访问。数据系统应为每位用户分配独特的标识，并确定其身份认证信息，该信息必须具备唯一性、保密性和难以伪造性。常用的身份认证技术包括 PKI/CA、用户名/密码、智能卡或令牌以及生物识别信息等。用户在登录系统时须提供认证信息，系统则根据这些信息验证用户身份的真实性。只有通过身份认证的用户才能访问系统和被授权的数据。

### 10.6.3  授权

限制权限的分配和使用是数据安全治理中的一项关键策略。不当使用系统权限常常是导致系统故障并引发破坏的主要原因之一，为了防止非法访问信息系统，需要制定正式的授权程序以控制权限的分配。

### 10.6.4  访问控制

访问控制策略在数据安全领域扮演着关键角色，主要包括批准或限制对数据资源的访问、监控和记录访问日志、对访问用户进行身份认证及识别，并确认其访问权限是否得到授权。

### 10.6.5  安全审计

安全审计是安全管理部门的一项关键职责，其目的是确保数据安全治理策略和规范得到有效执行，从而迅速发现潜在风险和不良行为。通过数据安全审计，可以明确数据安全防护的方向，优化和调整数据安全治理策略，弥补数据安全的薄弱环节，使防护体系具备动态适应能力，从而真正实现数据安全防护。

### 10.6.6  数据脱敏

数据脱敏，也被称为数据漂白、数据去隐私化或数据变形，是指对敏感数据进行加密处理，防止数据泄露。简单来说，数据脱敏技术就是为数据添加"马赛克"效果。数据脱敏不仅需要对敏感内容进行漂白处理，还需保持原有数据的特征、业务规则和关联性，以确保开发、测试、培训等业务不受影响，实现脱敏前后数据的一致性和有效性。具体来说，保持数据特征指的是在脱敏后，数据的含义和类型不变。例如，脱敏后的身份证号、地址和姓名仍然表示相应的信息。保持数据关系意味着脱敏后数据之间的关联性不变，如出生日期和年龄之间的关系保持一致。此外，数据的业务规则和关联性，如主外键关系和数据实体语义之间的联系，也需在脱敏后维持不变。常见的数据脱敏方法包括：替换法、扰乱法、加密法、截断法、泛化法等。

### 10.6.7　数据加密技术

数据加密技术是一种防止数据被窃取的安全防护手段，通过加密密钥和加密算法将信息转化为无意义的密文，而接收方可以通过解密算法和解密密钥将密文还原为明文。相比于脱敏技术，加密技术的主要优点在于其可逆性，但加密算法会改变数据的原始结构，数据只能通过解密密钥解码后才能使用，而脱敏后的数据仍然便于直接使用。数据的加密/解密过程如图 10-2 所示。

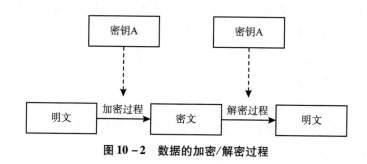

**图 10-2　数据的加密/解密过程**

根据网络分层，数据加密技术主要应用于网络层和存储层，因此数据加密可分为数据传输加密和数据存储加密。数据发送方和接收方会使用不同的密钥进行加密和解密，常用的加密技术包括对称加密、非对称加密、数据证书、数据签名以及数据水印等。

#### 10.6.7.1　对称加密

在对称加密算法中，加密和解密过程要使用相同的密钥，即同一把钥匙用于对数据进行加密和解密。常见的对称加密算法包括 DES、3DES（三重数据加密标准）和 AES 等。

#### 10.6.7.2　非对称加密

非对称加密使用一对密钥：公钥（public key）和私钥（private key）。这两个密钥是成对生成的，如果原文用公钥进行加密，那么只有对应的私钥才能解密。非对称加密算法生成的密钥通常是一长串随机数，随机数的长度越长，加密的安全性也越高。常见的非对称加密算法包括 RSA 和 ECC。与对称加密相比，非对称加密的主要优势在于其较高的安全性，但其缺点是算法复杂、加解密速度较慢。

### 10.6.7.3　数据证书

数据证书可以类比为现实生活中的身份证，由证书颁发机构（Certificate Authority，CA）签发。CA 证书将公钥与其持有者的真实身份绑定在一起，用于网络通信中标识通信双方的身份，并广泛应用于电子商务和移动互联网领域。

### 10.6.7.4　数据签名

数据签名是一种类似于写在纸上的普通物理签名，但是使用公钥加密技术实现，用于鉴别数字信息的方法。数据签名能够验证所收到信息的完整性，发现中途信息被劫持篡改或丢失，接收方可以根据数据签名来判断获取到的数据是不是原始数据。

### 10.6.7.5　数据水印

数据水印是一种独特的数据加密方法，即为了能够追踪分发后的数据，在分发数据中掺杂不影响运算结果的数据（该数据可以标识数据的来源），使泄密源可追溯，为企业核心数据提供有效的安全保护措施。数据从源系统脱敏后进入数据共享阶段，通过数据标记，每个访问者下载的数据集都会带有隐式水印，一旦发生数据泄露，便可精准识别泄密者。数据水印的加密和使用方式如下：（1）利用增加伪行、伪列和隐藏字符等方式，对数据进行标记；（2）创建数据分发项目清单，详细记录数据集、数据流向以及水印特征；（3）获取泄密数据样本后，可以追踪到数据泄露的源头。

## 10.7　数据安全监督评价体系

组织应遵守并积极配合行业主管单位的数据安全监管，建立监督管理与自律管理相结合的数据安全治理体系，主要手段包括评估认证、监测预警、事件调查处置、监督检查和纠正问责等。

### 10.7.1　评估认证

国家陆续推出数据安全管理和个人信息保护等认证制度，鼓励网络运营者通过认证来规范网络数据处理活动，加强网络数据安全保护，如 App 安全认证、数据安全管理认证和个人信息保护认证等。组织还应在每年固定时间前向行业监管部门提交本年度数据安全风险评估报告，报告内容包括数据安全治理、技术保护、数据安全风险监测、事件处理、委托与联合处理、数据出境以及数据安全评估与审查情况、数据安全投诉和处理情况。

### 10.7.2　监测预警

行业监管单位通过数据安全风险评估报告、监测预警和通报处置机制，持续监测数据安全风险，向行业发布风险提示，制定行业数据安全事件应急预案，处置数据安全风险事件。监管机构还与国家数据安全管理部门建立联防联控管理机制，构建信息共享平台，实现数据安全信息的共享、风险和威胁的监测预警以及数据安全事件的处置。

### 10.7.3　事件调查处置

数据安全事件是指由于管理控制不足，导致数据被篡改、泄露、破坏、非法获取或非法利用，从而对个人或组织的合法权益、行业安全或国家安全造成负面影响的事件。根据影响范围和程度，数据安全事件被分为四级：特别重大事件、重大数据安全事件、较大数据安全事件和一般数据安全事件。行业监管单位会对被监管单位的数据安全风险及其防范能力进行评估，并将其纳入监管评价和评估体系，开展数据安全事件的调查和处置。审计部门每年至少应进行一次数据安全审计，且在发生重大数据安全事件后，应及时进行专项审计。

### 10.7.4  监督检查

国家通过数据安全审查、监督检查和违规处罚等制度来落实监管。例如，《网络安全审查办法》于 2022 年 2 月 15 日正式施行，该办法将网络平台运营者进行数据处理活动影响或可能影响国家安全的情形纳入网络安全审查范围，并规定掌握超过 100 万用户个人信息的网络平台运营者赴国外上市必须申报网络安全审查。同时，国家还通过专项治理、"清朗"行动等系列专项行动，以及网络安全等级保护、关键基础设施保护和密码评估管理等系列测评来进行监督检查。

### 10.7.5  纠正问责

组织违反《网络安全审查办法》要求的，行业监管单位依法予以纠正，根据违规情况实施问责处置或行政处罚。具体措施涉及监督监管、责令整改并发出警告；对相关责任人员进行问责或罚款，包括禁止其在一定期限内从事数据安全相关工作或担任责任职位；对于违规处理行为的系统和应用，责令其暂停或终止服务；对于涉及违规处理或重大风险的第三方机构，责令暂停或终止合作，必要时将案件移交司法机关处理。

# 第 11 章

# 个人信息数据资产化管理

《中共中央　国务院关于构建数据基础制度更好发挥数据要素作用的意见》明确提出了建立健全个人信息数据确权授权机制，对承载个人信息的数据，推动数据处理者按照个人授权范围依法依规采集、持有、托管和使用数据，规范对个人信息的处理活动，不得采取"一揽子授权"、强制同意等方式过度收集个人信息，促进个人信息合理利用。通过分析个人信息，分析者能够总结出个人的消费行为、生理特征、行为轨迹等具有市场价值的信息，因此，个人信息的应用场景是广阔的，其市场价值也是巨大的。但个人信息数据资产化是一个复杂而多维的问题，涉及法律、技术、市场和伦理等多个方面，个人信息数据资产化面临重重困难。

## 11.1　个人数据的定义

### 11.1.1　个人信息与个人数据

个人数据与个人信息是法律同义词，没有实质差别。尽管学术上可能有一些区分，但是法律上的关系可类比知识产权领域的著作权和版权，做出区分的意义不大。所以不同的国家在数据保护立法时，主要采取了数据派和信息派二选一的方式。根据具体的场景，本书会同时使用个人信息和个人数据的表述方式，二者视为同义词。

个人数据在中国被定义为个人信息，个人信息（personal information）是以电子或者其他方式记录的与已识别或者可识别的自然人有关的各种信息。就法律名称使用的概念而言，当前世界各国和地区，主要有"个人数据""个人资料""个人信息""隐私"四种称谓。随着《民法典》中个人信息定义的出台，中国大陆地区已确定使用"个人信息"这一法律概念，中国港澳台地区均使用"个人资料"。欧盟成员国多使用"个人数据"。美国、加拿大则使用"隐私"。日本、韩国、俄罗斯等国使用"个人信息"。

中国的《民法典》《网络安全法》《个人信息保护法》采用了个人信息的表述方式，并且早在 2006 年，就有《中华人民共和国个人信息保护法（专家建议稿）及立法研究报告》出现。同为信息派的国家如加拿大的《个人信息保护法》（*Personal Information Protection Act*），韩国的《个人信息保护法》（*Personal Information Protection Act*），日本的《个人信息保护法》（*Personal Information Protection Act*）等。

欧洲较多的法律采用"个人数据"这一概念，在欧盟层面，2018 年生效的《通用数据保护条例》（*General Data Protection Regulation*，GDPR）在全世界范围内对数据保护产生了极为重大的影响，GDPR 在其成员国具有直接适用的法律效力。欧盟成员国立法也多以数据为表述方式，如德国的《联邦数据保护法》（*Federal Data Protection Action*），法国的《数字共和国法案》（*Digital Republic Law*）等。除了欧盟，其他国家和地区也有称"个人数据"，如新加坡的《个人数据保护法》（*Personal Data Protection Act*）。

## 11.1.2　中国的个人信息定义

2017 年施行的《中华人民共和国网络安全法》第七十六条第五项规定：个人信息，是指以电子或者其他方式记录的能够单独或者与其他信息结合识别自然人个人身份的各种信息，包括但不限于自然人的姓名、出生日期、身份证件号码、个人生物识别信息、住址、电话号码等。该定义明确了《网络安全法》中个人信息保护规则的调整范围。该定义采取了概括列举式加识别型定义方法，对指向个人的信息采取了识别型的单一路径。识别的客体"自然人个人身份"依据其后列举的范围来看，是一种仅包含核心身份信息，而不包含广义社会特征的狭义身份概念。

《民法典》第一千零三十四条中对个人信息的定义是：个人信息是以电子或者其他方式记录的能够单独或者与其他信息结合识别特定自然人的各种信息，包括自然人的姓名、出生日期、身份证件号码、生物识别信息、住址、电话号码、电子邮箱、健康信息、行踪信息等。个人信息中的私密信息，适用有关隐私权的规定；没有规定的，适用有关个人信息保护的规定。《民法典》第一千零三十四条中关于个人信息的定义基本延续了《网络安全法》中的定义方法，仅是列举的范围有所增加。

《信息安全技术——个人信息安全规范》（以下简称《安全规范》）中个人信息的定义方法与《中华人民共和国网络安全法》相同，但列举的范围更广。其以资料性附录的形式给出了个人信息、个人敏感信息的范围和类型，并将网络身份标识信息、个人上网记录、个人常用设备等信息均纳入个人信息范围，可谓我国现阶段最为全面的个人信息标准。

我国《个人信息保护法》第四条从积极和消极两个方面规定了个人信息的要件，其中，积极要件就是识别性与关联性，而消极要件就是将匿名化处理的信息排除在个人信息之外。

### 11.1.3　欧盟的个人数据定义

从当今世界上对个人信息保护力度最大的欧盟来看，其不仅有着统一的、包含范围很宽的个人信息（也称个人数据）的概念，并且多年来欧洲法院及依据《数据保护指令（95/46/EC）》成立的第 29 条工作小组（以下简称"第 29 条工作小组"）持续地对个人信息的要件进行扩张性解释。因此，欧盟法中个人信息的范围越来越广。我国个人信息保护立法吸收借鉴了欧盟数据保护立法的不少有益成果，《个人信息保护法》第四条更是采取了与欧盟法大体相同的个人信息定义。

欧盟地区将个人信息称为个人数据（personal data）。在《通用数据保护条例》（GDPR）中，"个人数据"是指与一个已识别或者可识别的自然人相关联的任何信息。可识别的自然人指借助标识符，如姓名、识别号码、位置数据、网上标识符，或借助与该个人生理、心理、基因、精神、经济、文化或社会特征相关的一个或多个因素，可被直接或间接识别出的自然人。可识别自然人的范围包括：（1）姓名；（2）家庭地址；（3）电子邮件地址；（4）各种身份识别号码；
（5）位置信息；（6）IP 地址；（7）cookie ID；（8）移动电话的广告应用标识符；
（9）特定场景下可以识别个人的识别符等。

该定义延续了欧盟 95 指令中关于个人数据的定义。欧盟第 29 条工作组曾对
95 指令中的个人数据定义发布过一份解释（Opinion 4/2007 on the concept of personal data），也可看作对于 GDPR 中个人数据定义的补充。

### 11.1.4　中国与欧盟的定义的对比

与我国《网络安全法》中的个人信息相比，欧盟关于个人数据的定义有三个
不同。

（1）识别客体的路径不同。GDPR 中指向个人数据的路径有两种，一是识
别，二是关联。个人数据既包括已识别和可识别的数据，也包括关联到已识别和
可识别的数据。但不论在哪种路径下，数据是否属于个人数据，并非仅是一个客
观事实，而是须结合数据处理者是否有识别的目的而定，对于可识别数据与关联
路径数据尤为如此。这些数据更多的是一种主客观交织的法律事实，并非仅是客
观存在的数据。描述客观物体的、与数据主体无关的数据，如因某种语境、某个
目的或某种结果与数据主体发生了关联，即可被视为个人数据。如房屋价格，当
被用作统计地方房屋均价时不属于个人数据，但当被用作财产税的计税依据时即
为纳税人的个人数据。因此，GDPR 指向个人数据的识别/关联两种路径均采取
了一种主客观交织的认定方法。相较之下，我国《网络安全法》和《安全规范》
中的识别仅采用客观主义标准，即客观存在的信息是否可能通过技术手段聚合识
别特定自然人，并非像欧盟以数据处理者是否具有识别目的的主观主义标准来认
定个人信息范围。

（2）识别的客体不同。GDPR 中的 social identity 一般译为社会身份，澳门地
区个人资料定义中将其译为社会特征。从该句句式看，social identity 与 physical、
physiological、genetic、mental、economic、cultural 等并列，此时译为社会特征更
为妥当。由此可见，GDPR 中识别的客体，是特定自然人广泛意义上的社会特
征，包括生理、心理、基因、精神、经济、文化等各领域。《网络安全法》中虽
未阐释个人身份包含哪些维度的信息，但在我国司法实务中，个人身份"主要是

指那些经过国家认证的'核心身份'，如姓名、身份证件号码、护照号码等"，香港地区即将识别的客体主要限定在香港身份证号及其他可以唯一确定个人的编号。因此，《网络安全法》中的个人身份概念所包含的特征范围比 GDPR 中的自然人所包含的特征范围要小，如心理、精神、文化方面的特征均未在《网络安全法》列举范围内。由此进一步导致可识别到《网络安全法》中"个人身份"的信息范围相较识别到 GDPR 中特定自然人的信息范围要小。此外，GDPR 中指向个人信息的路径还包括关联，使得 GDPR 项下已识别的客体范围、可识别到已识别的客体的范围、可关联到已识别的客体的范围均大于《网络安全法》。

（3）识别的主体不同。因为 GDPR 是为欧盟地区各成员国的政府与非政府组织在各种应用场景下对个人数据的收集、使用制定规则，所以需考虑各种不同情况下，自然人被识别的可能。第 29 条工作组据此提出 95 指令中个人数据的识别主体为"控制人或任何其他个人"（either by the controller or by any other person）。《网络安全法》中涉及个人信息部分的调整主体主要是网络运营者、网络产品或者服务的提供者，因此识别主体也仅限于前述主体。《安全规范》中则是针对主要业务涉及个人信息处理，且规模大于 200 人的企业而制定的标准，因此识别主体仅限大于 200 人且主业涉及个人信息的企业。因此，GDPR 中的识别主体远较《网络安全法》和《安全规范》中的识别主体宽泛。

## 11.1.5　法律上个人信息的定义演变

2012 年的《全国人民代表大会常务委员会关于加强网络信息保护的决定》第一条第一款规定："国家保护能够识别公民个人身份和涉及公民个人隐私的电子信息。"该规定尚未区分个人信息与隐私，但其关于能够识别公民个人身份的电子信息属于个人信息的规定被此后的《网络安全法》继受。2016 年颁布的《网络安全法》第七十六条第五项规定："个人信息，是指以电子或者其他方式记录的能够单独或者与其他信息结合识别自然人个人身份的各种信息，包括但不限于自然人的姓名、出生日期、身份证件号码、个人生物识别信息、住址、电话号码等。"该定义采取了识别说的定义模式，并将识别的对象限定于"自然人个人身份"。所谓自然人个人身份，主要是特定自然人的姓名、年龄、性别、身高、相貌、职业、工作单位、教育程度、家庭住址、电话号码等。按照这个定义，自然人的各种活动信息如行踪轨迹、网络浏览痕迹、交易消费活动等，只要不能直接或间接识别出自然人个人身份，就不属于个人信息。显然，这个范围过于狭窄，因为自然人的行踪轨迹等活动信息不仅属于个人信息，而且属于敏感的个人信息。故此，2017 年《最高人民法院、最高人民检察院关于办理侵犯公民个人信息刑事案件适用法律若干问题的解释》对《网络安全法》中的"自然人个人身份"做了广义的理解。该司法解释第一条将《中华人民共和国刑法》第二百五十三条之一规定的"公民个人信息"界定为"以电子或者其他方式记录的能够单独或者与其他信息结合识别特定自然人身份或者反映特定自然人活动情况的各种信息，包括姓名、身份证件号码、通信通讯联系方式、住址、账号密码、财产状况、行踪轨迹等"。也就是说，公民个人信息不仅包括公民个人身份识别信息（即能够识别出特定自然人身份的信息），也包括体现特定自然人活动的信息。

2021 年施行的《中华人民共和国民法典》第一千零三十四条第二款继续采取识别说的定义模式界定个人信息，但对个人信息的含义与外延作了扩张。一方面，该款仍旧采取了"概括＋列举"的定义方式，但列举的个人信息种类有所增加，即在《网络安全法》的基础上新增了"电子邮箱、健康信息、行踪信息"；另一方面，《民法典》第一千零三十四条第二款仅要求"能够单独或者与其他信息结合识别特定自然人"属于个人信息，而不限于识别自然人个人身份或反映特定自然人活动情况。也就是说，只要这些信息能够将自然人识别出来，就是个人信息。立法机关撰写的民法典释义书指出，构成个人信息的核心要件就是具有识别性，"所谓识别，就是通过该信息可以直接或者间接地将某一自然人'认出来'"。

《个人信息保护法》的起草工作与《民法典》的编纂同时进行。《民法典》颁布后，不少人认为，《个人信息保护法》应当与《民法典》衔接，采取定义加列举的方式对个人信息作出界定。但是，立法机关并未将《民法典》第一千零三十四条第二款的定义照搬到《个人信息保护法》中，而是对个人信息做了一个新的定义。《个人信息保护法》第四条规定："个人信息是以电子或者其他方式记录的与已识别或者可识别的自然人有关的各种信息，不包括匿名化处理后的信息。"将该定义与《民法典》的定义相比较可知：首先，《个人信息保护法》没有再采取"概括＋列举"的方式界定个人信息，它只界定了何为个人信息，未列举具体的个人信息。这样做的原因并非如某些学者所言，是因为个人信息类型的多样性、外延上的抽象性以及该法对敏感的个人信息作出了明确规定，而是因为列举个人信息的做法固然更形象直观，但容易令人误以为个人信息是固定不变的，误以为只要是法律列举的信息，无论何时何地都是个人信息。有些信息确实如此，如人脸、指纹、声纹、掌纹、基因、虹膜、耳廓等个人生物识别信息，因为是与特定的自然人唯一对应的且无法或很难改变的。但有些信息是否属于个人信息，必须考虑到具体场景，如姓名、出生日期。以"张伟"这个姓名为例，放在全中国的范围，如不与其他信息相结合，显然是根本无法单独识别特定的自然人。仅2016年全国叫"张伟"的人就有299025人。然而，如果在某小学一年级的某个班级中，"张伟"这个姓名可能足以识别特定的一个男生（或女生）。因此，《个人信息保护法》不去列举哪些信息，旨在强调的是个人信息的相对性。

其次，《个人信息保护法》在坚持个人信息认定标准中的"识别性"要件之外，还增加了"相关性"要件（也称"关联性"要件），即个人信息除了满足"识别性"要件外，还必须满足"关联性"要件，应当是与已识别或可识别的自然人有关的各种信息。如此一来，个人信息的范围在某种意义上又得到了扩展。一方面，如果某个信息处理者已经识别或能够识别特定的自然人，那么，对于该处理者而言，与该自然人有关联性的所有信息都是个人信息，即便某些信息对于其他的主体而言既无法单独识别也无法间接识别该自然人。例如，对于电信公司而言，客户都是实名的，因此，任何客户使用电信服务的时间、地点等信息对电信公司而言，都是个人信息。另一方面，即便某些信息不是关于某个自然人的，而是关于某物的信息，如房屋的价值信息、汽车的维修保养信息等，但由于该物是属于自然人或者被自然人使用的，因此，这些物的信息因为与自然人有关，也会成为个人信息。

## 11.1.6 关于个人信息定义的不同学说

（1）关联说。关联说，即与自然人相关的一切信息均为个人信息。例如，瑞典《个人数据法》第三条规定，"个人数据指各种可以直接或间接地和某一活着的自然人相关联的信息。"我国《最高人民法院、最高人民检察院关于办理侵犯公民个人信息刑事案件适用法律若干问题的解释》和《信息安全技术 个人信息安全规范》中对于"反映特定自然人活动情况的各种信息"就是与关联性有关的内容。关联说的主要弊端在于，对于个人信息的保护过于宽泛，将个人信息的保护绝对化。个人信息本身通常并没有价值，个人信息的收集和处理则使得个人信息发挥集合优势，政府可以对社会进行更好的管理，企业可以为消费者提供更好的服务，从而使得社会整体受益，但是滥用个人信息则可能带来负面的效果，如人肉搜索、垃圾短信、信息诈骗等。因此，对于个人信息的法律规制导向应当是既要鼓励收集和处理，例如在知情同意环节，允许选择退出（opt out）方式，而不是强求选择加入（opt in）方式，又要规范收集和处理的方式。关联说明显相悖于鼓励个人信息收集和处理的导向，例如政府或者企业收集的信息很多时候并不能识别个人，此时允许个人对此实施个人信息自决权则阻碍政府或企业目的实现，最终受损的是社会整体。

（2）隐私说。隐私说，即认为构成个人隐私的信息才可以作为个人信息。美国佩特恩特（Patent）教授认为，"个人信息是指社会中多数所不愿向外透露者（除了对朋友、家人等之外）；或者是个人极敏感而不愿他人知道者。"这种观点在现在看来可能不合时宜，但是在信息技术发展到一定程度之前，绝大多数个人信息并没有保护的实际需求。目前，鲜有国家采用隐私说定义个人信息。

（3）识别说。识别说是通过建立信息与个人之间的识别关系而作为判断个人信息的标准。我国《民法典》和《网络安全法》即采用识别说。类似的做法比如，新加坡《个人数据保护法》（2012 年版）第二条规定，"个人数据是指通过以下资料可以识别的个人的数据，而不必考虑其真实性：该数据与该组织以及机构已经掌握或可能获得的其他资料。"

（4）识别说 + 关联说。欧盟 95/46/EC 指令和 GDPR 采用的就是"识别说 + 关联说"的做法，简单说就是与已识别或可识别的人有关的任何信息都属于个人数据。我国的《个人信息保护法》第四条规定，"个人信息是以电子或者其他方式记录的与已识别或者可识别的自然人有关的各种信息，不包括匿名化处理后的信息。"类似的做法例如，韩国《个人信息保护法》第二条规定，"个人信息是指与任何存在的人有关的，可以通过他/她的姓名和居民登记号码、图像等来识别这些个人（包括那些不能单独用来确定具体个人但可与其他信息结合来识别个人）的信息。"德国《联邦数据法》第三条规定，"个人数据是指已识别或可识别个人的个人情况或实质情况的任何信息。"加拿大《个人信息保护法》第一条规定，"个人信息是指有关可识别个人的信息，包括员工个人信息，但不包括联系信息或工作产品信息。"

可以说，我国的《信息安全技术　个人信息安全规范》采用了"识别说＋关联说"的做法，与采用识别说的《网络安全法》和《民法典》存在很大不同，但与欧盟 95/46/EC 指令和 GDPR 很接近。与识别说相比，"识别说＋关联说"无论是理解还是落地执行都要更加困难。即便如此，笔者认为我国《个人信息保护法》最终也很难回归识别说。2020 年 11 月，东盟十国以及中国、日本、韩国、澳大利亚、新西兰共 15 个国家签署了《区域全面经济伙伴关系协定》（RCEP）。RCEP 中对个人信息的定义为，"个人数据"是指与已识别或可识别的自然人相关的任何信息和数据（"personal information" means any information，including data，about an identified or identifiable individual），这个定义就是高度浓缩版的 GDPR 第四条。

即便是"识别说＋关联说"，也是以识别为基础，可视为识别说的扩展版本，其核心仍在于识别，但是识别也面临着挑战。随着新技术的发展，例如在大数据技术应用下，几乎所有信息在技术上都可以识别个人，所有的信息也就成了个人信息。甚至不必考虑技术的因素，通过对任何信息不计成本的、不放过蛛丝马迹的追踪，往往都能识别到个人，但这不是法律工作的方式，而是警察或者侦探的工作方式。因此，识别仍然是界定个人信息的最好手段。

# 11.2　个人数据的分类

## 11.2.1　国家数据分类标准

国家标准 GB/T 43697—2024《数据安全技术 数据分类分级规则》正式发布，给出了数据分类分级的通用规则，为数据分类分级管理工作的落地执行提供重要指导。该标准于 2024 年 10 月 1 日起正式实施。

该标准是中国国家标准委员会发布的关于数据分类与分级的规范。该标准旨在指导和规范数据分类与分级的方法和标准，以保障数据的安全性和保密性。

该标准明确了数据分类与分级的基本原则，包括业务相关性、数据敏感性、风险可控性等。具体而言，数据分类应根据业务特点和数据属性进行划分，如个人信息、商业秘密、国家秘密等；数据分级则应根据数据的敏感性、重要性和潜在风险进行划分，如一般数据、重要数据、核心数据等。

该标准指出，重要数据是指特定领域、特定群体、特定区域或达到一定精度和规模的，一旦被泄露或篡改、损毁，可能直接危害国家安全、经济运行、社会稳定、公共健康和安全的数据，仅影响组织自身或公民个体的数据一般不作为重要数据。核心数据是指对领域、群体、区域具有较高覆盖度或达到较高精度、较大规模、一定深度的，一旦被非法使用或共享，可能直接影响政治安全的重要数据，主要包括关系国家安全重点领域的数据，关系国民经济命脉、重要民生、重大公共利益的数据，经国家有关部门评估确定的其他数据。

## 11.2.2　数据分类原则

按照国家标准 GB/T 43697—2024《数据安全技术 数据分类分级规则》，遵循国家数据分类分级保护要求，按照数据所属行业领域进行分类分级管理，依据以下原则对数据进行分类分级。

（1）科学实用原则：从便于数据管理和使用的角度，科学选择常见、稳定的属性或特征作为数据分类的依据，并结合实际需要对数据进行细化分类。

（2）边界清晰原则：数据分级的各级别应边界清晰，对不同级别的数据采取相应的保护措施。

（3）就高从严原则：采用就高不就低的原则确定数据级别，当多个因素可能影响数据分级时，按照可能造成的各个影响对象的最高影响程度确定数据级别。

（4）点面结合原则：数据分级既要考虑单项数据分级，也要充分考虑多个领域、群体或区域的数据汇聚融合后的安全影响，综合确定数据级别。

（5）动态更新原则：根据数据的业务属性、重要性和可能造成的危害程度的变化，对数据分类分级、重要数据目录等进行定期审核更新。

## 11.2.3　数据分类框架

按照国家标准 GB/T 43697—2024《数据安全技术 数据分类分级规则》，数据按照先行业领域分类、再业务属性分类的思路进行分类。

一是按照行业领域，将数据分为工业数据、电信数据、金融数据、能源数据、交通运输数据、自然资源数据、卫生健康数据、教育数据、科学数据等。

二是各行业各领域主管（监管）部门根据本行业本领域业务属性，对本行业领域数据进行细化分类。常见业务属性包括但不限于：

（1）业务领域：按照业务范围、业务种类或者业务功能进行细化分类。

（2）责任部门：按照数据管理部门或职责分工进行细化分类。

（3）描述对象：按照数据描述的对象进行细化分类。

（4）流程环节：按照业务流程、产业链环节进行细化分类。

（5）数据主体：按照数据主体或属主进行细化分类；例如，按照数据主体分为公共数据、组织数据、个人信息。

（6）内容主题：按照数据描述的内容主题进行细化分类。

（7）数据用途：按照数据处理目的、用途进行细化分类。

（8）数据处理：按照数据处理活动或数据加工程度进行细化分类。

（9）数据来源：按照数据来源、收集方式进行细化分类。

三是如涉及法律法规有专门管理要求的数据类别（如个人信息等），应按照有关规定和标准进行标注和分类。

## 11.2.4　不同标准的数据分类

（1）基于描述对象的数据分类。按照国家标准 GB/T 43697—2024《数据安全技术 数据分类分级规则》，从数据描述对象角度，可将数据分为用户数据、业务数据、经营管理数据、系统运维数据四个类别，数据分类参考示例见表 11 - 1。表 11 - 1 概述了数据分类的四种主要类型：用户数据、业务数据、经营管理数据、系统运维数据。用户数据指在业务服务中收集的个人或组织用户信息，如个人信息、组织账号信息等。业务数据涉及业务研发、生产、运营过程中的非用户类数据，如产品数据、合同协议，需根据行业特点细分。经营管理数据包括经营战略、财务数据等内部管理过程中的数据。系统运维数据涵盖网络和信息系统的运行维护、日志记录及网络安全相关的数据，如配置数据、日志数据、安全监测数据等。这些分类有助于组织更有效地管理和保护数据，确保数据安全和合规性。

表 11 −1 　　　　　　　　　　基于描述对象的数据分类参考示例

| 数据类别 | 类别定义 | 示例 |
|---|---|---|
| 用户数据 | 在开展业务服务过程中从个人用户或组织用户收集的数据,以及在业务服务过程中产生的归属于用户的数据 | 如个人信息、组织用户信息（如组织基本信息、组织账号信息、组织信用信息等） |
| 业务数据 | 在业务的研发、生产、运营过程中收集和产生的非用户类数据 | 参考业务所属的行业数据分类分级,结合自身业务特点进行细分,如产品数据、合同协议等 |
| 经营管理数据 | 数据处理者在单位经营和内部管理过程中收集和产生的数据 | 如经营战略、财务数据、并购融资信息、人力资源数据、市场营销数据等 |
| 系统运维数据 | 网络和信息系统运行维护、日志记录及网络安全数据 | 如网络设备和信息系统的配置数据、日志数据、安全监测数据、安全漏洞数据、安全事件数据等 |

（2）基于数据主体的数据分类。按照国家标准 GB/T 43697—2024《数据安全技术 数据分类分级规则》,从数据主体角度,可将数据分为公共数据、组织数据、个人信息三个类别,数据分类参考示例见表 11 −2。公共数据指政务部门或公共服务机构在履行职责或提供服务时收集的数据,如政务数据和公共服务数据。组织数据涉及组织在生产经营活动中产生的非个人信息,可能包括业务数据、经营管理数据和系统运维数据。个人信息则涵盖与已识别或可识别自然人相关的各种信息,如身份信息、生物识别信息、财产信息等。此分类有助于组织根据不同数据主体的需求和法规要求,实施相应的数据管理和保护措施。

表 11 −2 　　　　　　　　　　基于数据主体的数据分类参考

| 数据分类 | 类别定义 | 示例 |
|---|---|---|
| 公共数据 | 各级政务部门、具有公共管理和服务职能的组织及其技术支撑单位,在依法履行公共事务管理职责或提供公共服务过程中收集、产生的数据 | 如政务数据,在供水、供电、供气等公共服务运营过程中收集和产生的数据等 |
| 组织数据 | 组织在自身生产经营活动中收集、产生的不涉及个人信息和公共利益的数据 | 如不涉及个人信息和公共利益的业务数据、经营管理数据、系统运维数据等 |

| 数据分类 | 类别定义 | 示例 |
|---|---|---|
| 个人信息 | 以电子或者其他方式记录的与已识别或者可识别的自然人有关的各种信息 | 如个人身份信息、个人生物识别信息、个人财产信息、个人通信信息、个人位置信息、个人健康生理信息等 |

## 11.2.5 国家标准下的个人数据分类

表 11-3 参考 GB/T 35273—2020 给出了个人信息的一级类别、二级类别和典型数据示例，旨在为个人信息的管理和保护提供标准化指导。表 11-3 详细列出了个人信息的分类和典型示例。一级类别包括个人基本资料、个人身份信息、个人生物识别信息、网络身份标识信息、个人生物识别信息、个人健康生理信息、个人教育工作信息、个人财产信息、身份鉴别信息、个人通信信息、联系人信息、个人上网记录、个人设备信息、个人位置信息、个人标签信息、个人运动信息以及其他个人信息。每个一级类别下进一步细分为二级类别，如个人基本资料包括姓名、生日、性别等；个人身份信息包括身份证、护照等证件信息；个人生物识别信息涵盖面部识别、指纹等；网络身份标识信息包括用户账号、IP 地址等；个人健康生理信息包括健康状况、医疗记录；个人教育工作信息则包括教育背景、工作经历等；在个人财产信息下，细分为金融账户信息、个人交易信息、个人资产信息和个人借贷信息，涉及银行账号、交易记录、房产信息等；身份鉴别信息包括账号口令、数字证书等。个人通信信息涵盖通信记录和联系人信息；个人设备信息包括设备识别码和应用软件列表；个人位置信息分为粗略位置信息、行踪轨迹信息和住宿出行信息。个人标签信息基于上网记录生成用户画像；个人运动信息记录了步数、运动时长等数据；其他个人信息则包括性取向、婚史等敏感信息。此分类有助于明确个人信息的范畴和保护重点，确保个人信息的安全和合规使用。表 11-3 为个人信息分类和保护的标准化参考，其意义在于为组织和个人提供了一个清晰的框架，以便更有效地管理和保护个人信息。这种标准化不仅有助于确保数据的安全性和合规性，而且通过明确各类信息的敏感性和处理要求，促进了对个人隐私的尊重和保护。

表 11 - 3　　　　　　　　　　　　　个人信息分类参考示例

| 一级类别 | 二级类别 | 典型示例和说明 |
|---|---|---|
| 个人基本资料 | 个人基本资料 | 自然人基本情况信息，如个人姓名、生日、年龄、性别、民族、国籍、籍贯、政治面貌、婚姻状况、家庭关系、住址、个人电话号码、电子邮件地址、兴趣爱好等 |
| 个人身份信息 | 个人身份信息 | 可直接标识自然人身份的信息，如身份证、军官证、护照、驾驶证、工作证、社保卡、居住证、港澳台通行证等证件号码、证件照片或影印件等。其中特定身份信息属于敏感个人信息，具体参见敏感个人信息国家标准 |
| 个人生物识别信息 | 生物识别信息 | 个人面部识别特征、虹膜、指纹、基因、声纹、步态、耳廓、眼纹等生物特征识别信息，包括生物特征识别原始信息（如样本、图像）、比对信息（如特征值、模板）等 |
| 网络身份标识信息 | 网络身份标识信息 | 可标识网络或通信用户身份的信息及账户相关资料信息（金融账户除外），如用户账号、用户 ID、即时通信账号、网络社交用户账号、用户头像、昵称、个性签名、IP 地址等 |
| 个人生物识别信息 | 生物识别信息 | 个人面部识别特征、虹膜、指纹、基因、声纹、步态、耳廓、眼纹等生物特征识别信息，包括生物特征识别原始信息（如样本、图像）、比对信息（如特征值、模板）等 |
| 个人健康生理信息 | 健康状况信息 | 与个人身体健康状况相关的个人信息，如体重、身高、体温、肺活量、血压、血型等 |
| 个人健康生理信息 | 医疗健康信息 | 个人因疾病诊疗等医疗健康服务产生的相关信息，如医疗就诊记录、生育信息、既往病史等，具体范围参见敏感个人信息国家标准 |
| 个人教育工作信息 | 个人教育信息 | 个人教育和培训的相关信息，如学历、学位、教育经历、学号、成绩单、资质证书、培训记录、奖惩信息、受资助信息 |
| 个人教育工作信息 | 个人工作信息 | 个人求职和工作的相关信息，如个人职业、职位、职称、工作单位、工作地点、工作经历、工资、工作表现、简历、离退休状况等 |
| 个人财产信息 | 金融账户信息 | 金融账户及鉴别相关信息，如银行、证券等账户的账号、密码等，具体参见敏感个人信息国家标准 |
| 个人财产信息 | 个人交易信息 | 交易过程中产生的交易信息和消费记录，如交易订单、交易金额、支付记录、透支记录、交易状态、交易日志、交易凭证、账单，证券委托、成交、持仓信息，保单信息、理赔信息等 |
| 个人财产信息 | 个人资产信息 | 个人实体和虚拟财产信息，如个人收入状况、房产信息、存款信息、车辆信息、纳税额、公积金缴存明细、银行流水、虚拟财产（如虚拟货币、虚拟交易、游戏类兑换码等）等 |

续表

| 一级类别 | 二级类别 | 典型示例和说明 |
|---|---|---|
| 个人财产信息 | 个人借贷信息 | 个人在借贷过程中产生的信息，如个人借款信息、还款信息、欠款信息、信贷记录、征信信息、担保情况等 |
| 身份鉴别信息 | 身份鉴别信息 | 用于个人身份鉴别的数据，如账号口令、数字证书、短信验证码、密码提示问题等 |
| 个人通信信息 | 个人通信信息 | 通信记录，短信、彩信、话音、电子邮件、即时通信等通信内容（如文字、图片、音频、视频、文件等），以及描述个人通信的元数据（如通话时长）等 |
| 联系人信息 | 联系人信息 | 描述个人与关联方关系的信息，如通讯录、好友列表、群列表、电子邮件地址列表、家庭关系、工作关系、社交关系、父母或监护人信息、配偶信息等 |
| 个人上网记录 | 个人操作记录 | 个人在业务服务过程中的操作记录和行为数据，包括网页浏览记录、软件使用记录、点击记录、Cookie、发布的社交信息、点击记录、收藏列表、搜索记录、服务使用时间、下载记录等 |
| | 业务行为数据 | 用户使用某业务的行为记录（如游戏业务包括用户游戏登录时间、最近充值时间、累计充值额度、用户通关记录）等 |
| 个人设备信息 | 可变更的唯一设备识别码 | AndroidID、广告标识符（IDFA）、应用开发商标识符（IDFV）、开放匿名设备标识符（OAID）等 |
| | 不可变更的唯一设备识别码 | 国际移动设备识别码（IMEI）、移动设备识别码（MEID）、设备媒体访问控制（MAC）地址、硬件序列号等 |
| | 应用软件列表 | 用户在终端上安装的应用程序列表，如每款应用软件的名称、版本等 |
| 个人位置信息 | 粗略位置信息 | 仅能定位到行政区、县级等的位置信息，如地区代码、城市代码等 |
| | 行踪轨迹信息 | 与个人所处地理位置、活动地点和活动轨迹等相关的信息具体范围参见敏感个人信息国家标准 |
| | 住宿出行信息 | 个人住宿信息，以及乘坐飞机、火车、汽车、轮船等交通出行信息等 |
| 个人标签信息 | 个人标签信息 | 基于个人上网记录等加工产生的个人用户标签、画像信息如行为习惯、兴趣偏好等 |
| 个人运动信息 | 个人运动信息 | 步数、步频、运动时长、运动距离、运动方式、运动心率等 |
| 其他个人信息 | 其他个人信息 | 性取向、婚史、宗教信仰、未公开的违法犯罪记录等 |

# 11.3　个人数据资产相关的法律

## 11.3.1　关于数据资产的权益保护法律

现代社会中隐私权和个人信息的保护问题受到各国的高度重视。为了更好地保护广大人民群众的人格权，针对实践中隐私权与个人信息领域存在的各种突出问题，我国《民法典》在现行法律规定的基础上，对于隐私权和个人信息保护作出了专门规定。在民法典人格权编第六章"隐私权和个人信息保护"中，不仅对于隐私、个人信息以及个人信息的处理等基本概念作出了清晰的界定，明确了禁止实施的侵害隐私权的行为类型，处理个人信息应遵循的原则与合法性要件、个人信息的合理使用方法，还对隐私权和个人信息保护的关系问题作出了规定。《民法典》第一千零三十四条规定，自然人的个人信息受法律保护。个人信息是以电子或者其他方式记录的能够单独或者与其他信息结合识别特定自然人的各种信息，包括自然人的姓名、出生日期、身份证件号码、生物识别信息、住址、电话号码、电子邮箱、健康信息、行踪信息等。个人信息中的私密信息，适用有关隐私权的规定；没有规定的，适用有关个人信息保护的规定。

在《中华人民共和国数据安全法》第一章总则的第一条指出，为了规范数据处理活动，保障数据安全，促进数据开发利用，保护个人、组织的合法权益，维护国家主权、安全和发展利益，制定本法。第七条规定，国家保护个人、组织与数据有关的权益，鼓励数据依法合理有效利用，保障数据依法有序自由流动，促进以数据为关键要素的数字经济发展。第八条规定，开展数据处理活动，应当遵守法律法规，尊重社会公德和伦理，遵守商业道德和职业道德，诚实守信，履行数据安全保护义务，承担社会责任，不得危害国家安全、公共利益，不得损害个人、组织的合法权益。

在《中华人民共和国个人信息保护法》的总则中，第一条规定是为了保护个人信息权益，规范个人信息处理活动，促进个人信息合理利用，根据宪法，制定本法。第二条规定自然人的个人信息受法律保护，任何组织、个人不得侵害自然人的个人信息权益。第三条规定在中华人民共和国境内处理自然人个人信息的活动，适用本法。第四条规定个人信息是以电子或者其他方式记录的与已识别或者可识别的自然人有关的各种信息，不包括匿名化处理后的信息。个人信息的处理包括个人信息的收集、存储、使用、加工、传输、提供、公开、删除等。第五条规定处理个人信息应当遵循合法、正当、必要和诚信原则，不得通过误导、欺诈、胁迫等方式处理个人信息。第六条规定处理个人信息应当具有明确、合理的目的，并应当与处理目的直接相关，采取对个人权益影响最小的方式。收集个人信息，应当限于实现处理目的的最小范围，不得过度收集个人信息。第七条规定处理个人信息应当遵循公开、透明原则，公开个人信息处理规则，明示处理的目的、方式和范围。第八条规定处理个人信息应当保证个人信息的质量，避免因个人信息不准确、不完整对个人权益造成不利影响。第九条规定个人信息处理者应当对其个人信息处理活动负责，并采取必要措施保障所处理的个人信息的安全。第十条规定任何组织、个人不得非法收集、使用、加工、传输他人个人信息，不得非法买卖、提供或者公开他人个人信息；不得从事危害国家安全、公共利益的个人信息处理活动。第十一条规定国家建立健全个人信息保护制度，预防和惩治侵害个人信息权益的行为，加强个人信息保护宣传教育，推动形成政府、企业、相关社会组织、公众共同参与个人信息保护的良好环境。第十二条规定国家积极参与个人信息保护国际规则的制定，促进个人信息保护方面的国际交流与合作，推动与其他国家、地区、国际组织之间的个人信息保护规则、标准等互认。

2022 年，中共中央、国务院发布《关于构建数据基础制度更好发挥数据要素作用的意见》，加快构建数据基础制度、推动数据交易、建设数据要素市场等成为新时期我国经济建设的重要任务，意味着数据资源的社会化应用和价值实现将向更高层次推进。

在中央层面上，构建数据权利制度日趋受到重视和强调。例如，《"十三五"国家信息化规划》已指出加快推动"数据权属、数据管理"的立法。习近平总书记在党的十九大报告中更是明确提出要"制定数据资源确权、开放、流通、交易相关制度，完善数据产权保护制度"。"数据二十条"强调要建立保障权益、合规使用的数据产权制度，探索数据产权结构性分置制度，建立持有权、加工使用权、经营权三权分置的产权运行机制。在地方层面，为响应中央号召和落实国家政策，我国一些地方政府也高度重视数据确权问题。广东省、上海市、江苏省等地先试先行，积极探索数据确权之路。表 11 - 4 为个人信息保护的相关法律。

表 11 - 4　　　　　　　　　　个人信息保护相关法律

| 法律条文 | 发布时间 |
| --- | --- |
| 《中华人民共和国民法典》 | 2020 年 5 月 28 日 |
| 《中华人民共和国数据安全法》 | 2021 年 6 月 10 日 |
| 《中华人民共和国个人信息保护法》 | 2021 年 8 月 20 日 |
| 《中华人民共和国网络安全法》 | 2016 年 11 月 7 日 |
| 《中华人民共和国电子商务法》 | 2018 年 8 月 31 日 |
| 《中华人民共和国密码法》 | 2019 年 10 月 26 日 |
| 《信息安全技术　个人信息安全规范》（GB/T 35273—2020） | 2020 年 10 月 1 日 |
| 关于印发《关于加强数据资产管理的指导意见》的通知 | 2023 年 12 月 31 日 |

## 11.3.2　关于数据分类分级保护的法律

2021 年 9 月 1 日，《中华人民共和国数据安全法》正式施行，明确规定"国家建立数据分类分级保护制度"，第三章第二十一条提出，"国家建立数据分类分级保护制度，根据数据在经济社会发展中的重要程度，以及一旦遭到篡改、破坏、泄露或者非法获取、非法利用，对国家安全、公共利益或者个人、组织合法权益造成的危害程度，对数据实行分类分级保护。国家数据安全工作协调机制统筹协调有关部门制定重要数据目录，加强对重要数据的保护。"

开展数据分类分级保护工作，首先需要对数据进行分类分级，识别涉及的重要数据和核心数据，然后建立相应的数据安全保护措施。《信息安全技术 个人信息安全规范》（GB/T 35273—2020）在国家数据安全工作协调机制指导下，根据《中华人民共和国数据安全法》《中华人民共和国网络安全法》《中华人民共和国个人信息保护法》及有关规定，给出了数据分类分级的通用规则，用于指导各行业领域、各地区、各部门和数据处理者开展数据分类分级工作。

《信息安全技术 个人信息安全规范》（GB/T 35273—2020）规定了开展收集、存储、使用、共享、转让、公开披露、删除等个人信息处理活动应遵循的原则和安全要求。该标准适用于规范各类组织的个人信息处理活动，也适用于主管监管部门、第三方评估机构等组织对个人信息处理活动进行监督、管理和评估。

# 11.4　中国个人数据资产化的进展

## 11.4.1　个人数据权利资产化收益的现状及归属判定分析

在数字经济的浪潮中，个人数据的识别和利用变得愈发重要，其价值不断被挖掘。例如，软件工程师弗德里科·赞尼尔通过记录和出售自己的浏览历史、点击行为、通信记录等个人数据，成功在 Kick-starter 众筹网站筹集了 2733 美元。然而，随着个人数据的资产化，如何合理分配其产生的经济收益成为学界和业界的热点议题。

目前，学术界对此有多种观点。一些学者认为个人数据应被视为数据主体的财产，其收益应完全归个人所有。另一些学者则认为数据控制者应享有数据资产的权益。还有观点提出，应根据数据的处理阶段，将权益分配给用户和数据控制者。此外，有学者建议区分数据类型，赋予个人对原始数据的控制权，而企业则对处理后的数据享有权利。还有观点认为，数据价值是网民共同创造的，应由所有网民共享其权益。另外，一些学者考虑到数据的复杂性，建议暂时搁置权属问题。

尽管存在不同的声音，但个人数据权利的资产化进程正在加速，其经济价值也在不断提升。面对收益分配的难题，建议结合产业发展的不同阶段，逐步探索和制定合理的分配机制。这不仅有助于平衡各方利益，还能推动个人数据权利资产化的健康发展。

## 11.4.2　数据交易所与个人数据交易

我国各地已经建立了多个数据交易所，推动数据资产的流通和交易。例如，北京国际大数据交易所、上海数据交易所、深圳数据交易所、广州数据交易所和贵阳大数据交易所等。这些交易所在金融、制造、信息等多个场景中探索数据资产的应用。

中国的数据交易所近年来发展迅速，市场规模和交易活跃度显著提升。2022 年，中国数据交易市场规模达到 876.8 亿元，预计到 2025 年将增至 2046 亿元，到 2030 年将达到 5155.9 亿元。截至 2024 年，全国已有 80 多个数据交易所及数据交易中心，几乎每个大中城市至少有一个。深圳数据交易所的交易额最大，2022 年 11 月正式挂牌至 2023 年底，累计交易额达 60.1 亿元。贵阳大数据交易所作为全国第一家大数据交易所，截至 2024 年 1 月 15 日，累计数据交易额为 25.14 亿元。

数据交易所在数据流通、数据应用和生态培育中发挥着重要作用。上海数据交易所自 2021 年 11 月 25 日成立以来，挂牌的数据产品数量已超过 1200 个，成交额在 2022 年底已突破 1 亿元，2023 年场内交易金额将超过 10 亿元。截至 2023 年 11 月，北京国际大数据交易所的数据交易备案规模已超过 20 亿元，交易主体 500 余家。

数据交易的内容和应用场景非常广泛，涵盖企业数据、消费者数据、金融数据等，应用在金融、互联网、政务、医疗健康、通信、教育等行业。数据交易不仅是数据资源的流通，更是数据资产化的重要途径。数据资产化是将数据资源转化为具有经济价值的资产，通过数据交易实现其价值。

尽管数据交易市场发展迅速，但也面临一些挑战，如数据供给不足、流通机制不畅、数据定价和评估机制不完善等。为了推动数据交易市场的规范化和标准化，国家数据局正在推进数据产权制度、数据要素流通和交易制度、收益分配制度和数据安全治理等基础性、顶层性设计制度规范。

贵阳大数据交易所在 2023 年 4 月完成了全国首笔个人数据合规流转交易。此次交易是在个人用户知情且明确授权的情况下，由贵阳大数据交易所联合好活（贵州）网络科技有限公司，利用数字化、隐私计算等技术采集求职者的个人简历数据。通过贵阳大数据交易所"数据产品交易价格计算器"并结合好活科技的简历价格计算模型和应用场景，为个人简历数据提供交易估价参考。最终，个人用户通过平台获得其个人简历数据产品交易的收益分成，实现了个人数据的可持有、可使用、可流通、可交易、可收益。数据交易所涉及的交易类型包括数据包、API 开放、数据报告、数据模型、数据服务、数据应用、数据工具、定制化服务等。交易流程一般包括登记、评估、定价、结算等，较为注重合规性。贵阳大数据交易所在个人简历数据交易项目中，通过"数据产品交易价格计算器"结合好活的简历价格计算模型和应用场景，对个人简历数据提供交易估价参考，确保交易的合规性和安全性。

## 11.5　个人数据资产化过程中遇到的挑战

### 11.5.1　理论挑战：利益分配难以平衡

在当前数据经济的背景下，个人数据与数据控制企业之间的权益分配问题引发了广泛的讨论。国内学术界对此有六种主要观点，每种观点都有一定的合理性，但都存在一定的局限性，难以全面促进数据要素的市场化流通和数字经济的稳定发展。

第一，将数据权利完全归个人所有，虽然保护了个人隐私，但会增加企业在数据保护和合规方面的投入，减缓数字产业的发展速度。第二，完全将数据权利归企业所有，虽然短期内可以激励企业加大投入，但长期来看可能加剧数据垄断，对个人数据的生产者——公民也不公平。第三，按数据处理阶段划分收益的方式，虽然在理论上可行，但在实际操作中由于技术限制，用户难以知晓自己的原始数据及其产生的收益，难以实施。第四，赋予用户数据控制权和企业部分收益权的方式，虽然看似公平，但实际操作中收益分配不明确，企业难以预测其收益，影响其投资决策。第五，将收益归所有网民所有，虽然听起来公平，但实际上会导致数据贡献少的网民获得与贡献多的网民相同的收益，这不仅导致分配不公平，还会降低企业的可期待利益，影响数据的二次流通。第六，暂时搁置争议虽然可以避免短期的争议，但从长远来看，不利于数字经济的健康发展。综上所述，数据权利收益分配的困境主要在于难以找到一个平衡各方利益的方案，这不仅影响了数据产业的快速发展，也阻碍了数字经济的稳定发展。因此，需要更深入地研究和探索，以制定出更合理的分配机制，促进数据要素的市场化流通和数字经济的健康发展。

### 11.5.2　技术挑战：个人数据难以定量

在数字经济时代，个人数据的生成和使用成为关键问题。个人用户在使用各类应用程序如打车软件时，其地理位置、时间偏好、车型选择等数据被企业收集并存储。然而，用户往往无法知晓自己产生的数据量、数据价值及其存储位置，更难以参与数据收益的分配。此外，尽管用户可能希望出售自己的数据，但缺乏安全稳定的交易平台。与不动产或证券等资产的交易不同，数据交易的渠道不明确，交易过程不透明，用户难以掌握数据的再次流通情况。这种不确定性进一步阻碍了数据交易的健康发展。更重要的是，目前数据交易的成功案例较少，影响了收益分配规则的建立。数据交易的成功不仅对数据确权和定价具有重要参考价值，还与数据权利收益分配问题密切相关。数据交易样本的稀缺性限制了数据确权的研究，不合理的数据定价又会引发交易争议，进而导致交易量下降。这种负向循环进一步加剧了数据交易的困境。因此，为了打破这一循环，需要建立更完善的数据交易平台，明确数据确权和定价机制，促进数据交易的健康发展，从而为数据权利收益分配提供坚实的基础。

### 11.5.3　制度挑战：配套法律难以出台

尽管国家和地方政府高度重视数据确权问题，但现行立法在数据权利资产化收益方面尚未给出明确的指导。在国家层面，《民法典》虽然在总则中对个人信息、数据和网络虚拟财产的保护有所提及，但并未明确"数据权利"的具体内容，且缺乏对数据和网络虚拟财产保护的具体规定。《数据安全法》虽然强调保障个人和组织的数据权益，并鼓励数据的合法有效利用，但并未具体涉及数据权属问题。"数据二十条"虽然提出了建立数据产权制度和探索数据产权分置的建议，但其作为政策文件，缺乏法律的强制性。

在地方层面，截至 2023 年 2 月 11 日，19 份省一级的地方性法规中，大多数仅在立法目的或交易原则中强调数据交易不得损害他人合法权益。少数法规如《山东省大数据发展促进条例》和《重庆市数据条例》对数据权利进行了一定的阐述，规定了市场主体对合法获取的数据资源开发的数据产品和服务享有财产权益，以及自然人、法人和非法人组织对合法取得的数据的合法使用和加工权利。《深圳经济特区数据条例》则明确了自然人对个人数据享有人格权。在46份地方政府规章中，仅有《广东省公共数据管理办法》和《山西省政务数据资产管理暂行办法》对公共数据权作出了回应，前者规定了单位和个人开发利用公共数据所获得的财产权益受法律保护，后者则明确了政务数据资源的国家所有权。

总体而言，尽管部分地方性法规在数据权属问题上有所突破，但大多数地方立法仍然回避这一问题，其合法性和合理性仍需进一步探讨。这表明在数据权属和资产化收益方面，立法仍需进一步完善，以促进数据产业的健康发展。

## 11.6　个人数据资产化路径

个人数据资产化在实现数据价值的过程中充满争议，主要由于权属不明确、隐私保护不足、安全风险高和存在技术难题等因素。个人通常只能通过"知情同意"的方式参与自己数据的流通和交易，而数据大多存储在公共部门或企业的数据库中，这使得个人数据的市场化流转和价值实现相对困难。目前，个人数据资产化的实践案例不多，大多采取个案处理的方式，缺乏系统化的资产化路径。因此，本书旨在通过分析现有案例，探讨个人数据资产化的可行路径，为个人数据价值的实现提供指导和参考。

### 11.6.1　供需双方直接交易的个人数据资产化路径

在数据经济中，个人可以通过直接交易或授权企业使用其数据来实现经济或社会价值。常见的做法是个人通过同意隐私政策，将数据授权给企业进行采集和利用。企业利用这些数据进行分析，了解用户偏好，从而实现精准营销，提高广告效果和销售业绩，从而获得经济收益。然而，这种模式中，个人通常只能获得有限的经济回报，且个人数据难以作为个人资产被确认和计量，往往被纳入企业资产。

此外，个人还可以通过直接销售数据的方式实现价值，如荷兰学生将个人数据以350美元的价格出售给新闻网站。这种直接销售模式能够使个人直接获得经济利益，形成个人数据资产。但这种模式在定价和计量上存在挑战，且在国内尚未普及，需要进一步的研究和制度完善。因此，如何合理确认和计量个人数据资产，使其在市场化流通中发挥更大作用，是当前亟待解决的问题。

### 11.6.2　委托中介机构交易的个人数据资产化路径

"数据二十条"建议通过中介机构代表个人利益，监督市场主体对个人信息数据的采集、加工和使用，从而推动个人数据的市场化流转和资产化。这些中介机构，如深圳数据交易所和贵阳大数据交易所，通过建立统一的个人数据资产账户和授权平台，构建完整的数据确权、授权、流通、赋能和收益分配的生态闭环。

深圳数据交易所通过医院、社区健康服务机构等机构持有的个人健康数据，实现个人数据的授权和交易。贵阳大数据交易所则依据个人简历数据的交易经验，提出"个人数据资产合规流转计划"，依托"个人数据资产卡"和"个人数据资产账户"，打造合规的个人数据流转链条。在这两种模式下，个人可以授权中介机构管理其数据资产，并通过这些机构实现数据的可信流通和场内交易。

数据中介机构不仅管理个人数据资产账户和运营平台，还与数据处理商、技术服务商等合作，将个人数据整合、加工成数据产品或服务，供数据需方有偿使用。数据需方可以利用这些数据进行广告精准营销、疾病趋势预测、金融风险评估、社会调查和科学研究等。同时，政府部门或其他企业机构作为合规和安全机构，对数据流转、交易、管理的全流程进行监管。

### 11.6.3　总结

个人数据资产化可以通过两种主要方式实现：直接交易和通过中介机构交易。在直接交易中，个人通过同意隐私政策将数据授权给企业，虽然能够为企业带来经济利益，但个人数据形成的资产通常只能作为企业资产进行登记。此外，个人还可以通过拍卖等方式直接出售数据，从而获取经济利益并形成个人数据资产。而在中介机构交易模式中，个人数据通过中介机构进入市场，不仅能够实现经济价值，还能带来社会效益。需要说明的是，中国个人数据保护水平比较弱，但是个人数据资产化业务的开展恰恰能够通过市场化的手段倒逼市场主体各方做好个人数据的保护工作，这有助于提升中国个人数据保护的水平。

尽管如此，目前对于个人数据资产的确认、计量和管理尚无统一的指导原则，需要进一步的研究和探索。这种探索不仅涉及数据的权属和流通机制，还涉及如何在保障个人隐私和数据安全的同时，最大化数据的经济和社会价值。因此，未来的研究和政策制定需要在这些方面取得平衡，以促进个人数据资产化的健康发展。

# 第12章

# 公共数据的管理与资产化

公共数据是由政府机构或其他公共部门在履行职责过程中收集、生成、处理和持有的数据，包括政府事务、社会经济、环境资源、基础设施、公共安全等数据。当前，公共数据资产化的进程正在加速，在2024年9月中共中央办公厅、国务院办公厅发布了《关于加快公共数据资源开发利用的意见》，该意见聚焦破除公共数据流通使用的体制性障碍、机制性梗阻，统筹发展和安全，兼顾效率和公平，从扩大资源供给、规范授权运营、鼓励应用创新等方面提出了17项具体措施。在数据资产化过程中，公共数据资源可以作为数据资产化的试点资源，为其他部门数据资产化总结经验。在此背景下，本章主要讨论公共数据在管理和资产化中的基本概念和相关实践。

## 12.1 政府数据资产的概念

国家具有所有者和社会管理者的两种身份与两种权力，政府资产是国家拥有和控制并有望带来经济利益或产生服务潜力的经济资源。公共数据资源一般被政府部门掌握，政府数据则是政府行政管理部门在行使职责的过程中产生或者以某种记录形式获取的数据信息，包括行政管理部门按照条例获取的第三方信息以及部分行政部门通过数据采集设备获取的一手信息，如通过遥感技术获取的环境数据。因此，政府数据成为政府数据资产必须满足以下条件：首先，数据必须由政府拥有和控制；其次，该数据能够给政府带来经济效益。

在全行业数字化转型过程中，政府数据资产的重要性日益凸显。学术界将政府数据资产定义为：政府行政部门在行使职能过程中产生的，由政府拥有、使用和控制，并且能够按照一定的标准和章程提供给企事业单位或其他社会团体，并最终能够给政府带来经济效益或社会服务效能的数据资产。其主要包括政府部门在履行职能过程中产生的业务数据，通过实时统计或信息采集设备获取的公共数据、市民数据、环境数据以及企事业单位的部分数据。

2019 年，美国通过的《开放的、公开的、电子化的及必要的政府数据法案》（*The Open，Public，Electronic，and Necessary Government Data Act*）中将"开放政府数据"定义为联邦政府的公共数据资产，该资产由联邦政府拥有和维护并且已经向公众发布。上述政府数据法案指出政府数据资产属于数据资产的一部分，该资产能够被机器识别、无偿向公众开放，在数据使用和再利用上没有限制。

我国政府对政府数据资产的概念进行了界定并不断推出新的、适宜的政府数据资产管理办法。2017 年，贵州省在全国率先印发实施了《贵州省政府数据资产管理登记暂行办法》，其中定义了政府数据资产，即由政务服务实施机构建设、管理、使用的各类业务应用系统，以及利用业务应用系统依法依规直接或间接采集、使用、产生、管理的，具有经济、社会等方面价值，权属明晰、可量化、可控制、可交换的非涉密政府数据。2019 年，《山西省政务数据资产管理试行办法》将政务数据资产界定为由政务服务实施机构建设、管理和使用的各类业务应用系统，以及利用业务应用系统，依据法律法规有关规定直接或间接采集、使用、产生、管理的文字、数字、符号、图片和视音频等具有经济、社会价值，权属明晰、可量化、可控制、可交换的政务数据。

2024 年 1 月 11 日，财政部印发《关于加强数据资产管理的指导意见》明确了公共数据资产的定义，"公共管理和服务机构依法履职或提供公共服务过程中持有或控制的，预期能够产生管理服务潜力或带来经济利益流入的公共数据资源"，并明确可以通过登记数据资产卡片的方式确认公共数据资产。该指导意见还进一步明确了公共数据资产卡片应该记载公共数据资产的基本信息、权利信息、使用信息和管理信息，为各地探索开展公共数据资产登记、授权运营、价值评估和流通增值等工作提供了重要依据。2024 年 2 月 8 日，财政部发布通知，加强行政事业单位数据资产管理，要求各部门及其所属单位要切实加强行政事业单位数据资产管理，因地制宜探索数据资产管理模式，充分实现数据要素价值，更好发挥数据资产对推动数字经济发展的支撑作用。

在不断演进的过程中，政府数据资产的概念和应用得到了显著的发展和完善。综合学术界和政策制定者对资产及数据资产的定义，我们可以从以下几个维度来深入理解政府数据资产。

（1）从政府数据资产来源看，政府数据资产主要源自政府机构在履行其职能时生成或获取的数据。这不仅包括政府日常运作中产生的业务数据，也涵盖了通过统计调查、遥感技术等手段收集的公共数据。虽然政府数据是形成数据资产的基础，但并非所有政府数据都能直接转化为具有实际应用价值的数据资产。真正的数据资产是那些经过系统整理、验证、确权，并能够为政府或社会带来明显效益的数据集合。

（2）从政府数据资产的价值看，政府数据资产的价值在于其能够被政府、企业、社会组织及个人等不同主体所利用。在数据的共享、交换和应用过程中，它们能够为使用者创造直接或间接的经济利益。随着对数据深入的挖掘和分析，这些资产还能带来更深层次的增值效益。

（3）从政府数据资产的属性看，政府数据资产具有非物质性、公共性、可再生性以及价值可实现性等特点。这些特性与无形资产有许多共通之处，因此政府数据资产也可以被视作无形资产的一种。在进行管理和评估时，需要借鉴无形资产的评估方法和标准。

综上所述，政府数据资产可以界定为：由政府部门在行使职能过程中产生的，以数字化形式保存，由政府部门拥有、控制，具有无限增值价值，能够通过开发、共享、交易带来经济价值和社会效益，满足不同用户需求的数据资源。

## 12.2  政府数据资产的类型

由于政府数据资产来源广泛、数据量庞大、数据隐含价值极高，因此可以从政府数据资产基本表现形式、产生方式、开放共享的类型等不同的角度对政府数据资产进行分类。

## 12.2.1  按照政府数据资产基本表现形式划分

（1）数据。数据是对现实世界现象的记录和量化表达，它们能够以数值形式捕捉特定变量的状态或变化。例如，一个地区的年度 GDP、人口规模、气候变化、贸易量、能源消耗量等，都是通过数字或符号来表示的具体信息。这些信息普遍以表格、数字或图形的方式组织，以便更好地理解和分析。数据的来源多样，既可以来自仪器的直接测量，如特定日子的车流量统计、环境监测结果、温度记录等，也可以源自政府在常规行政活动中生成的文档，如交通违规记录、民事案件处理情况等。通过将这些数据以图表或图形的方式呈现，可以更加直观地传达信息，使得数据的解读和利用更为高效。

（2）文本。文本数据是指不能参与算术运算的任何字符，也称为字符型数据。文本是书面语言的表现形式。政府文本数据资产包括政府相关部门发布的地方性方针政策、法律法规、通知等，这些数据资产将会被政府专职人员或相关研究人员整合利用。

（3）图像。图像是具有视觉效果的画面。图像可以记录、保存在纸质媒介、光学胶片以及计算机硬盘中。政府图像数据资产包括遥感技术和其他设备获得的城市地图、河流通道、道路交通信息等数据，这些数据可以帮助政府工作人员进行城市规划的分析和决策。

（4）视频、音频。视频泛指将一系列静态影像以电信号的方式加以捕捉、记录、处理、储存、传送与重现的各种记录。政府视频数据包括监控设备捕捉到的道路通行状况以及环境状况，视频内容可以通过不同的媒介来记录和传播。音频指声音的数字化或非数字化的记录。

（5）其他。其他类型的政府数据资产包括政府在日常处理工作过程中产生的无法记录的数据，如复合的数字类型，包括文本、图像、视频等多种数据类型的总和，这些数据利用价值相对较低，无法进一步分类。

## 12.2.2  按照政府数据资产的产生方式划分

政府数据资产可以根据其生成过程被分为两种主要类型：原始数据和衍生数

据。原始数据指的是政府机构在执行其法定职责过程中直接收集和记录的基本信息。这类数据通常具有庞大的体量和多样化的类型，例如，政府统计部门收集的各地区历年的人口统计和经济指标数据。而衍生数据是通过特定的目标和应用，利用技术手段对原始数据进行进一步加工和分析得到的。这类数据往往展现出更显著的经济价值，能够为特定的组织或群体带来实际的经济利益或决策支持。

### 12.2.3　按照政府数据资产开放共享的类型划分

政府所掌握的数据资产类型广泛，涵盖了从经济到社会各个方面的信息。然而，并非所有数据都适合对公众开放。基于开放性的不同，政府数据资产可以主要分为两大类：开放型和保密型。开放数据资产是政府愿意与公众或相关机构分享的，它们进一步细分为无条件开放数据资产和有条件开放数据资产。无条件开放数据资产指政府无任何限制提供给所有用户的数据，如公开发布的统计年鉴、专业统计报告和官方统计公告。有条件开放数据资产指需要满足特定条件或经过审批流程才能获取的数据，通常涉及对数据使用的限制或特定用途的授权。保密数据资产是根据法律法规，不得向其他政府机构或公众披露的数据，以保护国家安全、商业机密或个人隐私。

## 12.3　政府数据公开的实践

政府数据是公共资源，实现其最大限度地开放共享、开发利用，是发展数字经济的有力支撑。为加强政府数据整合，世界各国都采取了不同的路径和方法并形成了各自不同的体制和做法。美国、英国的做法相对比较成熟，其他国家大多基于"开放政府合作伙伴计划"（OGP）整合本国的政府数据。美国在政府数据开放开发方面，初步建立起以数据开放法律法规、首席数据官工作机制为保障，以提高数据获取便利性和安全性为基础，以政府数据开放共享带动政府治理水平提升和数据产业繁荣为目标的发展模式，可供有关方面参考借鉴。而基于"开放政府合作伙伴计划"（OGP）的成员实践情况来看，75个国家的落实情况并不理想，除了几个经济发达国家外，多数发展中国家的政府数据开放战略的落实并不到位，务虚的成分较多。

借鉴美国等国际立法及各地方先试先行的经验，我国政府积极推动政府数据开放，现已取得了一定的开放实践成果。随着公共数据开放政策的不断深化，各地政府数据开放平台的数量显著增加，数据集的数量和容量也在持续上升，数据利用的成果开始逐步显现。自 2012 年上海首次推出国内地方政府数据开放平台至 2023 年底，全国范围内的数据开放平台数量稳步增长，数据的开放与应用效率持续增强。据《国家信息化发展报告（2023）》统计，截至 2023 年 8 月，全国数据开放平台已增至 226 个，较 2012 年的 3 个有了显著增长。在这 226 个平台中，省级平台有 22 个（不含直辖市和港澳台）；城市级平台则达到了 204 个，涵盖了直辖市、副省级市以及地级市等各级行政区域。在此过程中，我国地方公共数据开放整体上呈现从东南部地区向中西部、东北部地区不断延伸扩散的趋势，同时也呈现区域发展不平衡的特点。

## 12.3.1  中国的公共数据资产化情况

近年来，数字治理问题越来越受关注。一个突出体现是，地方政府成立的大数据管理相关机构越来越多，从最初只有贵州、浙江和广东成立数据管理机构，到 2023 年至少已有十几个省份成立了省级层面的数据管理机构。通过搜集整理中国 31 个省级行政区（不包括港澳台地区）和 333 个地级行政区的政府门户网站及机构改革信息统计得到，2018 年第八次机构改革前，省级地方政府设立大数据管理机构的有 10 家，改革后至少有 20 家，地市级机构数量则由 84 家增加至逾 200 家。

2021 年 12 月，国务院办公厅下发《关于印发要素市场化配置综合改革试点总体方案的通知》即提出，建立健全高效的公共数据共享协调机制，支持打造公共数据基础支撑平台，推进公共数据归集整合、有序流通和共享。探索完善公共数据共享、开放、运营服务、安全保障的管理体制。

2022 年 6 月，国务院发布《关于加强数字政府建设的指导意见》明确指出，我国数字政府建设仍存在一些突出问题，如顶层设计不足、体制机制不够健全等。2022 年 9 月，国务院办公厅下发《关于印发全国一体化政务大数据体系建设指南的通知》指出，国家层面已明确建立政务数据共享协调机制，但部分政务部门未明确政务数据统筹管理机构，未建立有效的运行管理机制。该通知明确指出，到 2023 年底前，全国一体化政务大数据体系初步形成，基本具备数据目录管理、数据归集、数据治理、大数据分析、安全防护等能力，数据共享和开放能力显著增强，政务数据管理服务水平明显提升。全面摸清政务数据资源底数，建立政务数据目录动态更新机制。建设完善人口、法人、自然资源、经济、电子证照等基础库和医疗健康、社会保障、生态环保、应急管理、信用体系等主题库，并统一纳入全国一体化政务大数据体系。政务数据资源基本纳入目录管理，有效满足数据共享需求，数据服务稳定性不断增强。到 2025 年，全国一体化政务大数据体系更加完备，政务数据管理更加高效，政务数据资源全部纳入目录管理。政务数据质量显著提升，"一数一源、多源校核"等数据治理机制基本形成，政务数据标准规范、安全保障制度更加健全。政务数据共享需求普遍满足，数据资源实现有序流通、高效配置，数据安全保障体系进一步完善，有效支撑数字政府建设。

　　针对数据不共享、系统不衔接、部门不协同、制度不完善、交互不畅通这些问题，不同地区采取了多种方式推动数字政府建设。例如，济南建设"智惠导服"，济南市行政审批服务局整合了全市 27 个部门 256 个审批事项，如今形成了行政审批效用的最大释放能力和完善的政策环境，促进了济南市营商环境转变、政府职能转变和"放管服"改革的落实。北京面对数据共享难问题先后出台了一系列有针对性的政策措施。2021 年 1 月，北京市大数据工作推进小组印发的《北京市公共数据管理办法》明确了公共数据的定义范围，适用于全市行政区域内各级行政机关和法律、法规授权的具有公共管理和服务职能的事业单位，各级部门应建立健全公共数据管理工作机制，制定公共数据的采集、汇聚、共享、开放和监督考核等数据管理流程的规则和制度；2021 年 3 月，北京市大数据工作推进小组印发的《北京市"十四五"时期智慧城市发展行动纲要》提出，加强数据开放流通，深化重点领域数据专区建设，推动政府、社会数据深度融合，充分激发数据价值。

　　《数字中国发展报告（2022 年）》显示，我国数据基础制度加快构建，数据资源规模稳步提升，公共数据资源流通共享能力加强。2022 年，我国数据产量达 8.1ZB，同比增长 22.7%，全球占比达 10.5%，位居世界第二。截至 2022 年底，我国数据存储量达 724.5EB，同比增长 21.1%，全球占比达 14.4%。全国一体化政务数据共享枢纽发布各类数据资源 1.5 万类，累计支撑共享调用超过

5000 亿次。我国已有 208 个省级和城市的地方政府上线政府数据开放平台。2022年，我国大数据产业规模达 1.57 万亿元，同比增长 18%。北京、上海、广东、浙江等地区推进数据管理机制创新，探索数据流通交易和开发利用模式，促进数据要素价值释放，数字政务协同服务效能大幅提升。从 2012 年到 2022 年，我国电子政务发展指数国际排名从 78 位上升到 43 位，是上升最快的国家之一。国家电子政务外网实现地市、县级全覆盖，乡镇覆盖率达 96.1%。全国一体化政务服务平台实名注册用户超过 10 亿人，实现 1 万多项高频应用的标准化服务，大批高频政务服务事项实现"一网通办""跨省通办"，有效解决了市场主体和群众办事难、办事慢、办事繁等问题。全国人大代表工作信息化平台正式开通，数字政协、智慧法院、数字检察等广泛应用，为提升履职效能提供有力支撑。党的二十大报告起草过程中，中央有关部门专门开展了网络征求意见活动，收到 854.2 万多条留言。

## 12.3.2 美国的开放政府数据模式

美国作为开放政府数据的先行者，通过《开放政府数据法》，规定了数据开放的审查、清单更新、首席数据官制度以及报告评估制度等。美国的《开放政府数据法》对我国政府数据开放方面的未来制度设计具有较大的借鉴意义，如日常性审查、全面数据清单、首席数据官及其委员会制度等。

自 2009 年起，随着诸如《透明和开放政府备忘录》《电子化政府执行策略》等政策法规的出台，美国成为最早提出"政府数据开放战略"的国家。在搭建全球首个多源统一的政府数据开放平台，构建以首席数据官为核心的政府数据治理体系，建设高速泛在、云网融合、安全可控的数据基础设施，推动数字政府建设和数据产业繁荣方面，美国逐渐探索出一套相对成熟的政府数据市场化开发模式。

（1）制定法律、健全机制双轮驱动政府数据开放。从行政命令到法律法规，数据开放成为政府法定义务。2009 年，奥巴马政府出台《透明和开放政府备忘录》，正式启动"政府数据开放"行动。此后，联邦政府颁布一系列行政命令，推动政府数据开放工作，2018 年美国参议院、众议院通过《开放政府数据法案》，将数据开放上升为联邦政府的"法定义务"。通过《信息自由法案备忘录》《信息自由法》，确立政府信息"以公开为原则，不公开为例外"的基本原则；

颁布《开放政府指令》《开放数据政策》等系列文件,细化各机构进行政府数据开放的具体管理办法;制定《开放数据的元数据规范》,规定数据开放技术标准。

2019 年,颁布最新版《开放政府数据法案》,通过建立首席数据官制度、搭建数据资源管理平台、制定政府数据资源价值评估标准等举措,构建起功能完善、覆盖广泛、用户友好的政府数据开放体系。

从首席信息官到首席数据官,完善政府数据开放机制。出于政府信息资源管理和安全保障的需要,1996 年,美国设立首席信息官,建立政府信息治理体系。当数据成为经济社会发展的重要战略资源后,2018 年,美国颁布《开放政府数据法案》,建立以首席数据官为核心的数据治理组织体系,联邦政府各组成部门均需任命一名首席数据官,以数据治理指导委员会战略指导、首席数据官办公室统筹推进、数据治理咨询小组提供支撑,共同推进政府数据开发利用,如图 12－1 所示。

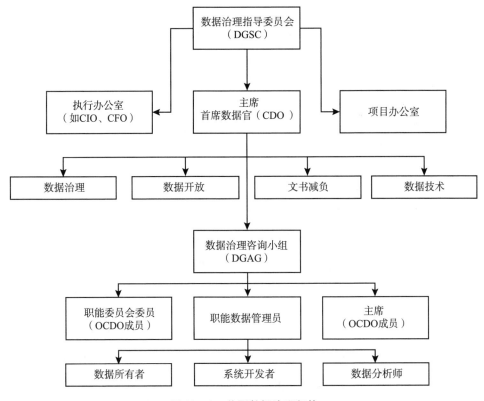

图 12－1　美国数据治理架构

其中，数据治理指导委员会由该机构首席数据官任主席，是联邦政府各部门数据治理体系的统筹协调组织，为首席数据官办公室提供资源支持和战略指导；建立首席数据官办公室，由首席数据官负责组建专业团队，重点推进政府数据治理、政府数据开放、政府文书减负和数据技术完善工作；数据治理咨询小组由使用和管理特定数据集的负责人和技术团队组成，受首席数据官监管，支撑数据治理指导委员会和首席数据官办公室的工作。

（2）搭平台、强技术、优保障多元支撑政府数据流动。从数据平台到资源平台，建立以用户为中心的数据开放体系。历经内容独立多平台建设阶段、多源统一开放平台建设阶段，美国已建立起包含数据开放平台、资源配套平台、元数据开发平台等在内的联邦政府数据开放平台体系。

2009年，联邦政府搭建线上平台Data.gov，免费提供联邦政府、州政府、市政府、高等学校、非营利机构等拥有的数据，涵盖气象、地理、教育、经济等多个领域，提供48种可机读数据格式。2020年，配套搭建资源管理平台，围绕联邦政府数据开放政策、数据标准、技术工具和实践案例，创建政府数据资源管理平台Resources.data.gov，为政府机构和社会公众利用数据提供支撑服务。同年，创新统一元数据开发和维护平台，为数据开放机构提供元数据字段和导出格式，辅助机构创建和维护数据开放清单，提升政府数据开放质量。

创新"零成本"数字服务采购模式，强化数据管理、存储、安全等环节技术创新应用。美国政府与微软、亚马逊、苹果、谷歌等科技巨头合作，签订"零成本合同"，政府不需要进行前期投资，由从数字政府服务获益的企业和个人缴纳服务费作为合作企业的收益，构建"零成本"数字服务采购模式，低成本、高效率提升政府数据开放共享能力。同时，联邦政府数据开放平台由开源数据管理系统CKAN提供技术支持，能为数据编目、存储和访问政府数据集提供应用程序编程接口、可视化工具等支持。依据《促进数字隐私技术法案》，注重运用隐私增强技术对数据收集、存储、共享、分析和应用各环节的个人隐私提供保护。

建立跨部门工作团队、提升数据云端存储能力，夯实数据开放底座。针对政府数据开放平台建设，组建跨部门工作团队——移动战略工作组和网络改革工作组，整合来自各部门、企业和社会公众的反馈意见，为平台建设提供政策咨询服务；针对"数据孤岛"问题，组建跨部门团队"大数据高级指导团队"，编制《大数据研究和发展倡议》《联邦大数据研究与开发战略计划》等，推动数据跨部门汇聚应用。2022 年，数据开放平台完成从 Data. gov 到 Cloud. gov 的基础结构迁移，全面实现政府开放数据云端部署，该云平台通过开源设计，强化安全技术应用，提升数据安全能力。

（3）政府有为、市场有效双核牵引政府数据应用。全面推进数字政府建设，提升政府治理决策水平。2019 年，美国颁布《联邦数据战略 2020 年行动计划》，以数据驱动政府决策治理能力提升为牵引，大力推动各政府部门探索符合自身特色的数据开发利用场景，改善政府管理数据方式、提高服务社会效能。

近年来，美国数字政府建设成绩颇高，美国总务管理局在政府所属基础设施中安装物联网传感器，由美国国家航空航天局利用人工智能技术分析卫星收集的数据，实现智慧建筑管理；将数字政府服务融入智慧城市建设中，推广线上医疗服务、线上教育和线上社区健康保健等模式；Follow My Vote 开发基于区块链技术的在线投票平台，采用加密技术保证选举结果的准确性和可靠性。

以政府数据开放引领个人数据、产业数据开发，推动数据产业繁荣发展。政府数据开放共享具有示范引领效应，数量庞大的高价值政府数据开放共享，极大丰富了数据经纪商的数据来源，带动个人数据、产业数据开发应用。多家大型数据经纪商拥有几乎覆盖全美人口的相关数据，如 Experian 拥有 3 亿个消费者的 1. 26 亿条居住信息和 44 亿条经济交易信息，涉及 95% 的美国人口。多家经纪商收集并交易了产业数据产品，如 CoreLogic 收集了超过 99.9% 的美国房产数据，包括每年更新的超 10 亿条房产记录、税务记录、价值评估和配套设施等数据；Predik Data-driven 将工业数据与政府提供的地理数据等结合，为工业企业定制产业链知识图谱、产业链风险管理等数据产品。2021 年，美国数据交易市场规模达到 306 亿美元，居世界第一。

### 12.3.3 其他一些国家的政府数据整合实践

自从 2009 年美国率先建立政府数据开放门户网站之后，政府数据开放（Open Government Data，OGD）作为一项运动开始席卷全球，受到各国与国际组织的重视。英国、加拿大、澳大利亚、新西兰等国家也相继建立政府数据门户网站；2011 年 9 月，巴西、美国、英国等 8 个国家联合签署《开放数据声明》，建立"开放政府合作伙伴计划（也有人将其称为'开放政府联盟'）"（Open Government Partnership, OGP）并发表各自的《国家行动纲要》。根据相关决议，新加入 OGP 的国家必须签署《开放政府宣言》，制定国家数据开放行动计划并征求公众意见，并且就行动进展定期提交独立报告。2013 年 6 月 17 日至 18 日，美、英、法、德、意、加、日、俄召开 G8 峰会，发布 G8《开放数据宪章》。截至 2023 年，OGP 已经扩展到 75 个国家和 150 个地方政府①，既包括美国、英国、德国、法国、奥地利、西班牙等西方发达国家，也包括印度、巴西、阿根廷、加纳、肯尼亚等发展中国家，联合国、欧盟、经合组织、世界银行等国际组织也加入了开放数据运动。因此，政府数据开放已经成为一项国际共识。

（1）英国为推进政府数据开放的政府数据整合实践。在政府数据开放方面，英国一直紧跟美国步伐，走在国际前列。根据"开放数据晴雨表"（Open Data Barometer）和"全球开放数据指数"（Global Open Data Index）两项权威指标 2013～2014 年的排名结果，英国的数据开放程度居世界首位。英国在政府数据开放方面的成绩，与其电子政务和政府数据整合有密切的关系。具体内容包括以下几点。

电子政务总体架构建设。在美国进行电子政务顶层设计的同时，英国也开始了电子政务系统的整合，并且采取的是与美国不同的技术路线。在 2005 年，英国政府内阁办公室电子政务组（e-Government Unit）就发布了电子政务互操作框架（e-Government Interoperability Framework，e-GIF）第 6.1 版，已经建立了相对完善的电子政务互操作框架（e-GIF）。比较美国的 FEA 和英国的 e-GIF，可以发现两种方法各有特点，前者注重业务流程整合及共享，后者则注意从技术上保证电子政务的互操作性。实际上，在对业务系统进行充分的分析后，采用图 12－2 的"电子政府互操作性模型"对实现政府跨部门操作更有针对性。

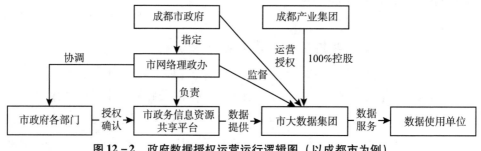

图 12－2　政府数据授权运营运行逻辑图（以成都市为例）

---

① 数据来源：https：//www. opengovpartnership. org/about/。

政府数据整合。早在 2009 年，英国政府就提出建设一站式政府数据网站（data. gov. uk），以集中公开健康医疗、公共交通、天气、公共支出等方面的数据。作为开放数据合作伙伴联盟的创始国之一，英国政府分别在 2011 年、2013 年和 2016 年连续发布了三个政府数据开放国家行动计划，制定了一系列政府数据开放的政策措施。为促进政府数据开放，英国还于 2012 年 5 月建立了世界上首个非营利性的开放数据研究所（The Open Data Institute，ODI）。这些政府数据开放的政策实践，也有力地推进了英国政府数据的整合共享。

（2）"开放政府合作伙伴计划"（OGP）成员国的政府数据整合实践。目前已经有众多国家加入 OGP 计划，这些国家都被要求按照 OGP 的政策开放政府数据。OGP 不仅仅是一个由诸多国家发起的多边合作倡议，也是一个成员国之间的对话交流平台和改进机制。对一个国家来说，政府数据开放是一项长期复杂的系统工程，不仅是一项政治、政府改革运动，也是一项非常具体的公共管理业务深化与信息化技术应用。因此，无论是对经济发达国家还是对发展中国家来说，都是一项巨大的挑战。

实际上，就发达国家的实施情况来看，各国的表现仍然参差不齐。美国和英国因为在电子政务建设方面具备比较充分的技术、行政管理基础，在开展政府数据整合上积累了比较扎实的实践经验，在政府数据开放方面走在其他成员国的前列。在开放政府国家行动计划方面，截至 2020 年，美国已经发布了两次，英国发布了三次，而德国一直到 2015 年才发布第一次国家行动计划。

就发展中国家的实施情况来看，情况远不如声明中所期望的那么理想。就这些发展中国家的整体来看，政府数据开放仍然处于较低层级。多数发展中国家仍然停留在政府信息公开层面，还没有迹象表明开放政府数据已经在发展中国家创造出多大的企业价值和经济社会价值。多数国家制定了开放政府数据战略框架，但是却较为松散，而且相应的制度体系相对笼统单一。发展中国家的政府数据开放运动仍然任重道远。

## 12.4　政务数据运营模式

政务数据作为公共数据的代表性组成部分，其价值和意义在数据资产化的过程中尤为显著。政务数据不仅涵盖了政府在行政管理和服务中产生的各类信息，如人口统计、经济指标、公共安全等，而且这些数据因其权威性和全面性，成为推动社会经济发展和创新的重要资源。

在实际操作中，政府主导的公共数据开发和运营往往未能充分发挥其潜在价值。鉴于此，一种新型的公共数据管理策略——公共数据授权运营模式开始受到关注。这种模式涉及政府批准的合法实体或组织（即数据运营单位），它们被授权对公共数据进行深度处理和创新应用，以形成公共数据产品，并进一步创造和提供增值的公共数据服务（见图12-2）。2020年10月，中国首个关于公共数据授权运营的地方性法规《成都市公共数据运营服务管理办法》正式出台，此后，多个地区也开始积极探索并推广该运营模式的应用。

在数据资产化的背景下，政务数据是公共数据资产化的重要维度，政务数据的开放和共享能够促进透明度提升，增强政府公信力，同时为企业提供决策支持，为公众提供更好的服务。

### 12.4.1　政务数据运营的核心要素

政务数据运营的核心要素包括参与主体、运营对象、运营平台和工具以及最终产品和服务四大要素构成。

（1）参与主体。从利益相关者角度来看，政务数据运营参与主体包括数据提供方、数据汇聚方、数据管理方、数据使用方、数据运营方、数据监管方、数据开发方、数据交易流通方、数据消费方等，这些参与主体主要涉及政府部门、企事业单位、高校和科研院所、其他社会团体和个人等，对公共数据有明确使用需求，也是公共数据运营的既得利益者。

（2）运营对象。公共数据运营的对象是那些符合条件的定向开放或者有条件开放的高价值数据，通过有效的运营模式来充分释放这部分数据的价值红利，并确保国有资产保值增值。

（3）运营平台和工具。主要包括数据运营平台、数据交易平台、数据评估平台以及技术工具等，为公共数据运营提供良好的运营环境和关键技术支撑。

（4）数据产品和服务。主要包括能发挥数据价值的数据模型、数据分析报告、数据可视化、数据指数、数据引擎、数据服务等。

### 12.4.2　政务数据资产管理对象

政务数据资产管理的对象和一般管理对象基本一致，主要包括人、组织和数据。更具体一点，政务数据资产管理对象主要包括人、财、物、数据以及技术等，各种管理要素互动，构成了一个有机整体。

人员管理涉及政府公务员、专业管理人员以及技术支持人员。这些人员不仅包括政府机构的内部员工，还涵盖了参与数据生成的企事业单位和公众，他们的参与对于数据资产的形成至关重要。在数据资产化的过程中，资金管理是关键，它有助于推动数据资源向经济价值和社会价值的转化，为政府带来更高效的管理效益。物资管理涉及政府数据管理所需的平台、设备等基础设施，确保这些物资的安全和高效运作，是提升政府工作人员处理事务效率的前提。数据是政府数据资产管理的核心，政府机构在履行职能过程中持续产生新的数据，对这些数据进行有效的甄别、收集、存储和处理，对政府的决策制定至关重要。技术管理包括对新兴技术的应用和技术创新。政府机构需根据自身需求，引入合适的技术解决方案，并建立技术规范和标准，以构建完善的管理体系。

### 12.4.3　政务数据资产管理内容

政务数据资产管理主要包括数据资产系统的规划设计、收集业务数据、整理清洗和审核、数据脱敏后适度发布、挖掘分析实现数据的增值。与企业数据资产相比，政务数据资产的整合、后台整合、数据清洗、比对整理等都存在一些共性，但在系统规划设计、数据泄露风险、资产变现等问题上存在一些特殊性。所以，政务数据资产管理的内容包含目录管理、质量管理、安全管理、权属管理和价值评估等方面。

### 12.4.4　政府数据市场化的利益相关者

（1）政府部门。在政府数据的流通与应用中，可以观察到两个主要特征：对公共利益的追求和对自身利益的考量。

政府数据的流通旨在服务公共利益，政府决策过程中通常会基于用户需求，力求减少数据获取的障碍，以最便捷的方式向公众提供数据服务，这体现了政府数据的公共利益。为了提升政府形象并最大化数据的社会效用，各部门应共享数据来源和使用情况，以促进社会福利。例如，国内多地建立了政府信息公开平台，提供交通、气象等信息供市民查询和使用。这种公共属性的体现有助于数据发挥其应有的社会功能。

政府数据的自我利益主要体现在跨部门的横向部门自利性、上下级部门自利性和外部自利性三个方面。在信息获取过程中，可能存在部门将公共资源私有化的现象，导致大量数据仅存储于特定政府部门，形成"数据孤岛"和"数据壁垒"，即横向部门间直立性。下级政府部门在数据资源的上报过程中拥有较大的自主权，这可能导致数据上报得不完整或不及时，从而影响数据资源的完整性和时效性，同时在报送方式方面下级部门也有一定的自主权，多种因素导致从底层向上层传输的数据资源出现了缺失。此外，政府机构在信息流动中可能出于保护信息安全和避免潜在风险的考虑，通常不会主动公开所有信息，即使公开，也可能仅公开部分非关键信息。

（2）数据使用者。数据使用者是指直接应用政府数据资产的团体或个人，主要有其他政府部门、社会团体、企业和个人等。在信息化社会，用户对政府所需数据的需求趋于透明化和个人化，这与政府的数据资产流动表现的自利性是相违背的。数据使用者对数据使用的需求是可用性和易用性，也就是数据能够为使用者所获得的益处与便利。因此，要提升使用者对数据的利用率，达到其使用的目的，必须确保数据的可用性与可操作性。数据的可用性体现在数据的多样性、时效性、元数据等；数据的可操作性体现在数据检索方便、数据格式多样化、数据权限明晰等。

（3）社会公众。对社会而言，由于政府数据资产的公共资源属性，其流通过程中会产生外部效应。外部效应是指在政府数据流通并应用时，对数据使用者和政府以外的社会公众产生的间接作用，外部效应有正有负。政府数据的开放能够显著提升政府及社会运行的效率，深入分析这些数据能够揭示对社会有益的洞见。例如，基于跨部门数据集成的城市应急预警系统，能够在社会紧急事件中提供及时的警示。以北京市政府的"城市突发公共危机"警报体系为例，自 2015年发布首个"烟尘红色警告"以来，该系统能够实时监控并评估企业限排和交通限行政策对公众的影响，使得政府能够做出更加精准的响应措施，增强了社会管理的及时性和有效性。然而，政府数据中包含的个人隐私、商业机密或敏感信息，如果处理不当，可能会对社会产生负面影响。例如，个人信息的泄露不仅会侵害个人权益，还可能引发公众对数据隐私保护的担忧。

## 12.4.5　政府数据市场化模式

政府数据数量庞大，具备一定的市场化优势。合理开发政府数据产品使政府数据可视化，在进行交易或共享的过程中能够最大限度地发挥政府数据的价值，实现政府数据资产的增值，也能够降低其他企业、团体或个人获取数据的成本。

（1）政府数据产品。由于政府所研发的数据产品和应用也会发布或提供某些"数据"，所以常常被误解成数据开放。但事实上，在这方面，政府并未将数据公开给社会成员，用于其发展和使用。政府数据既可以供政府自身进行内部利用，也可以开放给社会进行外部利用，而这些由政府自行制作和开发的统计报告、数据可视化、数据查询服务以及数据应用都属于前者，所以这些由政府利用自己所掌握的数据开发的数据产品和服务应用并不是真正意义上的数据开放，这些数据产品包括但不限于以下这些形式。

一是政府统计报告。统计报告是一种应用文章，通过统计数据和统计分析方法，以数据和文本的形式来表达被调查对象的性质和规律。比如，国家公布的统计公报，就是一份国家经济和社会发展的数据。因为数据报表是经过处理、归总和分析而形成的数据产物，它没有开放原始数据，重复使用的概率也很小，因此并不是直接的数据开放。

二是政府数据可视化。数据可视化是一种直观、清晰、形象、有效地表达和交流的数据的形式，本质是以概要形式抽离出来的信息。政府数据可视化是基于政府所掌握的原始数据进行加工而形成的一种数据产品，使用者并未获取到可视化呈现背后的原始数据，因此不能重新使用这些信息，这与信息公开是不一样的。

三是政府数据查询服务。数据查询是指在特定的搜索接口上，用户在特定的搜索条件下，可以得到对应的信息。尽管国家的信息检索系统可以为使用者提供一定的信息，但是使用者无法将所有的信息都下载下来重新使用。所以，数据的获取是以国家数据为基础的，而不是完整原始数据的开放。

四是政府数据应用。政府数据应用是指政府根据自身所拥有的数据自主研发的服务应用，而数据使用者虽然可以从该系统中获取数据，但无法将其重新使用，因而与政府数据开放并不相同。

（2）政府数据交易。政府数据交易是指将政府数据资源的所有权、收益权、使用权等权益开放流动，在市场上进行交易，最终将政府数据资源转化为政府数据资产。总体来说，我国目前数据交易平台分为政府类和企业类（如天眼查、数据堂等）两类。其中，政府类数据交易平台是最早加入数据交易市场的主体，也是目前规模最大的数据交易参与主体。由于这类交易在一定程度上由政府信用做背书，因此权威性相对更高。

政府数据的交易形式主要包括以下两种：一是数据供给方和需求方直接交易；二是数据供给方和需求方通过第三方交易平台间接进行交易。与前者相比，后者可以使用区块链等加密技术来保证数据交易过程的安全性和高效性。

按照数据交易平台主体，可以将数据交易平台划分为部委级数据交易平台、省级数据交易平台、市级数据交易平台。三种平台的共有特点是在运营上坚持"国有控股、政府指导、企业参与、市场运营"的原则，大多采取会员制，数据供需双方必须成为会员才能交易。

# 12.5　政府数据在数据资产化中的问题

政府数据是一种新型的无形资产，随着信息技术高速发展，政府数据所蕴含的经济价值和社会价值作为数字经济的重要组成部分，将逐步进入资产化和市场化阶段。然而，政府数据在数据资产化过程中还面临很多的现实问题，解决这些问题，既需要推动技术的发展和人才的培养，同时也需要相关政策的支持。

## 12.5.1　产权不明晰与数据安全

数据产权界定的核心问题在于产权难以界定清楚。数据产权界定不清会导致数据流通、数据交易等制度缺乏基础，加剧了数据利益主体之间的冲突。例如，如何既满足个人对个人数据保护的诉求，又实现企业对于数据的利用，同时满足国家基于国家安全需要对数据活动实施管理，目前还未找到较为有效的解决出路。一直以来，对数据使用安全性的担忧，是掣肘各级政府进行数据共享与开放的重要因素。公共数据市场化模式的实施带来了数据安全的风险，市场化意味着数据将被更广泛地用于商业和研究领域，这可能导致数据在未经授权的情况下被访问、篡改或破坏。例如，黑客攻击、内部人员滥用权限、合作伙伴的不规范操作等都可能成为数据安全的风险点。在市场化的背景下，如何保护个人隐私，防止隐私泄露，成为一个亟须解决的问题。数据提供方会考虑数据被共享后的安全问题，即是否会被滥用这种风险的存在，同样会抑制数据的提供。也就是说，数据共享中会产生背叛相关方意愿的行动，共享的各方会在数据是否真实和是否被滥用等方面谨慎考量。

## 12.5.2 政府数据资产化管理内驱动力不足

组织管理数据资产化的动力主要有外在动力和内在动力两个方面。随着鼓励组织开展数字化转型的国家和行业政策陆续发布，数据分析和应用对于同业竞争的优势日趋显著，组织开展数据资产化的外在动力逐渐增强。但是，对于多数组织而言，仍面临数据资产管理价值不明显、数据资产管理路径不清晰等问题，管理层尚未达成战略共识，短时期内数据资产化管理投入产出比较低，导致组织开展数据资产管理内在动力不足。现阶段企业开展数据资产管理主要是为经营管理和业务决策提供数据支持，数据资产管理应与业务发展紧密耦合，数据资产也需要借助业务活动实现价值释放。然而，很多政府部门的数据资产管理工作与实际业务存在"脱节"情况。战略层面不一致，多数政府部门尽管具备一定的数据资产管理意识，但是并未在政府发展规划中明确数据资产管理如何与业务结合。同时，组织层面不统一，数据资产管理团队与业务团队缺乏有效的协同机制，使数据资产管理团队不清楚业务的数据需求，业务团队不知道如何参与数据资产管理工作。

## 12.5.3 "孤岛"阻碍数据内部共享

打通组织内数据流通壁垒，是推进数据资产在组织内高效流转的关键环节。

但是，由于信息化阶段数据系统分散建设、数据能力分散培养，同时缺乏体系化管理数据资产的意识，形成诸多"数据孤岛"。政府部门缺少统一的数据资产管理平台与团队，使得"数据孤岛"发展为普遍问题，进一步成为组织全面开启数字化转型、构建业务技术协同机制的障碍。比如，政务服务数据的采集、存储、归档受到很大的限制，无法提供实时更新、及时反馈的数据流，缺乏融合统一的大数据平台和数据共享交换平台，数据的汇聚、融合、可视化与数据分析、辅助决策等实用性功能都难以满足城市管理与服务需求。以某省为例，在87个省直单位共有767个信息化系统，仅11个部门的业务专网与省电子政务外网实现互联互通，仍有28家省直单位专网在独立运行。一些部门的专网、业务系统由国家各部委、省直各厅局部署建设，横向之间没有对接。数据共享难问题不仅表现在同级部门之间，也体现在上下级之间，尤其是省部级数据回流到地市级、县区级。

## 12.5.4　质量难以及时满足业务预期

提升数据质量是数据资产管理的关键目标，旨在增强数据支持决策的可靠性。然而，政府部门在数据质量管理方面仍面临挑战，主要原因可以归纳为以下三点：一是数据源头治理不足，缺乏有效的数据源头质量控制，导致低质量数据不断进入数据中心，影响了整体数据的准确性和可用性；二是协同机制缺失，数据资产管理团队与数据使用者之间缺少有效的沟通和协作，数据质量标准和规则未能获得数据生成者和使用者的充分认同和遵守；三是技术支持不足，在数据质量管理过程中，技术手段的应用不够充分，过多依赖人工操作，这不仅影响了发现数据问题的效率，也延缓了问题的纠正和处理。

## 12.5.5　数据开发效率和敏捷程度较低

数据开发效率及效果需要有配套的技术能力及设施保障，数据开发的效率影响数据资产的形成效率，数据开发的效果影响数据资产对业务的指导效果。部分政府机构因为无体系化的数据开发及数据资产沉淀机制，无法及时有效地形成数据资产并沉淀下来。在数据处理方面，现有的技术可能无法高效地处理日益增长的大规模数据集；数据存储技术面临的挑战则在于如何提供足够的存储空间，同时确保数据的安全性和完整性；数据分析技术的不足可能导致无法准确挖掘和解释数据中的价值。这些技术瓶颈的存在，不仅限制了公共数据市场化的效率和效果，也可能阻碍公共数据资源的充分利用和价值最大化，从而影响整个社会和经济的发展。

### 12.5.6 数据资产无法持续运营

数据资产运营是推动数据资产管理长期、持续开展的关键。但是，由于多数政府组织处于数据资产管理的初级阶段，尚未建立数据资产运营的理念与方法，难以充分调动数据使用方参与数据资产管理的积极性，数据资产管理方与使用方之间缺少良性沟通和反馈机制，降低了政府数据产品的应用效果。随着公共数据市场化程度的深入，市场失灵的风险可能会逐渐显露。在公共数据市场化的过程中，可能出现数据价格扭曲、供需失衡、信息不对称等问题，这些问题的出现，不仅会阻碍公共数据市场化的健康发展，还可能对社会公平和经济效率产生负面影响。公共数据市场失灵还可能导致数据垄断现象的出现，一些大型企业或机构可能通过控制数据资源来获取不正当的市场优势，这不仅会阻碍市场的公平竞争，还可能对消费者权益和社会福利产生负面影响。

## 12.6 公共数据的数据资产管理：行政事业单位管理的探索

在数字经济时代，数据资产已成为关键的战略资源，全国正积极推出创新举措。相关部门不断深耕行政事业单位数据资产管理领域，进一步摸清数据资产底数、深化多领域试点、一体化构建管理平台、分阶段制定地方标准，全力支持行政事业单位数据资产，推进行政事业单位数据资产规范管理，护航数字经济发展。

### 12.6.1 安徽省数据资产管理实践与创新

安徽省作为财政部指定的数据资产管理试点省份，肩负着探索和实践数据资产规范管理的重任，在数据资产方面进行了积极探索，并取得了一系列成果：全国首例行政事业单位数据资产全流程管理路径贯通、全国首单依规审批授权开发的数据产品公开交易、全国首个地方行政事业单位数据资产管理制度出台……

（1）建立联合实验室。安徽省财政厅牵头成立了包含研发机构、律师事务所、评估机构等的数据资产管理联合实验室，集中力量攻关数据资产管理的难题。

（2）全生命周期管理。安徽省形成了覆盖数据资产化管理、产品化开发、市场化流通、收益分配等环节的全生命周期管理路径，并确保安全合规性。

（3）解决关键问题。针对数据资产登记、产品开发、收益分配等难题，安徽省通过创新实践提供了解决方案，为数据资产规范管理奠定了基础。

（4）价值转化实践。以"惠民惠农补贴"数据资产为例，安徽省通过安全合规评估和财政审批，开发了"农业经营主体画像分析"产品，并实现了首单交易，既帮助农户解决了融资问题，也促进了金融风险控制和成本降低。

（5）政策制度创新。安徽省财政厅结合实践案例和财政部文件精神，制定了全国首个地方行政事业单位数据资产管理制度《关于规范和加强行政事业单位数据资产管理的通知》，为全国提供了可借鉴的"安徽经验"。

## 12.6.2　行政事业单位数据资产管理制度

安徽省财政厅于 2024 年 8 月 1 日印发了《关于规范和加强行政事业单位数据资产管理的通知》（以下简称《通知》），标志着全国首个地方行政事业单位数据资产管理制度的诞生。《通知》分为四个部分，共十条，从体制机制、全程管理、安全监管、推进实施等多维度出发，为数据资产管理提供了清晰的路径和具体的要求。

（1）管理范围与体制机制。《通知》明确了行政事业单位数据资产的定义，要求对数据资源进行全面的梳理和治理，并将符合条件的数据资源纳入资产管理范畴，同时厘清了财政部门、主管部门与行政事业单位之间的职责分工，构建了协同共治的数据资产管理格局。

（2）全程管理。《通知》规范了数据资产的配置、使用、销毁处置、收益管理等全生命周期的管理模式。特别从试点实践中提炼关键要素，细化了使用管理中的具体程序和要求，为数据资产的规范管理和有效利用提供了明确路径。

（3）安全监管。《通知》强调了安全监管的重要性，要求将安全贯穿于数据资产管理的全生命周期，并强化对相关主体的监督，严禁数据资产被用于担保新增政府隐性债务，确保数据资产管理的安全底线。

（4）推进实施。《通知》要求财政部门、主管部门、行政事业单位统筹推进数据资产管理工作，建立机制，有序推进。同时，鼓励支持相关主体开展试点工作，并将数据资产管理工作纳入预算管理绩效评价范围，对成效显著的予以激励。

总体上看，《通知》的印发实施，对加强行政事业单位数据资产规范管理、促进数据资产合规高效流通使用具有重要意义，有利于数据资产赋能实体经济数字化转型，也支持了安徽数字经济的做强做优做大，为全国数据资产管理提供了创新的范例和实践的引领。

# 第 13 章

# 金融机构与数据资产化

2023 年 10 月底召开的中央金融工作会议首次提出"要做好科技金融、绿色金融、普惠金融、养老金融、数字金融'五篇大文章'",在数据资产基础上的数字金融发展将获得更大的发展空间。近年来,我国金融业逐步形成了以数据资源为基础、数字技术应用为支撑、业态模式创新为重点的发展态势,数据要素在金融创新发展中的重要性凸显。金融行业是数据要素市场上的大买方,金融合约本质上是基于数字的合约,因此,金融业是对数据最敏感、最先开发利用数据以提升服务水平的行业之一。从业务模式上来看,金融行业如何发挥数据要素的潜能有两种主要的路径:第一,金融机构将数据要素用于金融机构的经营管理和业务拓展,金融机构运用数据要素强化风险管理、提高决策的精确性、促进金融创新和推动行业数字化转型,将数据要素与人工智能等数字技术深度融合,以服务实体经济和提高风控水平。第二,金融机构通过开展数据资产化的金融业务支撑数据要素市场的做大做强。也就是说,激发数据价值潜能,需要建立金融与数据要素之间的有效关联。本章主要讨论当前金融机构在数据资产化中的作用、存在的问题以及金融机构数据资产化业务的未来发展路径。

## 13.1 数据要素金融化

进入数字经济时代,数据要素已经成为全球公认的赋能经济发展的新引擎。习近平总书记强调,发挥数据的基础资源作用和创新引擎作用,加快形成以创新为主要引领和支撑的数字经济。数据是数字时代的新型生产要素，数据资产化是实现数据价值的过程，数据要素金融化是探索多样化、可持续的数据要素价值释放路径的过程，而数据要素金融化需要经历数据资源化、数据资产化和数据要素化（或者产品化）过程。业界和学界围绕数据要素价值实现的"三化"框架展开了一系列讨论（何伟，2020；尹西明等，2022）。数据从最初的数据资源原材料到被加工成产品、进入流通、实现价值增值，最终才能实现数据在市场中起到资产配置、资本衍生的作用，呈现完整的"三化"过程。资源、资产、资本"三资一体"管理广泛应用在矿产开发、土地转化等工业转型过程中，高效地推进了松散资源的价值实现，也有较多研究总结、分析了其价值实现机制与应用（王来峰和张意翔，2017；韩高峰等，2019），这也为数据要素的"三资一体"管理提供了坚实的学术依据。

数据要素金融化是数据要素发挥其经济价值的必然要求，作为生产要素的数据具备了基本的商品属性，而关于数据要素的金融属性，金骋路和陈荣达（2022）认为数据要素的金融属性指数据要素价值化后出现如流动性、收益性、风险性等差异化特征，从而具有了保值、增值甚至融资的能力。基于数据要素的商品与金融双重属性，数据交易需要通过商品市场和金融市场实现数据的双重属性。需要说明的是，数据要素金融化的基础是数据要素商品化。由于数据资产化之后，数据资产或者数据产品具有收益性，因此，按照金融资产定价的逻辑可以为其进行定价，这个定价的过程就是数据要素金融化的过程。数据要素金融化典型的特征是数据金融产品的出现，例如以数据为质押的银行贷款、数据信托等产品形式的出现。

## 13.2　数据要素金融化的主要业务方式

数据要素金融化是推动数据要素市场发展的关键环节，数据要素金融化能够激发市场活力，促进数据资源的有效配置和利用。通过金融化手段，数据可以转化为具有流动性的资产，从而吸引更多的投资者和资本进入市场。金融化为数据要素的创新提供了资金支持，有助于推动数据技术的研发和应用，从而加速数字经济的发展。另外，通过金融化，数据要素的风险可以被分散和转移，降低单一主体的经营风险，提高整个数据市场的稳定性。

在中央和地方各项数据资产化政策的推动下，中国数据要素金融化业务也逐步落地。当前数据要素金融化的业务模式主要包括数据资产贷款业务、数据信托业务、数据银行业务、数据证券化业务等业务类型（欧阳日辉，2024）。

## 13.2.1　数据资产质押贷款业务

数据资产信贷是企业将拥有或控制的数据资源，通过登记、核验、评估等流程进行资产化，再把数字资产作为标的物抵押给银行进行融资。进入 2024 年以后，数据资产贷款或授信案例快速增长。据不完全统计，截至 2024 年 5 月末，各银行已有 24 笔以数据资产为质押的贷款或授信案例出现，总金额达到 1.69 亿元。① 股份制银行中，光大银行、民生银行、兴业银行相关融资较多，城农商行中，北京银行、上海银行、苏州银行、齐鲁银行、天府银行相关融资较多。中国银行、北京银行单笔数据资产融资额度最高。2023 年 4 月，中国银行运用"惠如愿·知惠贷"产品，为纳米微晶材料科创企业制定以两项发明专利为质押担保的融资服务方案，成功发放贷款 2000 万元。2024 年 6 月 27 日，湖北交投集团两项数据产品上架"湖北省数据流通交易平台"，并获得兴业银行武汉分行授信 1 亿元，这成为数据资产融资中规模最高的一单业务。从现有银行贷款数据来看，银行贷款呈现出以下特征：第一，由于数据资产质押贷款融资业务尚处于摸索期，银行对数据资产融资贷款较为谨慎，单笔金额大多为 1000 万元以下，授信周期通常不超过 1 年，但授信规模呈现上升的趋势。第二，数据交易所在数据资产质押贷款融资业务中扮演着重要的中介角色，数据资产贷款案例中通常有全国各地的数据交易所参与其中，作为抵押的数据资产一般已在大数据交易所登记挂牌。借款企业通过大数据交易所、律所等机构完成数据资产的确权、估值与登记，提升了数据资产的质押价值。数据资产融资业务案例如表 13 - 1 所示。

---

① 任图南，吕思聪，吕爽，等. 境内银行开展数据资产质押贷款盘点银行机构动态跟踪 ［EB/OL］.（2024 - 06 - 05）. https：//finance. sina. cn/2024 - 06 - 05/detail - inaxtnrp1773208. d. html.

表 13－1　　　　　　　　　　　数据资产融资业务案例

| 时间 | 银行 | 融资公司 | 数据服务商 | 产品/融资方式 | 额度（万元） | 备注 |
|---|---|---|---|---|---|---|
| 2021 年 11 月 | 工商银行 | 数库科技 | 上海数交所 | 数据资产凭证融资 | — | 上海数交所成立首单基于数据资产凭证融资 |
| 2021 年 9 月 | 上海银行 | 浙江凡聚科技 | — | 数据知识产权质押 | 100 | 首单基于区块链的数据知识产权质押案例 |
| 2022 年 1 月 | 农业银行 | 伊春市福林木业有限责任公司 | — | 知识产权专利权质押贷款 | 500 | 该市第二笔知识产权专利质押贷款 |
| 2022 年 1 月 | 北京银行 | 佳华科技 | — | 无质押数据资产增信贷款 | 1000 | 北京市首笔数据资产质押融资 |
| 2023 年 3 月 | 光大银行 | 微言科技 | 深圳数交所 | 惠如愿、知惠贷 | 1000 | 全国首笔无质押数据资产增信贷款 |
| 2023 年 4 月 | 中国银行 | 某纳米微晶材料科创企业 | — | 数据资产融资 | 2000 | 为科技型企业制定以企业两项发明专利为质押担保的融资服务方案 |
| 2023 年 6 月 | 贵阳农商银行 | 贵州东方世纪科技 | 贵阳市大数据交易所 | 数据资产融资 | 1000 | 贵州全省首笔基于数据资产价值应用的融资贷款 |
| 2023 年 7 月 | 南京银行 | 江苏书妙翰缘科技发展有限公司 | — | 知识产权质押融资 | 100 | 苏北首单数据知识产权质押融资案例 |
| 2023 年 7 月 | 南京银行 | 宿迁易通数字科技 | — | 知识产权质押融资 | 1000 | 当时为全省获批金额最高的数据知识产权质押贷款 |
| 2023 年 7 月 | 泰隆银行 | 江苏润桐数据服务有限公司 | — | 知识产权质押融资 | 150 | 苏州首笔数据知识产权质押融资 |
| 2023 年 8 月 | 苏州银行 | 江苏磁谷科技股份有限公司 | — | 知识产权质押融资 | 500 | 镇江首单数据知识产权质押及融资业务 |

### 13.2.2　数据资产增信业务

传统增信通过引入第三方机构为其担保，数据增信则以企业的数据资产价值以及运营产品的能力作为企业增加信用等级的手段之一，以帮助企业进一步增加可申请的贷款额度，这是数据资产化融资在起步阶段最普遍的模式。该业务的核心在于通过提升企业数据资产的管理成熟度、运营数据产品的能力等手段，增强企业的信用评级，进而提升其可获得的贷款额度。例如供应链金融中，企业的交易数据、采购订单、库存数据等都可以作为数据资产，通过增信机制获取更高额度的融资，核心企业的供应商可以利用这些数据资产向银行或金融机构申请贷款。数据增信实际上在数据资产化业务开始之前已经成为供应链金融的重要业务模式之一。在数据资产化的浪潮下，更多的企业开始通过数据治理形成企业自身的数据资产进而帮助企业完成增信融资。苏州高新区自来水有限公司的数据产品——"苏州高新区供水管网分布及分区计量数据"，在苏州大数据交易所完成上架登记，通过上海银行落地 1000 万元数据资产增信贷款，这是全国首单水务数据资产增信贷款。

### 13.2.3　数据信托业务

从信托制度的内涵角度，可以将数据信托理解为一种符合信托法理的制度安排，即将数据的全部或部分权利与权益作为信托财产，以信托法律关系约束当事人之间权利和义务的制度安排（钟宏和袁田，2021）。从实践层面来看，数据信托是数据资产、信托服务、数字金融深度结合的产物，是金融机构依法依规针对数据主体（政府部门、企业、社会组织等）合法采集、汇总形成的数据设立财产权信托，按照合同约定保管数据并提供相应的托管服务（欧阳日辉，2024）。

在数据交易过程中，交易双方需要信任中介解决信息不对称的问题。具体而言，在数据交易过程中，数据隐私和安全性问题、数据真实性和准确性、数据所有权和权属问题等问题导致数据交易中需要信任中介的存在，合同履行和违约风险也需要信任中介的存在。信托机制可以为数据安全交易提供一个可信任的制度安排，受托人管理数据资产及权益时，须履行忠实、审慎的受信义务，不得违反信托目的，损害受益人利益。而从数据要素权益分配来看，信托机制有利于赋能数据要素的权益分配。信托制度的显著优势就是专注于财产及财产权管理，通过信托机制可以将财产的使用、管理、处分等权能分别赋予不同的信托当事人。通过数据信托，数据持有人可以将数据资产或相应权益设立信托，由受托人以自己的名义遵循信托目的，为了受益人的利益托管、运营、转让或处分数据资产或权益。在具体的信托设计和制度安排下，数据资产的控制权、使用权、受益权可以在不同的信托当事人之间得以确认和分配，从而实现数据资产价值的最优配置。

我国的数据信托业务早于数据资产化业务，2016 年，中航信托发行首单基于数据资产的信托产品，总规模为 3000 万元，中航信托通过委托数据服务商对特定数据资产进行运营而产生收益，并向社会投资者分配信托利益。该产品在我国信托界尚属首创，并且将数据库作为信托财产具有合法性和合理性，利用信托财产制度的特殊性将数据权属的所有权与使用权以及收益权相分离具有理论支持，有利于发现数据资产价值。

2023 年 4 月，全国首笔个人数据合规流转交易在贵阳大数据交易所完成。数字信托作为一种创新的数据治理和流通模式，在数据要素市场中扮演着越来越重要的角色。2023 年 4 月，贵阳大数据交易所成功完成了全国首笔个人数据合规流转交易，在该案例中，委托人选择将自己的简历数据以数据信托的形式托管给贵阳大数据交易所，该交易所作为受托人，进一步将数据运营工作委托给一家网络科技公司。经过专业处理的"数据产品"随后在交易所上架，用人单位得以购买所需数据，而个人用户则能够从其简历数据产品交易中获得利润分成，实现了数据价值的合理分配与个人隐私权益的有效保护。2023 年 7 月，广西电网有限责任公司采取信托方式，将其部分电力数据委托给中航信托和广西电网能源科技公司。中航信托作为受托人，负责托管数据信托产品，而广西电网能源科技公司则作为共同受托人，对数据产品进行专业开发。此外，数据易（北京）信息技术有限公司作为解决方案提供商，精心设计了数据信托产品结构，确保了数据的合规使用和价值最大化。2024 年 2 月，杭州征信有限公司进一步拓展了数字信托的应用场景，将其合法持有并经营的数据服务收益权作为委托财产，设立了资产服务信托。杭州工商信托利用信托制度的优势，以信托合同为架构，完成了对数据服务收益权的资产权属确权，并通过对数据服务交易模式、频次、服务对价等要素的监测，在合理审慎原则下开展动态估值，为数据资产的管理和运用提供了新的解决方案。这些案例展示了数字信托在确保数据安全、促进数据流通、实现数据价值转化方面的巨大潜力。通过信托机制，数据要素市场的发展不仅更加规范化、合法化，而且为数据所有者、需求方以及专业运营机构之间搭建了信任的桥梁，推动了数据资产化业务的健康发展。

### 13.2.4  数据资产保险业务

数据资产保险是数字经济背景下的一种新兴保险类型，旨在为数据资产提供风险保障。保险公司基于数据资产实际的流通和使用场景，创新性地设计出相应的保险产品。由于数据资产化业务处于探索阶段，围绕着数据资产化业务存在很多潜在的风险，而这些潜在的风险恰恰产生了大量的保险需求，因此，数据资产保险业务应运而生。例如数据资产入表是数据要素价值化的有效途径，但入表风险成为制约价值化实践的瓶颈，为进一步加速数据资产入表步伐，为企业实施数据资产入表提供全方位保障，经监管部门批准，太平科技保险推出"数据资产入表保险"这一新险种。企业数据资产入表出现入表失败或未实现预期价值时，企业将获得相应理赔，这为企业实施数据资产入表装上了"安全阀"和"减震器"。数据资产化的一种重要的路径是将数据资源以数据知识产权的途径实现，但数据知识产权被侵权事件时有发生，给企业带来了一定的风险和损失。为了解决这个问题，多地已经实现了给数据上保险的举措。数据知识产权被侵权损失保险是一种专门针对企业数据知识产权被侵权而设计的保险产品，杭州链城数字科技有限公司成为"首吃螃蟹者"，如果发生数据知识产权被侵权事件，该公司可以获得来自中国人保财险滨江支公司最高 8 万元的赔偿。在企业数据资产管理中也存在数据泄露等风险，中国人民财产保险公司西安市分公司为中航创世机器人（西安）有限公司、西安五和新材料科技集团股份有限公司、西安金磁纳米生物技术有限公司等首批 10 家企业的数字资产提供总计 1000 万元的保险，把企业研发、生产、销售过程中的各种数据有效转化为数字资产进行确权，运用保险创新手段对数字资产的价值进行评估，帮助企业保护商业秘密和核心技术。

在实际应用中，数据资产保险产品的风险量化是主要挑战，这包括运用区块链技术对数据流通的全过程进行追踪溯源，以及准确评估数据资产所包含数据的重要性以及企业对损失的承受能力，以确定投保和赔付金额。

### 13.2.5 数据银行业务

核心概念是集中化和结构化的数据管理。通过创建一个集中的数据库或数据仓库，数据银行能够有效地存储大量信息，并确保数据的安全性、完整性和可用性。这些数据通常会被不同的用户或系统访问，用于支持决策、分析趋势、进行科学研究或提供个性化服务。数据银行将大量数据集中存储在一个或多个数据库中，对不同来源的数据进行整合，以便提供全面的数据视图。由于数据的集中化存储，数据银行通常需要严格的安全措施来保护数据的隐私和安全。

数据银行可以对数据资产进行评估，确定其市场价值，这包括分析数据的质量和相关性、稀缺性以及潜在的商业应用；数据银行也可以作为数据买卖双方的中介，提供一个平台，促进数据资产的交易。这包括确保交易的合规性、透明度和效率；数据银行还可以通过分析数据资产的风险和收益特性，帮助客户进行风险评估和管理。数据银行可以基于对数据资产进行价值评估等服务，进而提供数据金融服务，包括数据资产融资、商品价格指数编制、数据资产价格指数编制、远期交易等，或者将客户的数据资产进行价值收益评估后，打包成收益类或债券类基金产品进行发售。典型的数据银行为美国全国执业人员数据银行（National Practitioner Data Bank，NPDB），该机构是由美国卫生与公众服务部（HHS）管理的一个数据库，专门用于收集和披露有关医疗从业人员的不良行为和医疗事故的信息。它的目的是提高医疗质量，防止不合格的医疗从业人员在不同州之间移动时隐藏其不良记录。虽然 NPDB 不是以营利为目的，但它确实通过向使用者收取查询费用来支持其运营，这些费用包括查询费用、会员费等。

### 13.2.6 数据资产作价入股

《公司法》第二十七条规定："股东可以用货币出资，也可以用实物、知识产权、土地使用权等可以用货币估价并可以依法转让的非货币财产作价出资；但是，法律、行政法规规定不得作为出资的财产除外。"总体而言，出资入股的方式可以分为货币性资产和非货币性资产。在具备完善的数据资产管理体系、价值评估体系、风险控制机制和监管合规性的前提下，以数据资产出资将是一种有效的资本运作方式，一种新型的数据资源配置方式，将为企业创造更大的价值。

2023 年 11 月，温州市财政局发布了《关于探索数据资产管理试点的试行意见》，该意见指出"行政事业单位按预算管理和政府采购有关要求依法购买社会数据，激发各方参与数据资产交易流通的积极性。相关部门可探索支持数据资产质押融资、作价入股等数据资本化路径"。数据资产出资入股的条件包括：具备财产属性、不属于不得作为出资的财产、可用货币估价以及可依法转让，数据资产作价入股路径分为登记、评价、评估和入股四个环节，该业务为企业提供了更多元化的融资方式，同时也为数据资产的价值实现提供了新的途径，进一步推动了数据经济的发展。例如，在 2023 年 8 月 30 日，青岛华通智能科技研究院有限公司、青岛北岸控股集团有限责任公司、翼方健数（山东）信息科技有限公司进行全国首例数据资产作价入股签约仪式，三方合力推动数据资产作价入股成立合资公司。

### 13.2.7　数据资产证券化业务

数据资产证券化是一种创新的资产证券化形式。传统的资产证券化通常涉及实物资产（如房地产、汽车贷款等）或金融资产（如应收账款、信用卡债务等），而数据资产证券化则涉及企业的数字化资产，如用户数据、交易数据、信用数据、供应链数据等。通过将这些数据资产打包成证券化产品，企业能够在资本市场上筹集资金，同时投资者可以通过投资这些产品获取收益。从 2018 年开始，美国多家数据企业开始将数据资产进行资产化实践，目前主要存在三种形式：商业抵押贷款支持证券化（CMBS）、资产支持证券化（ABS）和资产支持票据（ABN），相关业务实践和融资额度如表 13 - 2 所示。

表 13 - 2　　　　　　　　　相关业务实践和融资额度

| 模式 | 代表案例 | 证券化时间 | 基础资产 | 融资规模 |
| --- | --- | --- | --- | --- |
| CMBS（commercial mortgage-backed securitization） | Digital Realty Trust | 2018 年 11 月 | 数据基础设施抵押贷款债权 | 2.12 亿美元 |
| | Black Stone | 2021 年 9 月 | | 32 亿美元 |

续表

| 模式 | 代表案例 | 证券化时间 | 基础资产 | 融资规模 |
|---|---|---|---|---|
| ABS（asset-backed securitization） | Vantage | 2018 年 2 月 | 数据（包括数据载体）的未来收益权 | 11.25 亿美元 |
| | Data Bank | 2021 年 3 月 | | 6.58 亿美元 |
| | Flexential | 2021 年 12 月 | | 21 亿美元 |
| ABN（asset-backed note） | Sabey | 2020 年 5 月 | 1. 未来收益权；<br>2. 数据基础设施抵押贷款债权 | 8 亿美元 |
| | Digital Bridge | 2021 年 6 月 | 1. 未来收益权；<br>2. 股权 | 5 亿美元 |

从产品结构来看，商业抵押贷款支持证券化（CMBS）以数据载体抵押贷款债权为基础资产实施证券化，在最大程度上规避了数据要素的不确定性，本质上属于动产、不动产抵押债权证券化，市场对这类证券化模式的运作已具有充分的经验；在资产支持证券化（ABS）中，数据企业首先在其既有的数据库存中划出一定范围的数据（包括数据载体）建立"数据池"，然后将该"数据池"的未来收益权转让给特殊目的公司（Special Purpose Vehicle，SVP），后者则以此为基础发行资产化证券。其优势在于，简化了对基础设施的要求，满足了中小型数据企业灵活融资的需要，有助于充分释放数据要素的经济价值。但 ABS 模式受数据要素不确定性影响较大，对数据资产评估的准确性、数据企业未来收入的稳定性均提出了较高要求，因此其获得理想的风险评级有一定难度。对于资产支持票据（ABN）而言，该产品是以组合权益基础资产的证券化模式，即将数据载体抵押贷款债权、数据资产未来收益权等各种权益组合起来，组建"资产池"出售给SVP，后者以此为支持发行商业票据。其既发挥了数据资产的融资功能，又与传统物权、股权等权益绑定，增强了证券化架构抵御风险的能力。比如，Digital Bridge 公司用以支持证券化的资产池包含两类权益：一是运营数据资产（包括载体）的未来收入，运营其在北美等地的信号塔、数据中心和小基站，每年可获收益预计达 1.243 亿美元；二是 Digital Bridge 的股票收益，预计每年可达 7.728 亿美元（谢迪扬，2023）。

数据资产证券化是一种具有跨时代意义的创新型金融工具，但其潜在风险也不容小觑。数据来源合法性判定困难、数据资产评估缺乏专门指引、数据安全风险监管规则缺位等问题导致数据资产的价值波动比一般实物资产的价值波动更大，这将使基于数据资产基础上的证券价格存在更大的波动风险。

## 13.3  数据资产化与数字金融的发展

当前很多企业或者公共部门试图通过数据"资源—资产—资金"的转换通道，推动数据资产质押融资落地，因此，如何通过数据资产实现企业或者公共部门融资能力的提升是数据资产金融化的主要表现形式。但与一般实物资产融资不同，数据资产融资过程中存在很多特殊性，如数据资产价值评估、安全、合规与隐私保护等方面的潜在问题使金融机构很难对数据资产进行直接授信。为了打通数据资产化在交易、流通以及融资方面的障碍，中国先后设立了48家数据交易所，这些交易所包括北京国际大数据交易所、上海数据交易所、贵阳大数据交易所、深圳数据交易所、广州数据交易所等，数据交易所在数据资产融资方面做了很多实践创新，推动了基于数据资产的数字金融发展。本部分将以上海数据交易所为例，分析下基于数据交易所作为交易中介的数字金融的发展。

数据资产融资中潜在的风险是数据资产价值的易变性，这种易变性主要源自三个方面的问题：第一，数据资产确权难。与有形资产不同，数据作为一种无形资产，其确权过程更为复杂。数据的无形性使得其难以像传统资产那样进行明确的物理界定和控制。如果数据的生成和使用涉及多个参与方，如数据收集者、数据提供者、数据处理者等，这将使得数据的权属界定变得复杂。而资产权利的不清晰直接导致数据资产价值的不稳定。第二，数据资产估值难。由于数据质量的不确定性、缺乏统一的估值模型、数据的独特性和稀缺性等因素导致数据资产估值难且不稳定。第三，数据安全与合规问题。数据安全与合规是数据资产化过程中必须严格把控的环节，它关系到数据的合法使用和数据主体的权益保护。数据资产受到数据泄露风险、隐私保护难题、合规性要求的多样性等因素的影响，这直接关系到数据资产价值的稳定性。

鉴于以上难题，数据资产在金融化过程中需要权威的中介机构帮助金融机构构建数据资产价值的保护屏障，稳步推进数据资产的金融化业务。数据交易所作为政府设立的促进数据要素流动与交易的权威交易平台能够帮助数据资产供求双方解决数据交易面临确权难、定价难、互信难、入场难、监管难等问题。数据交易所通过提供规范的确权、统一登记、集中清算和灵活交付等服务，确保数据交易的透明性、安全性和合规性。

在数据产品供给服务方面，数据交易所提供数据产品供给服务，旨在满足不同行业对于数据资源的需求。这包括金融、交通、医疗、教育等多个领域的数据，如金融交易数据、交通流量数据、医疗健康记录等。通过对这些数据进行整合和标准化处理，数据交易所为企业提供定制化的数据解决方案，帮助企业在决策过程中获得数据支持，加速数据要素的价值实现。此外，数据交易所还提供数据清洗、脱敏和加工服务，确保数据产品的质量和安全性，满足不同用户的需求。在数据合规评估服务方面，数据交易所通过与专业的法律团队合作，为企业提供数据合规评估服务，包括数据来源审查、数据使用合规性分析、数据保护措施评估等。这有助于企业规避法律风险，确保数据资产的合法流通和使用。在数据资产评估服务方面，数据资产评估服务是数据交易所提供的一项关键服务。由于数据资产具有无形性和价值难以直接衡量的特点，数据交易所通过建立一套科学合理的评估体系，帮助企业评估其数据资产的价值。这包括对数据的质量和数量、数据的稀缺性、数据的应用潜力等方面的综合评估。通过这一服务，企业可以更准确地了解其数据资产的市场价值，为数据交易和资产入表提供依据。在数据交易撮合服务方面，数据交易撮合服务是数据交易所的基础功能。数据交易所通过提供一个安全、透明的交易平台，促进数据买卖双方的交易。交易所通过匹配买卖双方的需求，提供交易撮合服务，帮助双方达成交易。此外，数据交易所还提供交易流程管理、合同签订、交易执行等一站式服务，确保交易的顺利进行。在数据治理与数据资产管理服务方面，数据治理与数据资产管理服务是数据交易所提供的一项重要服务。数据交易所帮助企业建立和完善数据治理体系，包括数据的分类、分级、授权使用规范等。通过数据治理，企业可以更有效地管理和利用其数据资产，提高数据的质量和可用性。同时，数据交易所还提供数据资产管理服务，帮助企业优化数据资产配置，提升数据资产的运营效率和价值。在数据安全与隐私保护服务方面，数据安全与隐私保护服务是数据交易所提供的一项关键服务，特别是在数据交易过程中。数据交易所通过采用先进的数据加密技术、访问控制机制和数据泄露防护措施，确保数据在交易过程中的安全性。此外，数据交易所还提供隐私保护咨询服务，帮助企业了解和遵守相关的数据保护法规，保护用户的隐私权益。

上海数据交易所在提供数据服务的基础上，积极打通数据提供商与金融机构之间的资金通道。作为国家级数据交易平台，上海数据交易所在数据资产质押融资领域取得了"数易贷"等先行试点，"数易贷"标的是企业可信的场内数据资产，锚定资产类型包括单个数据产品、多个数据产品组成的数据资产包以及数据资源"入表"资产。在信贷模式上，"数易贷"在传统信贷流程基础上，在贷前增加了对数据资产的登记、审核与认证环节，确保数据资产的规范形成与确认，从而为数据资产估值提供可靠基础。此外，在风险管控、资产处置、基础设施建设等方面，"数易贷"都有创新之处。2024 年 6 月 28 日，上海数据交易所举行发布会，全国首个数据资产交易市场开始试运行，通过构建数据资产交易制度体系，打造登记、估值、交易、披露、处置五项核心功能，破解数据资产交易市场制度不完备、估值体系不完善等问题。已有 20 多家金融机构与上海数据交易所合作，依托上海数据交易所的数据资产桥等基础设施，促进金融市场服务与企业数据资产对接。经过前期探索，已落地多个企业数据资产贷款实践案例，授信金额突破 1 亿元人民币。从业务流程来看，融资方将融资申请所需材料提交数据资产交易服务系统，形成可流通的数据资产标的，数据资产交易服务市场组织融资方与意向金融机构就融资额度、利率、期限和其他条件协商并达成一致，组织双方签约，获得数据资产融资，并且动态披露数据资产基本情况、交易状况、履约情况、托管情况以及数据产品交易情况。

## 13.4  金融机构在数据资产化中的问题

第一，金融机构能够提供的数据资产相关的金融产品较为缺乏。目前市场上的数据资产融资产品相对单一，缺乏创新。金融机构在产品设计时，尚未形成系统的数据驱动思维。数据资产融资产品的创新需要基于数据洞察来预测市场趋势、用户行为和信用风险，而目前金融机构在这方面的应用还不够成熟。金融机构需要探索更多基于数据资产特性的融资模式，如数据质押贷款、数据资产证券化等。另外，数据资产融资产品的设计需要金融、技术、法律等多个领域的知识和经验，金融机构需要打破领域壁垒，进行跨学科的融合创新。最后，数据资产融资产品的设计和创新需要金融机构具备相关的专业人才和技术能力。目前，金融机构在这方面的储备相对不足，限制了产品创新的深度和广度。

第二，金融机构缺乏拓展数据资产化业务的专业人才：数据资产的发展要求金融机构拥有既懂数据科学又懂金融业务的复合型人才。这些人才需要能够理解复杂的金融产品和市场，同时具备数据分析、数据挖掘和机器学习等技术能力。目前，金融机构普遍缺乏这样的专业人才。数据资产的有效管理和应用需要高级的数据分析技能。金融机构需要能够进行预测分析、风险评估和决策支持的专家。然而，具备这些高级技能的人才在市场上非常稀缺。另外，数据资产的有效应用需要不同背景的团队成员之间的紧密合作。金融机构需要具备跨学科沟通能力的人才，以便在数据科学家、金融分析师、风险管理师和业务决策者之间建立桥梁，但这一方面金融机构普遍缺乏经验。

第三，数据资产的风险管理能力不足。金融机构缺乏对数据资产特性的深入理解和相应的风险管理框架，数据资产与传统金融资产相比具有显著不同的特性，包括无形性、易变性、依赖性和衍生性，这些特性使得数据资产的风险管理更加复杂和多变。金融机构缺乏对数据资产特有风险的识别机制，难以及时发现和响应新型数据风险，缺少量化数据资产风险的方法和模型，导致风险评估不够准确和全面。金融机构缺少有效的风险控制措施，如数据加密、访问控制、数据备份等。

第四，金融机构缺乏从事数据资产化业务的规范性指导文件。尽管近年来在数据资产管理领域取得了一些进展，比如《关于加强数据资产管理的指导意见》的发布，为数据资产的规范管理提供了明确的指导，但金融机构在数据资产化项目融资方面的具体操作指南还不够明确和全面。金融机构在数据资产化项目融资中面临的主要问题包括数据资产评估标准不统一、缺乏成熟的数据资产融资产品和服务、数据资产流通和交易机制不完善等问题，很多数据资产化项目产品都是基于传统质押贷款的模式，缺乏创新。

# 参 考 文 献

［1］安体富、蒋震：《影响我国收入分配不公平的若干产权制度问题研究》，载《财贸经济》2012 年第 4 期。

［2］程啸：《论大数据时代的个人数据权利》，载《中国社会科学》2018 年第 3 期。

［3］丁晓东：《数据到底属于谁？——从网络爬虫看平台数据权属与数据保护》，载《华东政法大学学报》2019 年第 22 卷第 5 期。

［4］范建华、薛岩龙：《基于层面划分法的信息资产识别方法》，载《标准科学》2009 年第 9 期。

［5］胡业飞、田时雨：《政府数据开放的有偿模式辨析：合法性根基与执行路径选择》，载《中国行政管理》2019 年第 1 期。

［6］黄丽华、杜万里、吴蔽余：《基于数据要素流通价值链的数据产权结构性分置》，载《大数据》2023 年第 9 卷第 2 期。

［7］黄薇：《中华人民共和国民法典人格权编解读》，中国法制出版社 2020 年版。

［8］黄再胜：《数据的资本化与当代资本主义价值运动新特点》，载《马克思主义研究》2020 年第 6 期。

［9］江必新、郭锋：《〈中华人民共和国个人信息保护法〉条文理解与适用》，人民法院出版社 2021 年版。

［10］卡尔·马克思：《资本论（第 1 卷）》，中共中央马克思恩格斯列宁斯大林著作编译局译，人民出版社 2004 年版。

［11］李政、周希祯：《数据作为生产要素参与分配的政治经济学分析》，载《学习与探索》2020 年第 1 期。

［12］刘东辉：《数字资产核算与管理相关问题探析》，载《商业经济》2023

年第 1 期。

[13] 刘涛雄、戎珂、张亚迪：《数据资本估算及对中国经济增长的贡献——基于数据价值链的视角》，载《中国社会科学》2023 年第 10 期。

[14] 刘雅君、张雅俊：《数据要素市场培育的制约因素及其突破路径》，载《改革》2023 年第 9 期。

[15] 龙卫球：《再论企业数据保护的财产权化路径》，载《东方法学》2018 年第 3 期。

[16] 欧阳日辉、杜青青：《公共开放数据的"数据赋智"估值模型及应用》，载《西安交通大学学报（社会科学版)》2023 年第 2 期。

[17] 申卫星：《论数据用益权》，载《中国社会科学》2020 年第 11 期。

[18] 孙静、王建冬：《多级市场体系下形成数据要素资源化、资产化、资本化政策闭环的总体设想》，载《电子政务》2024 年第 2 期。

[19] 谭明军：《论数据资产的概念发展与理论框架》，载《财会月刊》2021 年第 10 期。

[20] 田杰棠、刘露瑶：《交易模式、权利界定与数据要素市场培育》，载《改革》2020 年第 7 期。

[21] 王本刚、马海群：《公共数据的公共价值研究——以国内外相关政策和报告为核心的解读》，载《情报理论与实践》2022 年第 10 期。

[22] 王鹏：《多元创新，试点推进——国内数据资产化相关改革综述》[EB/OL]．（2023 – 11 – 14）. https：//baijiahao. baidu. com/s？id = 1782524271242963087&wfr = spider&for = pc.

[23] 武西锋、杜宴林：《经济正义视角下数据确权原则的建构性阐释》，载《武汉大学学报（哲学社会科学版)》2022 年第 75 卷第 2 期。

[24] 谢康、夏正豪、肖静华：《大数据成为现实生产要素的企业实现机制：产品创新视角》，载《中国工业经济》2020 年第 5 期。

[25] 邢会强：《大数据交易背景下个人信息财产权的分配与实现机制》，载《法学评论》2019 年第 37 卷第 6 期。

[26] 徐宗新、陈沛文：《数据红利与信息危机——兼论网络爬虫的罪与罚》，载《上海法学研究》2021 年第 7 卷。

[27] 杨合庆：《中华人民共和国个人信息保护法释义》，法律出版社 2022

年版。

[28] 姚小涛、亓晖、刘琳琳等:《企业数字化转型:再认识与再出发》,载《西安交通大学学报(社会科学版)》2022 年第 3 期。

[29] 伊曼努尔·康德:《法的形而上学原理》,沈叔平译,商务印书馆 1991 年版。

[30] 于施洋、黄倩倩、虞洋:《数据要素市场的价值增值研究:理论构建与实施路径》,载《电子政务》2024 年第 2 期。

[31] 喻海松:《网络犯罪二十讲》,法律出版社 2022 年版。

[32] 约瑟夫·费尔德:《科斯定理 1-2-3》,李政军译,载《经济社会体制比较》2002 年第 5 期。

[33] 张文:《2016 大数据"看"中国父母最爱给宝宝起什么名》,载《人民日报(海外版)》2017 年 1 月 10 日。

[34] 张新宝:《从隐私到个人信息:利益再衡量的理论与制度安排》,载《中国法学》2015 年第 3 期。

[35] 张永忠、张宝山:《构建数据要素市场背景下数据确权与制度回应》,载《上海政法学院学报(法治论丛)》2022 年第 37 卷第 4 期。

[36] 张宇、梅丽霞:《数字资产价值评估的影响因素和难点问题研究》,载《中国资产评估》2022 年第 6 期。

[37] 郑磊:《开放政府数据研究:概念辨析、关键因素及其互动关系》,载《中国行政管理》2015 年第 11 期。

[38] 中国信通院:《中国数字经济发展研究报告》(2024 年)。

[39] 中国信通院:《数据资产管理实践白皮书(2.0 版)》。

[40] Algan, U., Anatomy of an E&P Data Bank: Practical Construction Techniques. *The Leading Edge*, Vol. 16, No. 6, 1997, pp. 901-903.

[41] Dosis, A., Sand-Zantman, W., The Ownership of Data. *The Journal of Law, Economics, and Organization*, Vol. 39, No. 3, 2023, pp. 615-641.

[42] Edition, F., Brackett, M., Earley, P. S. *The DAMA Guide to the Data Management Body of Knowledge – DAMA – DMBOK*. USA: Technics Publications, 2009.

[43] Fisher, T., *The Data Asset: How Smart Companies Govern Their Data for*

*Business Success.* New York: John Wiley & Sons, 2009.

[44] Gonzalez – Zapata, F. , Heeks, R. The Multiple Meanings of Open Government Data: Understanding Different Stakeholders and Their Perspectives. *Government Information Quarterly*, Vol. 33, No. 4, 2015, pp. 441 –452.

[45] Hawley, R. , Information as an Asset: The Board Agenda. *Information Management and Technology*, Vol. 28, No. 6, 1995, pp. 237 –239.

[46] Horton Jr, F. W. Information Resources Management (IRM): Where Did It Come From and Where Is It Going. New York: Proceedings of the ACM '81 Conference, January, 1981.

[47] Kaback, S. M. , A User's Experience with the Derwent Patent Files. *Journal of Chemical Information and Computer Sciences*, Vol. 17, No. 3, 1977, pp. 143 –148.

[48] KPMG/IMPACT. Information as an Asset: the Board Agenda. London: KPMG/IMPACT Group, 1994.

[49] Laudon, K. C. , Markets and Privacy. *Communications of the ACM*, Vol. 39, No. 9, 1996, pp. 92 –104.

[50] McKinnon, L. , Planning for the Succession of Digital Assets. *Computer Law & Security Review*, Vol. 27, No. 4, 2011, pp. 362 –367.

[51] Meyer, H. , Tips for Safeguarding Your Digital Assets. *Computers & Security*, Vol. 15, No. 7, 1996, pp. 588.

[52] Open Knowledge Foundation. Open data handbook version1. 0. 0 (2012 –11 –14). http://opendatahandbook. org/pdf/OpenDataHandbook. pdf.

[53] Peterson, R. E. , A Cross Section Study of the Demand for Money: The United States, 1960 –62. *The Journal of Finance*, Vol. 29, No. 1, 1974, pp. 73 –88.

[54] Schwab, K. , Marcus, A. , Oyola, J. O. , Hoffman, W. , Luzi, M. Personal Data: The Emergence of a New Asset Class. *Switzerland: World Economic Forum*, May, 2011.

[55] Schwartz, P. M. , Property, Privacy, and Personal Data. *Harvard Law Review*, Vol. 117, 2003, pp. 2056 –2128.

[56] The World Bank. Open data essentials [2022 - 10 - 10]. http: //open da-ta toolkit. worldbank. org/en/ essentials. Html # uses.

[57] Title II Open, Public, Electronic, and Necessary Government Data Act// Public Law 115 - 435 Foundations for Evidence - Based Policymaking Act of 2018.

[58] Toygar, A. , Rohm Jr, C. E. , Zhu, J. , A New Asset Type: Digital As-sets. *Journal of International Technology and Information Management*, Vol. 22, No. 4, 2013, pp. 7.

[59] United States Government Us Army, *Army Information Technology Imple-mentation Instructions*. Charleston: CreateSpace Independent Publishing Platform, 2013.

[60] Van Niekerk A. A Methodological Approach to Modern Digital Asset Man-agement: an Empirical Study. *Allied Academies International Conference*, 2006.

[61] Victor, J. M. , The EU General Data Protection Regulation: Toward a Property Regime for Protecting Data Privacy. *Yale Law Journal*, Vol. 123, 2013, pp. 513.

[62] Waddington, P. , Information as an Asset: The Invisible Goldmine. *Busi-ness Information Review*, Vol. 12, No. 1, 1995, pp. 26 - 36.

# 后　　记

在本书完成之际，中国的数据资产化实践正在如火如茶地开展中，数据资产化作为推动数字经济发展的重要方式已经成为共识，但如何推动数据资产化却困难重重。从 2024 年上市公司的中报来看，有 43 家上市公司公开了其数据资源的相关情况，涉及的资金总额高达 32.25 亿元。尽管相比一季度的上市公司数据资产入表的情况，上市公司在半年报中的入表数量和规模都有大幅提升，但总体而言，上市公司对数据资产入表实践持比较谨慎的态度。一方面，是由于数据资产的形成需要比较严格的条件，而且采用成本法入表对改善财务报表的作用有限。另一方面，是由于数据资产后期的财务处理存在很多不确定性，这将影响企业财务报表的质量，在信息披露严格监管的背景下，企业数据资产入表存在一定的风险性。可见，数据资产化在实践层面仍然存在很多困局，解决这些困局不仅需要政策的引导，更需要数据产业生态建设，任重而道远。期待学术界和实业界能够围绕数据资产的相关问题开展紧密的产学研合作，通过数据资产发挥数据要素对实体经济的促进作用。